U0748526

优雅女人的礼仪书

陈琅语 ◎ 编著

礼仪就在你的身边，

不懂礼仪，就会让你时时尴尬、处处难堪，有时一个无礼的小动作也可能会扭转别人对你的印象，甚至毁掉你的大好前程。

天津出版传媒集团

天津科学技术出版社

图书在版编目（CIP）数据

优雅女人的礼仪书 / 陈琅语编著 . —天津：天津
科学技术出版社，2015.7

ISBN 978-7-5576-0091-4

Ⅰ.①优… Ⅱ.①陈… Ⅲ.①女性—礼仪—通俗读物
Ⅳ.①K891.26-49

中国版本图书馆 CIP 数据核字（2015）第 182358 号

责任编辑：石　崑
责任印制：兰　毅

天津出版传媒集团 出版
天津科学技术出版社

出版人：蔡　颢
天津市西康路35号　邮编 300051
电话（022）23332369（编辑室）
网址：www.tjkjcbs.com.cn
新华书店经销
北京溢漾印刷有限公司印刷

开本 710×1000　1/16　印张 17　字数 220000
2015年9月第1版第1次印刷
定价：32.80元

前言
PREFACE

　　有这样一种女人，每每见过之后，无论同性还是异性，总是对其过目不忘、回味无穷，她们知书达理、淡定从容，浑身上下散发着一种优雅的气息。她们的美未必与容貌有关，但却精于修饰，让人悦目；她们的美未必绝代风华，但却温文尔雅，令人向往；她们的美"撩人于无形"，成之于内而形于外，如婉约淡雅的茉莉，沁人心脾；如圣洁素净的月季，清爽怡人；她们的美有着不同的姿态、不同的容光、不同的神韵、不同的故事……这就是优雅的知礼女人。

　　如今，女人摆脱的传统的束缚，走向各个领域，她们互较长短，各显风采，呈现出一幕幕动人的风景。于是人们开始议论——什么样的女人才最美丽？

　　美丽有很多种，但真正沁人心脾的却难得。生活中我们也常见这样的女人，艳压群芳，天生尤物，但遗憾的是，却胸无点墨、心无礼节，口无遮拦、举止粗俗，我们能说这样的女人真的很美吗？

　　还有这样一种女人，她们一开始给自己的定位就是"家庭保姆"，于是我们看到，她们没有独立的人格意识，没有自己的交际圈子，不注重仪表，人前人后不修边幅，她们可能很贤淑，但与真正的优雅之美是不是还有些差距？

除此之外，生活中还有另外一种女人，她们职场善舞，家庭幸福，谈吐不俗，社交和睦，她们有素质、有修养、有气质，一颦一笑风韵自成，举手投足仪态万方……这样的女人，你又有什么理由说她不美？

　　没错，这就是知礼达理的优雅女人。知礼达理，这是智慧彰显的内在品质，是一种人格、文化、修养、品味的修炼。知礼达理的女人是一种别致的芬芳，她们既上得厅堂，又入得厨房；她们追求时尚，但时尚得绝不叛逆、夸张；她们有主见，但又懂得内敛，绝不张扬；她们善于处理内外事务，美貌中自有一份清新，清新中却又自成一种华丽；她们有着贵妇般的端庄，天使般的心肠，一脸阳光地俏立于芸芸众生之中，任谁也无法不送去赞许与倾慕的目光。

　　人生何其短，美丽应久长。女人，别让庸俗毁了自己，去塑造吧！把自己塑造成知礼达理的优雅女人。若能如此，你便不怕青春流逝，岁月如霜，你便可优雅从容，美丽无双！

目 录
CONTENTS

第一章 人面挑花：多维塑造你的美丽仪容

其实女人不必如何地惊艳脱俗，只要不邋遢，就是对与你交往的人在表示尊重。不邋遢其实很简单，不需要奢侈，不需要败家。你只要将自己打扮得干干净净、利利索索，再合理地装饰一番，你就是别人眼中优雅知礼的女人。

第二章 亭亭玉立：举手投足俨然大家闺秀

老话说：站要有站相，坐要有坐相。但事实上，优雅对于女性的要求不止于此，想做到时刻优雅，你就必须随时注意自己的一颦一笑、一举一动，要让自己的举手投足透出一股大家闺秀般的风范，这才称得上是一个知礼而又美丽的女人。

第三章　仪态万千：由内而外散发优雅气息

有这样一种说法："不美丽是女人绝对不可以容忍的事情，但没修养绝对是男人不可以容忍的事情。"事实的确如此，一个女人纵然风华绝代，但若是毫无修养可言，那么高雅的男士是无论如何也不会欣赏她的。修养，就像秋天里弥漫的果香一样，由内而外散发出来。它赋予女人一种神韵、一种魅力、一种气质和一种品位，自然流露，从容娴雅，让人愉悦。

第四章 沟通之礼：呵气如兰尽显淑女风仪

生活中，很多女人虽然样美貌甜，但走到哪里都招人烦，很大程度上，她们就是败在了不会说话上。诚然，说话的本领与人的天性有着一定关系，但它并非完全取决于天性。事实上，只要我们用心去观察、去感悟，在生活的每一个片段中不断地搜寻、提炼，我们就能使自己的语言与生活融会贯通，变成一个真正会说话的优雅女人。

第五章　社交礼仪：落落大方挥舞拂云长袖

　　如今，女人不再是男人的附属品，女人们走出了家门，有属于自己的社交圈。但遗憾的是，我们也看到，有些女性的社交总是很失败。究其根由，无非是她们不懂得避讳社交中的那些礼仪禁忌。其实，做个成功社交的女人很简单，只要你知礼达理，你就能得到别人的喜欢。

第六章　职场礼仪：端庄细致能得上下欢喜

很多女性认为，在职场拼搏，只要有能力就足矣，其他的都可以忽略。事实上，这种想法大错特错。诚然，能力是我们行走职场的最佳保障，但要知道，个人形象对于我们的职场成功也具有不可忽视的影响。别再质疑，你想成功，那么就千万别把职场上的形象与礼仪当成小事。

第七章　商务礼仪：彬彬雅致挥洒知性魅力

商务活动有它约定俗成的规矩，没有规矩便不能成方圆。商务女性要有起码的礼仪知识，没有知识，便无以成大事。千万别小看这些所谓的规矩，你小看它，它就可能给你造成大的损失。

第八章　餐宴仪范：樱桃小口吃出公主风范

有道是：民以食为天。吃，每个女人都会，但未必每个女人都能吃出优雅、吃出体面。别忽略这小小的细节，事实上，很多人恰恰可以在餐前餐后看出你的内涵与修养。

第九章 礼尚之家：相敬如宾营造温馨家庭

常见女人抱怨家中争吵不断，似乎要把家人数落个遍，但不知大家有没有想过：一个巴掌拍得响吗？诚然，或许你的家人真的有错，但我们为何不能表现得更有涵养、更有包容心一些呢？要知道，相敬如宾才能永葆温馨，家庭和睦才能万事兴盛。

第十章 礼尚往来：送礼答理尽显蕙质兰心

中国是个讲究礼尚往来的国度，送礼还礼的文化源远流长。国人很看重这个，当然你也很有必要懂得，不然，别人不但会认为你不懂礼数，甚至会殃及你的父母，认为你的家庭涵养不够。

第十一章　外事礼仪：清泠若水佳人礼通中西

别以为外国人的礼仪、禁忌与我们无关，谁又能保证在今后的日子里丝毫不与"洋人"接触？倘若到那时乱了阵脚，丢的不仅是你的脸，更重要的是还有中华民族的风范。所以说，对于外事礼仪，你要懂、要通，要做到面面俱到，才不失为一位优雅从容、清泠若水的佳人。

第一章

人面挑花：

多维塑造你的美丽仪容

其实女人不必如何地惊艳脱俗，只要不邋遢，就是对与你交往的人在表示尊重。不邋遢其实很简单，不需要奢侈，不需要败家。你只要将自己打扮得干干净净、利利索索，再合理地装饰一番，你就是别人眼中优雅知礼的女人。

✿ 妆容也是对别人的一种尊重

女为悦己者容，千百年来这句话仿佛成了真理。其实则不然，在现在这个社会，化妆是对别人的一种尊重，也是对自己的一种重视，更是体现女性魅力的绝招。

爱美是女人的天性。作为女人你有权利让自己通过各种方式变得漂亮，不要以为街上的美女、银幕上的明星都是天生的肌肤胜雪、身材婀娜。你是否知道明星每天不管拍戏多累都要坚持卸妆，做皮肤保养，而这些并不需要去美容院，只需要几片水果或者一张面膜就可以搞定；你是否知道某位女明星十几年来如一日地做胸部按摩，以致在人群中受到的羡慕声片片。

如果你认为自己不够白皙，如果你认为自己需要减肥，那你不妨为自己制订各种计划，然后坚持下去。不要以为自己有了老公就可以每天蓬头垢面，殊不知，那样你会逐渐失去他的心。

朋友赵先生喜欢衣着讲究、妆容得体的女人，可他的妻子却越来越背离这个方向了，这让他不免有几分失望，赵先生说："我妻子不懂得按自己的身材特点选择服饰，更不懂得色泽的搭配。我给她提建议，她还指责我是小男人，管得太多。"一次，赵先生开玩笑说："男人都喜欢漂亮的女人，你不担心我被别人勾引了吗？"

谁知他的妻子自负地"哼"了一声，继续我行我素。赵先生的妻子始终认为，她的家庭条件比赵先生家好，当年是她不顾父母的反对"下嫁"于赵先生，她相信自己当年的"义举"早就"套牢"了赵先生，所以敢安心地过着懒散的黄脸婆生活。而赵先生呢，虽然不是那种朝三暮四的男人，但在街上看见穿着得体的女人时，心里总会若有所失，有时甚至还会想入非非。

其实像赵夫人这样的女人在中国不占少数，尤其在生完小孩、逐渐进入中年以后，她们往往衣着随便，不再注意修饰、不再"严格要求自己"，对自己的外貌马马虎虎，得过且过。然而，有道是"爱美之心人皆有之"，男人更是如此。你说他们能不失望吗？他们也许嘴上不说，可心里就不知怎样想了。这是很危险的！

所以女人，必须让自己美丽起来，不管是悦人也好，悦己也罢！归根到底都是让周围的人或是让自己高兴，通过自己的满意、欣喜，得到满足。

其实打扮不是一件很难的事情，每天出门前打开衣柜搭配一下衣服，化个淡妆，光鲜漂亮地出去见人！其实，打扮的细节最重要了，它最能体现自己的品位，有时一件合适的小饰物就能完全展现你的个性。不要以为你是居家女人就可以毫不修饰，淡淡的妆容也是对别人的尊重。

不要以为自己年华已逝深居在家就可以毫不修饰，要知道，女人的美无时无刻不在，只要你稍微留意、简单装扮照样能够美出来。

千万不要以家务繁忙为借口而疏于打扮，要知道，日本的女人通常都会在老公到家前半小时把自己打扮得漂漂亮亮的，让老公一进门就有一种赏心悦目的感觉；她们也会在老公睡觉前半小时就沐浴完毕，在床上乖乖地等待老公；早上的时候她们会先于老公半个小时起床，洗漱、化好妆后，把早饭端到老公面前，让自己呈现在爱人眼前的永远是最美丽的一面。因此，在世界上大多数人提到日本女人的时候，都会竖起大拇指夸赞她们温柔、贤惠，还有美丽的！

当然，我们不用像日本女人一样，但是简单打扮一下自己也是很有必要的，不要以为男人真的不会抛弃黄脸婆。要知道，男人属于视觉动物，你连外表都不能让他满意，还指望他能为这个家付出多大的努力呢？

✿ 如何做个美丽女人？

人为什么爱美？古希腊哲学家亚里士多德说："只要不是瞎子，谁都不会问这样的问题。"随着时代的发展，女人意识逐渐觉醒，女人从幕后走到了台前，美貌更是成了女人获得成功的辅助手段。各式美容产业方兴未艾，影视屏幕上女明星流光溢彩，顾盼生辉；不少大网站都开设明星美女写真区，以增加网站的访问量。可以说，现代美女已经是社会中一道靓丽的景致，为人们所承认，所欣赏，所赞叹。

美，具有极高的经济价值。研究者曾经做过这样一个实验分析：他们把一组照片给评审人打分，由最美至最丑排序，然后对这些数据进行分析。他们发现一般被认为较美的人，与缺乏美貌者做同样的工作，但她们的报酬却会相对多一点，可能由于拥有美貌者较能促使该公司的营业额上升。接着，他们又对一份法律学院毕业生的资料进行研究，发现拥有美貌者多负责出庭打官司的外部工作，而缺乏美貌者则多担任内部处理文件和研究工作。

随后，他们又发现当女人到一定年龄后，貌美的大多会继续工作，赚取较高的收入；缺乏美貌的，则会离开劳动力市场，嫁人去了，不幸的是，她们的结婚对象，平均收入也都较低。美是稀缺资源，美女是稀缺人才。

因此，对于女人来说，如何让自己成为一个美女，是很重要的事情，而这种事情只有自己能够完成，别人是无论如何都帮不上忙的，为什么这样说呢？因为有些女人天生丽质，自身条件就很不错，美丽对于她们来说很轻松，而对于另外一些女人来说，魅力就成了她们的心理负担，因为她们生来就很普通，从来没有把自己想象成为人人都想多看几眼的美女。

下面，我们针对这两种情况对女人做个指导，希望姐妹们各个都能成为人见人爱的美女。

第一种是那些天生丽质的女人。

作为女人，如果你漂亮，从某种意义上说你是幸运的；然而女人的一生，最重要的是要有品位，而非徒有其表。

做女人的最高境界是：细水长流，流到最后，却看不到尽头。一时的辉煌、零星的插曲、琐碎的片段、千篇一律的微笑、沉默、怀念、哀悼，每个细节都不完整地拼凑在一起……那么这个漂亮女人的一生就是荒诞而可悲的。

所以女人不要把漂亮当作武器、视为资本，因为男人可怕的占有欲会最贴切地迎合你的虚荣心，当两者完美的结合时，你的一生就不免失去了真实。因此，只有"笨女人"才会摇头摆尾、搔首弄姿，恨不得让全世界的人都知道自己漂亮；聪明的女人则会顺其自然、举止端庄，从不招摇。

所以，倘若你天生就是一个漂亮的女孩，首先需要的是注重文化修养，要脱俗，要有自信。千万不要被人称为是"胸大无脑"或"金玉其外，败絮其中"。

阅读、音乐、绘画、书法既可以培养个人兴趣又能修身养性，鲜明的个性、广泛的兴趣、出众的才华都是漂亮女人的魅力，优雅是女人持久的魅力，你优雅着，你就漂亮着。

其次，你必须注意自己的形体美。女人完美的形体比漂亮的面容更引人注目，形体锻炼是一个漫长而艰苦的过程。可以根据自己的特点做一些适合自己的运动，慢跑和肢体伸展适合于每一个人，不需要借助器材，随时随地都可以做，方便简单。有毅力的人可以尝试一下瑜伽，它可以让你身上的每一块肌肉都得到有效的锻炼，使你的肢体变得轻盈柔软，很适合女人。舞蹈亦能使你保持身材均匀、姿态优美，让你更具韵味。女人的坐行姿势也非常重要，坐姿挺拔，行速要快，满街的人流中，那些抢眼的女子其行姿必定是挺拔如风。

漂亮女人还必须会打扮自己：清雅的淡妆、合适的发型、美丽的衣着，会使你增色三分。

妆不宜太浓，用适合自己肤色的口红、粉底、眉笔淡淡地修饰自己，使自己看起来自然靓丽。根据自己的性格和体形来选择合适的服装，衣着要上下协调，要注意扬长避短，尽量选择设计简单，线条流畅的款式，服装的整体色彩不要过于繁杂，不要太过浓烈，过多的装饰和浓烈的色彩会显得俗气。皮鞋的颜色尽量和皮包一致，和服装的颜色相协调。着装重在搭配，不同的搭配会有不同的风格，不同的品位会搭配出不同的效果，简单、协调就是美。

第二种是那些不算漂亮的女孩。

女人为了漂亮可以付出任何代价。然而，你就是不漂亮，这是你自己改变不了的现实。那么，不漂亮的女孩们，该怎么办？

女人面对镜子，认为自己容貌欠佳的时候，"笨女人"的选择是对自己缺乏信心，埋怨老天对自己的不公，整天愁眉苦脸，就像谁欠了她多少钱似的；而聪明的女人则会欣然地面对事实，因为她觉得她是世界上的唯一，她们会用日后的努力，取长补短，让自己美丽起来的。

命运是公平的。美丽的容颜会随着时间的流逝而递减和消逝，而气质、学识和智慧却会随着时间的变化而递增，并愈发体现出悠久的弥香。要知道，世界上并没有丑女人，心灵的美比漂亮的脸蛋更让人欣赏。

其实，漂亮只是女人的外壳，她们是娇艳绽放的花朵，终有凋谢的时候，那蜜蜂和蝴蝶也会远离它们。具有内在美的女人是一株淡雅的小草，野火烧不尽，春风吹又生。她们不会用自己的外表去实现理想，而是不断地充实自己，追求美好生活，勇于接受新鲜事物，保持乐观的生活态度、健康的心理，用以弥补自己缺少的那部分美丽所带来的心理阴影。

对于男人来说，女人的魅力并不单单是外表，而是"女人味"。有"女人味"的女人一定会流露出夺人心魄的美，那种伴着迷人眼神的嫣然巧笑、吐气若兰的燕语莺声、轻风拂柳一样飘然的步态，再加上细腻的情感、纯真的神情，都会让一个并不炫目的女子溢出醉人的娴静之味、淑然之气，置身其中，暗香浮动，女人看了嫉妒，男人看了心醉。

因此，一个女人可以生得不漂亮，但是一定要聪明，一定要开朗，一定要活得精彩。无论什么时候，渊博的知识、良好的修养、文明的举止、优雅的谈吐、博大的胸怀，以及一颗充满爱的心灵，一定可以让一个女人活得足够漂亮，哪怕你本身长得并不漂亮。

这样一来，天下的女孩都能将自己装扮得漂亮起来了。记住：漂亮是自己的问题，一定要重视起来，只有"漂亮"起来的女孩对生活才更有期盼。

❁ 不做黄脸婆，不要让人看了生厌

毫无疑问，没有那个姐妹愿意成为黄脸婆，女人无时无刻不想摆脱的就是这个可恶的称号。其实，只要我们找对了方法，与"黄脸婆"说拜拜并不是什么难事。

那么，如何让我们的美丽重现呢？最科学的方法是对症下药：

1.皮肤衰老

"衰老型黄脸婆"的主要问题，源于肌肤表面老化细胞的沉积，所以只要去掉这些老化的细胞，就能让肌肤净白、通透。

应对措施：海洋珍珠

特殊工艺的海洋珍珠成分，是一种天然高效的"去黄"营养剂，它可以抑制黑黄色素，温和去除老化细胞，让肌肤滋润、柔软、光滑洁白。明代李时珍所著的《本草纲目》中记载："珍珠涂面可令人润泽好颜色，除面(斑)。"

2.经常熬夜

有没有想过，影响到你肌肤状况的还有可能是你的生活习惯问题。经常熬夜、生活规律极不正常，可能让你成为一个不折不扣的"黄脸婆"。

经常熬夜的女人，在睡眠质量不能够得到保证的同时，会直接导致肠胃功能的下降，从而使得消化吸收的功能降低，产生的直接后果，就是使得皮肤不能够得到充足的营养，从而导致皮肤黯淡无光。

应对措施：早睡早起

正常的作息时间是最有效的美白、去黄方法。晚上10点到凌晨3点，是皮肤新陈代谢最旺盛的时间。如果此时仍处于紧张或者兴奋状态，皮肤的"吐故纳新"就会受到抑制，毒素长期不能有效排除，就会令肤色晦暗发黄。所以尽量不要熬夜，宁可第二天早上起来接着工作。

使自己安睡有几大方法：上床前2小时洗澡，不吃重口味的食物，不做过度的运动……另外，睡前喝杯热牛奶，吃面包或水果，也有助于入眠。

3.紫外线辐射

日晒对皮肤的伤害已经人尽皆知了，可我们还是要强调：抵挡紫外线，减少黑黄色素的形成。所以，无论哪一种肤质，要想美白，都要防晒。

应对措施：防晒SPF

日间出门要擦含SPF配方的润肤液，如果你嫌防晒产品涂了不舒服，可以选用SPF值低一些的，如SPF15，如果你不经常在户外运动的话，这就可以有效阻挡大部分的紫外线了。

4.皮肤干燥

这一类的"黄脸婆"往往对于美白存在一定的误区，她们认为天热时既要去油又要美白，保湿是多此一举的。其实美白本身是一个净化的过程，黑色素从表皮细胞脱落后，皮肤表层变干净的同时，需要添加水分及营养来保护。

应对措施：骨胶原

来自海洋的骨胶原成分则更是促进美白的良方，它能维持肌肤美白所需的营养，还能够增加肌肤的弹性和保湿度，让皮肤白得通透水润。

5.压力过大

如果你的生活、工作、情感方面的压力长时间不能得到排解，这种心理上的紧张压力，会直接影响副肾皮质荷尔蒙。副肾皮质荷尔蒙具有加强全身抵抗力，以对抗心理压力的作用。如果心理承受的压力长期不能够得到缓解，则副肾皮质荷尔蒙的分泌机能就会衰退，于是肌肤就会相应地失去抵抗力，容易产生斑疹，也容易出现雀斑、青春痘，让脸色变得"暗黄"。

应对措施：去除你情绪的"暗黄"

调节你的情绪，别让生活各个方面的"想不开"破坏了你的心情，影响了你的生活质量，也影响了肌肤的亮采。减除压力的方法有很多，比如：上健身房做一些有氧操或瑜伽，看电影、看书……试着找到适合自己的减压方法，就可以恢复肌肤白皙。

6.吸烟

香烟的"烟污染"，会令皮肤产生大量的自由基，令血液和淋巴的循环不畅，皮肤毒素不能有效排放，就会使肤色发黄，同时也可能导致色素沉淀。

应对措施：戒烟

泛黄的手指、斑驳的牙垢，都是吸烟留下的"后遗症"，所以要使脸蛋儿透出光亮、润白，戒烟势在必行。

"去黄"将是一项长期而艰难的工作，你必须一直坚持。当然，除了这些保养，化妆对女人来说也同样是必需的，它也许不能从根本上改变你的肌肤状态，但至少可以为你增加自信。

国际通用女士着装规范

在古时候，女人们深居简出，依赖男人生存，那时的女人在穿衣打扮上，更多的是为了取悦男人。但时至今日，女人们的独立意识已经日渐完善，女人穿衣，不仅仅是美丽的体现，也是为了显示身份，维护尊严。

那么，对于现代女性而言，我们着装的最基本要求是什么呢？在这里，本书为您介绍一下国际通用的着装规范——"TPO原则"，所谓"TPO"，即英语单词时间(Time)、地点(Place)和场合(Ocasion)的缩写,也就是说，我们的着装要符合时间、地点和场合。下面，我们就为大家详细介绍一下：

1.休闲服饰

我们在选择休闲服饰时，应注意色彩的亲切柔和，面料应易于吸汗，不需熨烫等复杂打理。

在穿着时，要尤其避免体臭和服装异味，注意保持休闲服饰高度洁净的品质和魅力。

2.职业服饰

（1）办公职业装

办公职业装的色彩不宜过分张扬，防止影响工作及整体工作效率。我们在穿着职业装时，应尽量考虑与办公室的色调、气氛相协调，而且要注意与自身的职业相搭配。办公室着装最忌讳坦露、花哨、反光，款式应力求端庄、简洁、持重和亲切。

（2）外出职业装

外出办公的服装在款式上应注重整体感和立体感，以舒适、简洁、得体为最佳，过紧或过宽、不透气或面料粗糙的服饰，并不适合这个时候穿。一般来说，略正式的场合可穿西服套裙；较正式的场合可选用简约、干练，品质上层的上装和裤装；一般性场合，虽然可略随意一点，但一定要注意符合职业特性。

另外，外出工作，着装最忌张扬，这是一定要注意的。所以在色彩上我们应注意，不要复杂化，不要太过耀眼，并且应与发型、妆容、手袋、鞋和谐搭配，不要给人冷艳高傲的感觉。

3.礼服

（1）晚礼服

适合穿晚礼服的场合主要是庆典、晚会、宴会等。

闪亮的服饰是晚礼服永恒的风采，不过需要注意，我们在穿晚礼服时，全身除手饰之外的亮点应不超过两个。穿晚礼服的基本原则是雍容典雅，布料质量需上层。

在晚礼服的分类上，着西式晚装时应强调美艳、性感、光彩夺目；着中式旗袍时，应注重体现女性的端庄典雅、含蓄秀美。

（2）公务礼服

公务礼服用于较为正式、隆重的会议或是迎宾接待。

穿着公务礼服,应尤其注意面料品质。在色彩方面，应以黑色和贵族灰为主，不可选用流行的时尚色系，以免显得轻浮。在做工方面应力求做到精致，并注意搭配精美小巧的饰品、手袋以及质地优良的鞋子。

❀ 女性穿内衣的礼节与禁忌

每个女人都穿内衣，但并不是每个女人都会穿内衣，毫无疑问，这里面既存在技巧的问题，也有有观念的差异。

那么，女性穿内衣时有哪些礼节和禁忌呢？我们来看一下：

1.礼节：

（1）标准：胸衣、内裤的尺寸一定合适，即，穿上身以后仍可保持身体线条的流畅，而不是被内衣捆绑成肉粽一样。

（2）颜色：内衣的颜色应与外衣颜色相协调，避免外泄，在正式场合或工作岗位上，应选择与肤色相近的内衣为妥。

（3）款式：内衣款式应与场合相协调，如在公共场合和工作场合，最好不要穿与社会主流文化相抵触的、过于性感、招惹是非且安全系数低的内衣。

2.行为禁忌：

1.不要在公共场合毫不遮掩地随意整理内衣，当我们感觉内衣穿着不舒适时，应就近寻找卫生间进行处理，要知道，公共卫生间的功能不仅仅是解决"如厕"问题。

2.不要在长辈、上司、高身份之人的视线内整理内衣，这是轻浮且很没有教养的行为。

4.不要在异性面前整理内衣，这是非常不庄重的行为。

5.不要在小辈面前整理内衣。在晚辈面前应起到良好作用，作为女人如果小孩都不尊重你了，这是最悲哀的。

6.不要穿过透的外衣，避免内衣外泄。

❀ 如何着装才能体现仪表美

什么样的衣服才算"好衣服"？其实很简单，除了与自己的年龄、身份、肤色、身材及穿着的场合相吻合外，无非是这么几个要素：样式别致、颜色谐调、质地上乘、做工精良。但问题是好的衣服大家都知道，"不好"的衣服却未必人人皆知。借用托尔斯泰的语式来说，就是好的衣服大致相同，不好的衣服却各有各的不好。现如今不少报刊总是对"好"衣服给予大量篇幅，到处美人纤体华服，虽然营造了当前经济、文化、社会等无处不在的商业气息，然而，讲讲"不好"似乎更有些实实在在的用处。

曾有人说，在人类文明的衣、食、住、行的最初形式之中，衣服是最富有创造性的。的确，衣服是人的第二层皮肤，特别是对女性来说，无论是其衣服的造型还是制作，都要追求独具匠心，确立自己的着装风格，并通过这种创造演绎出一种令人难忘的审美情感。

服饰也有个性。要学会用能表现自己独特气质的服饰装扮自己，使装扮与自己相符，内在的气质与外表相一致，就看着"顺眼"、"舒服"。比如，文静偕清淡简洁、活泼伴鲜明爽快、洒脱宜宽缓飘逸、高傲忌繁复的装饰和柔和的暖色，等等。你一定有过这样的经历，穿上一身得体的衣服，心情会立刻好起来，头不扬自起，胸不挺自高，步子迈得比平时轻盈，人也特别有信心，无论是走在街上，进到商场里，或是在办公室，好像这普天之下没有什么办不成的事。

其实，衣着打扮并不神秘，任何人只要肯留心，都能掌握最基本的要领。我们平常所讲的"风度"，就是内在气质与外在表现相互衬托、彼此辉映的结果。风格的形成越早越好，因为有了风格，你的体貌特征才能与服饰间出现规律性的结合，使你的形象给人带来无与伦比的贴切感。有风格就不怕老，因为越老风格越成熟、越突出。有风格一定会带来自信，因为风格是个性的东西，别人可以羡慕，却无法效仿，这样，你就可以成为时尚独立的载体。

生活中，我们很少将风格与自身的特点及其穿衣方法挂钩，因此人们才会面临着无数的装扮烦恼：我该留什么样的发型？穿哪种款式的衣服？戴多大的耳环？穿什么样的鞋型？为什么今年流行的那款裙子我穿着不对劲？等等。你会发现这些烦恼都来自一个问题，那就是我到底适合什么。

我到底适合什么？要解决这个问题，唯一的办法就是要搞明白"我是谁"。

首先，你要了解自己的外形特征，这里分为外型的轮廓特征和体量特征；其次，要了解由自己的面部、身材、神态、姿态及性格等与生俱来的元素所形成的气质和氛围给人带来哪类的视觉印象，即周围人往往用哪类的形容词来形容你，以此找到自己的风格类别归属；最后，通过对女性款式风格八种类型的理解去对号入座，按自己的风格类别归属去扮靓自己。

无论你身材高低，五官如何，都会有你确定性的风格和魅力。风格不是"我想怎么样"、"我要怎么样"，而是"我是什么样的"、"我就是这个样的"问题。因此，我们不用羡慕别人的身高和美腿，也不用模仿谁的发型，更不能盲目地跟随流行。不把"底子"弄明白就往上添加东西，结果是可想而知的。应该说，每个人都有属于自己的美，也就是自己的个性魅力。只是人往往不知道金子就藏在自身，总到别人身上去挖宝，却不知道真正的宝藏就是自己。

所以，与其说是衣服不好，不如说是穿的不好，或者说有几样忌讳是穿衣服时要考虑的。

一是忌凌乱。衣服的样式是简洁大方的好，不能有过多的装饰，如花边啦、穗子啦、带子啦等等；另外，色彩千万不能多，一般说全身上下的主色调不应超过三种。曾在大街上看见一女孩，至今记忆犹新。她穿着桃粉色白花上衣和淡黄色杂花裙子，一双黑高筒袜，一双红皮鞋，居然还戴了一顶白帽子。本来这姑娘如花似玉，可被这一身打扮毁了，很多人看她的目光里都闪着惋惜。还有一个朋友，人家给他介绍对象刚见一面就吹了，问其原因，他说，他数了那姑娘身上穿着的衣服共有七种颜色，所以断定她是一个修养和品位不高的人。呜呼哀哉，那姑娘可能根本不知道是被颜色误了终身。

二是忌质差。衣服的质地无非是丝、绸、棉、麻、毛、呢、化纤等，料子则有薄厚和粗细之分，在搭配衣服的时候应考虑质地的相近和一致性，而不要相差太大。比如，厚重的上衣不能配轻薄的裤子或裙子，而真丝的衣服也最好别跟尼龙的东西混穿，另外，挺括的和易皱的、粗糙的和细致的、时装与休闲装等不同质感、不同风格的衣服，在着装和出门前都要慎之又慎，三思而后穿。

三是忌匠气。曾见过这样一个女孩，她穿着粉色的衣裙，粉色的袜子，粉色的皮鞋，背着粉色的包，头上还扎着一条粉色的缎带。这种装扮不能说不讲究、不用心，但给人的感觉是过于雕琢、过于刻板了，像个粉色的云团怪怪地飘在街上，看上去反而不舒服。除非在特殊场合，一般场合下，穿衣服还是以自然、随意为好，因为说到底衣服是为人服务的，让自己和他人都觉得"叫劲"的衣服，劝君束之高阁。

风格是每个人都拥有的，千万不要认为只有漂亮的人才能谈风格。风格绝对是每个人自身散发出来的一种与生俱来的氛围和气质，是你区别于任何其他人的个性标志，也是你要进行打扮的"底子"。

✿ 佩戴首饰讲究不小

　　虽然我们都喜欢首饰，但事实上，真正掌握首饰佩戴要领的却并不多，要知道，只有学会正确的佩戴方法，我们才能将自己打扮得更加适度，更加出众。

　　那么，下面我们就来说说女性佩戴首饰的方法：

1.要注意脸型

　　这主要是针对耳饰来说的，事实上，耳饰只有与个人的气质、脸形、发型、着装等合理搭配，才能彰显女性的魅力，达到良好的修饰效果。

　　在佩戴耳饰方面，尤应注意的是与脸型的搭配。耳饰靠近脸，我们佩戴耳饰是为了对脸部起到一种平衡的作用，如果选择不好，反而适得其反。一般来说：

　　圆形、椭圆形脸选择耳饰时可以随意一些；但最好不要佩戴圆形耳环，这样会显得脸部浑圆胖大。

　　方形脸、长脸型应选择圆弧形耳环

　　有小尖下巴的女性应选择圆形吊坠式耳环，借以增强脸部的圆润感；

2.注意掌握颈，胸饰的佩戴

　　要知道，女性身体上最美、最微妙的地方就是脖子和胸部。所以这两处的装饰被称作"一切饰物中的女王"。而这两处的装饰，则主要体现在项链上。

几乎所有的女性都戴项链，这是较为普遍的装饰品，事实上，但由于颈部长短粗细各不相同，我们在佩戴时也要有所注意。

颈短的女性应选择细长款式的项链，这会令你的玉颈显得修长一些；

颈部细长的女性应佩戴略微粗一点的项链或者大圆珠宝石项链，这样看起来会更协调一些。

3.注意手部的装饰

手镯

手镯对于时装有着不可忽视的装饰作用，恰当的佩戴手镯，会令你的女性魅力更显高贵。不过我们在佩戴手镯时也要注意：

如果你的手臂修长，手腕细小，应将手镯戴在接近手腕的地方；

如果手臂很瘦，那么应该选择一些细小金属手镯或手链佩戴，不应选择粗大的玉镯，否则会使原本就削瘦的手臂显得更加瘦骨嶙峋；

如果你的手指粗短、指甲也有些不尽人意，那么手镯佩戴的位置就要稍高一些，使别人的注意力离开你的手。

手臂和手腕略显丰润的女性，应戴宽而厚的玉镯，这样会使你的手腕和手臂显得细小、雅致一些。

戒指

戒指也是非常普遍的装饰，但事实上，它的佩戴也颇有讲究。一般而言：

手形纤细而手指修长的女性，在戒指的款式上可随意一些，尤其是较大一些的珠宝戒指，更会将纤纤十指衬托得分外秀丽；

但如果你的手指不是那么理想，略嫌粗短，那么可以佩戴上蛋形戒指，但注意要选择窄边指环，这样会使你的手指看上去细长一些。

🌸 香水使用应有所注意

国人常说"闻香识女人"，可可香奈儿也说"不用香水的女性没有未来"。可见，香水对于女性魅力的形成，具有不可忽视的作用。的确，香水够赋予女性不同的味道与魅力，也许在不经意间的一抹香气，就会让我们的魅力指数迅速飙升。不过有时，倘若我们香水使用的不得当，也难免会造成"身边人根本不敢呼吸"的窘况。那么，究竟我们在使用香水时应注意哪些礼仪呢？大家一起去看一下：

1.香水应该喷在刚洗过的、干净的头发上，如果头上有灰尘或油脂，会使香水变质。

2.香水可以抹在裙摆两侧，也可以在熨衣服时加一点香味。

3.香水喷在棉质、丝质的衣物上容易留下痕迹，忌喷在皮毛衣物上，此举不但损害皮毛，而且衣物颜色也会发生改变。

4.探望病人或是去医院就诊，请尽量使用淡香水，以免影响医生和病人。

5.参加正式、严肃的会议，切忌使用浓香水。

6.在工作场合，不要使用个性强烈的香水。

7.在宴会上，香水应涂抹在腰部以下，这是基本的礼貌礼仪。另外，过浓的香水会影响食物的味道，也可能造成别人食欲降低。

❀ 做芳香女人，不做味道女人

每个女人都希望自己芳香如花，并清洁如天使，但很多时候女人都不得不面对这样或那样的问题。比如说正常的白带本来是女性成熟的标志，但它却容易发生一些病变，让你备受煎熬，成为一名惹来别人异样眼光的"味道女人"。

邵女士33岁，娇媚性感，风姿绰约，尽管一条腿已经迈进了中年的门槛，但仍旧是公司里的"万人迷"。她和公司里的每个员工都相处得很好，休息的时候和大家说说笑笑，周末还常跟女同事一起去逛街什么的。但最近一段时间，大家发现邵女士变得沉默多了，不再和同事们笑闹，总是一个人默默地坐在办公桌前，她怎么了?原来她患上了一种"难言"的病，一个星期以来邵女士在自己的内裤上发现了一些"脏东西"，还散发出一种难闻的臭味，她偷偷试着用洗剂清洗下身，可是却毫无用处，这种情况下她怎敢同别人接近?

其实邵女士并非患上了什么脏病，只不过是白带出现病理变化。在成年女子中这种病理性白带很常见，例如生殖道有炎症、特别是阴道炎和宫颈炎，或者发生生殖道肿瘤时，白带都会出现异常。

一般来说病理性白带有以下几种，它们的性状明显，很容易区分：

1.透明黏性白带

这种白带呈蛋清状或清鼻涕状，分泌量增加，不随月经周期的变化而减少，需使用卫生护垫，其性质与排卵期宫颈腺体分秘的黏液相似。这种情况常见于阴道腺病、子宫颈高分化腺癌等疾病。此外，当体内雌激素水平增高时，如排卵期或妊娠期或服用雌激素药物后，均可产生白色透明状的黏性白带。

2.脓性白带

黄色或黄绿色，有时呈泡沫状，有臭味，大多为阴道炎症引起。以滴虫性阴道炎最为常见，同时伴有外阴部瘙痒。也可见于宫颈炎、老年性阴道炎、子宫内膜炎、生殖道淋菌感染。

3.乳酪状或豆渣状白带

这种白带为霉菌性阴道炎的典型特征，常伴有严重的外阴瘙痒。

4.灰色白带

这种白带同时伴有鱼腥味，常见于细菌性阴道病。

5.血性白带

在白带中混有血液，有如高粱米汤样的白带。此时应检查是否有子宫颈癌、子宫内膜癌等恶性肿瘤存在。常见发生血性白带的良性疾病有宫颈息肉、黏膜下子宫肌瘤以及由宫内节育器引起的少量血性白带。

6.黄水状白带

持续流出淘米水状白带，伴有臭味。一般见于晚期宫颈癌、阴道癌或黏膜下子宫肌瘤感染。如果一阵阵排出黄水状或血水状白带，应详细检查是否有输卵管癌的可能。

如果你的身体出现问题，千万不要觉得羞于启齿，把病越拖越严重，而是应该一旦发现立即就医，让身体尽快康复，不要担心"没面子"，病情严重了你才真正"没面子"。

第二章

亭亭玉立：

举手投足俨然大家闺秀

老话说：站要有站相，坐要有坐相。但事实上，优雅对于女性的要求不止于此，想做到时刻优雅，你就必须随时注意自己的一颦一笑、一举一动，要让自己的举手投足透出一股大家闺秀般的风范，这才称得上是一个知礼而又美丽的女人。

❀ 走如流云般优雅

　　每一个女人都希望自己的走姿如流云般优雅，款款婀娜的步态是女性独有的一种风韵，能够尽显女性的温柔、端庄与高雅。那么，我们怎样才能走出女性的风采呢？

1.要领

　　（1）以腰部为中心，以腰带脚，移动重心。
　　（2）挺胸抬头，双目平视，下颌略向内缩，面含微笑。
　　（3）膝盖平直、脚跟自然抬起、两膝互相碰触。
　　（4）保持良好地节奏，肩膀放松，手指自然并拢。

2.方式

　　女性行走的姿势极为重要，会直接影响形象的美丑。一般来说，我们在行走时应该注意：
　　（1）迈步时脚尖应向着正前方，脚跟先落地，脚掌紧跟落地。
　　（2）走路时应挺胸收腹，两臂自然摆动，节奏快慢适中，给人一种从容不迫的动态美。
　　（3）步度合适。即行走时两脚之间的距离要合适，其一般标准为——脚踢出落地后，脚跟离另一只脚脚尖的距离恰好等于自己的脚长。
　　（4）步韵优美。女性走路时，膝盖和脚腕都要富有弹性，两肩自然、轻松摆动，使自己走在一定的韵律中，这样才会显得自然而又优美。

3.禁忌

（1）最忌内外八字步。

（2）忌头颈前躬，左顾右盼、弯腰驼背、斜肩晃臀。

（3）忌一边走路一边对人指指点点。

（4）忌双臂左右摇摆。

（5）忌跨步过大，最大步幅不应超过脚长的1.6倍。

以上这些禁忌动作既会令我们优雅尽失，又失礼数。所以说，如果你还想做一个优雅美丽的女人，平时就一定要有所注意。

❀ 坐姿尽显女性端庄

坐姿是影响女性形体美的又一大关键因素。优雅的坐姿不仅能够使女性的形体看起来婀娜多姿，更能展将女性的气质展现的淋漓极致。但事实上，由于不了解坐姿的要领，我们在日常生活中犯下的坐姿错误也不少。

那么，如何才能坐得端庄优雅呢？我们一起去看一下：

在与客人交谈时，不妨朝椅内坐得深一点，并保持背部直立，腹部自然收紧，膝盖并拢，这是女性标准的坐姿，会使你看上去优雅且又从容。相反，如果你坐得很浅，看上去就会显得较为拘束，切需要以脚用力着地来平衡身体，这种坐姿会使你的背部微驼，下颚前倾，毫无形态美可言。

很多女性也有跷二郎腿的习惯，这在社交场合是被认为是很不礼貌的。如果实在是难以改掉这个习惯，那么一定要注意姿势，我们可以这样——收拢裙口，遮掩到直至膝盖以下部分；支撑的脚不要倾斜，双腿内侧靠近，大腿外侧收紧；双手自然搭在腿上——这种坐姿或许看着还算可以。

到别人家做客，不要径直斜靠在椅背上，或是陷靠在沙发中。前者会让人觉得你很随便或是傲慢无礼，或者会让人觉得你消极懒散，缺乏生气。

与朋友同坐一张沙发时，叠腿的姿势应保持一致性，标准的坐姿是双腿并拢略略向朋友一方倾斜，略微侧身，这样会让你看上去更加亲切、端庄。

❀ 生活细节礼仪不可忽视

1.化妆的原则与礼节

（1）化妆要与场合协调。切记：工作场合只允许化淡妆；晚上可以选浓妆；参加户外运动时，最好不要化浓妆，否则暴露在阳光下，看在别人眼里会不自然。

（2）不要对他人的妆容指指点点，品头论足，这是很没有修养的表现。

（3）不要当众化妆。化完妆的我们是美的，但化妆的过程实在是不够雅观。

（4）不要借用别人的化妆品，这样做不仅不礼貌，而且也不卫生。

（5）凭吊、参加丧礼时切不要化浓妆，也不宜抹口红，那是一种不庄重、不尊重的表现。

2.发型应与服饰相协调

穿礼服时，我们应将头发挽在颈后，这才会显得端庄、高雅；

穿连衣裙时，如果是v字领款式，也可将头发盘起，但如果款式属外露较多的那种，则最好选择披肩发或束发；

穿职业西装时，发型要梳得端庄、大方，不要蓬头垢面，一定要保持与衣装的协调性。

3.指甲的处理

在社交场合中，握手是一种最基本的理解，而一双洁白干净的手，则是交往时的最低要求。所以我们必须及时修剪指甲，保证指甲的长度不超过指尖。需要提醒大家的是，在任何公共场合修剪指甲，这都是不文明、不礼貌、不雅观的行为。

3.不要外露体毛

女性在着装时应有意识地不穿暴露腋毛的服饰。如果在社交活动中需要穿使腋窝外现的服装，必须先剃去腋毛，以免有损整体形象。另外，女性在穿裙装和薄型丝袜时，如露出腿毛，应先将其剃掉。

4.保持牙齿清洁

不要忽视牙齿，牙齿是口腔的门面，是仪容美的重要部分，不洁的牙齿向来被视为交际中的障碍，所以一定要注意保持牙齿情结。如果口腔中有异味，必要时我们可以嚼些口香糖可减少异味，但要注意，这要在与人见面之前进行，因为在与别人交谈时嚼口香糖，是非常不礼貌的行为。

❀ 别让坏情绪泛滥成灾

人在每天的生活中，免不了会出现好情绪与坏情绪，关键的问题是，我们要如何保持情绪的平衡，如何处理冲动。

试想一下，如果你刚刚穿上一件新买的高档时装出门，忽然身边有一辆汽车疾驰而过，溅了你一身的污水，你会作何反应。其实，这时无论是谁，都难免气愤和恼火。但你开始破口大骂，并说着些非常合乎逻辑的话语，你的生理就会开始有些变化，脸色改变，甚至全身发抖、心跳加快、呼吸急促、胆汁增多，最后是越想越生气。

女人无疑是感性的，其情绪特别容易被外界的事物所影响。落花、流水、枯藤等都会让她们在心中感怀良久。面对生活中那些层出不穷的麻烦事，女人也会发怒。所以，学会控制自己的情绪，对女人来说特别重要。

雯雯是一家公司的职员。她的男朋友比较帅，是一家大公司的业务经理。为此，雯雯特别担心自己的男朋友和别的女孩在一起。真是怕什么来什么，没过多久，就发生了一件这样的事。

这天，雯雯碰巧到男朋友单位附近办事，所以决定下班后去接男朋友，给他一个惊喜。她就在他上班的大厦对面的咖啡屋打他的手机，告诉他，晚上和他一起吃饭，但没说就在他楼下。

这时，她男友说他不在单位，正在和客户吃饭应酬，晚上会晚点回去。结果雯雯便到附近的一家湘菜馆里一个人点了份菜。

谁想她一眼就看到了男朋友和一个女人正在里面共进烛光晚餐。当时的一刹那，雯雯觉得有点蒙了，一股怒气直冲上来，气得她都有些站不稳。本想走过去问个究竟的她，突然想起遇事要冷静的告诫。于是，决定按兵不动，以观其态。

最后，雯雯用理智战胜了自己，在自己的心理暗示下，终于平静下来，她觉得男朋友应该不会背叛自己，一定是有原因的。这样想着怒气就消了一半，最后又悄悄地把男友那桌的账一并结了，让他有个心理准备，然后回家再问。

男友回来后，雯雯试探地说："今天吃饭是不是有人替你买单了啊？"男友很疑惑地说："是的，你怎么知道……噢，原来是你。"男友恍然大悟。紧接着，又开始解释："那是以前一个追求过我的女同学，明天就要离开这个城市了，非要和我吃最后一顿饭，我不答应也不好。但我怕直接告诉你你会生气，于是就……"

听了男友的解释，雯雯暗自庆幸自己没有一时冲动做出傻事来。愤怒的情绪人人都会有，任何时候都要让自己去主宰自己的情绪，只有这样，事情才能办好。

让愤怒的情绪爆发出来，只会使事情变得更加糟糕。它可以让原来认为你温文尔雅的人一下子改变对你的印象。这种情况下，事后你可能会觉得后悔，但是世界上是没有后悔药可吃的。因此已经到了而立之年的我们应该学会控制自己，学会尽量不发火而把事情解决好。那么如何在一些不愉快的场景中迅速地控制自己的情绪呢？

1.语言暗示法。在情绪激动时，自己在心里默念或轻声警告"冷静些"、"不要发火"等词句，抑制自己的情绪，也可以做成小纸条放在自己的包里、办公桌或是床头。

2.转移注意。在受到令人发怒的刺激时，大脑会产生一个强烈的兴奋灶，这时如果你能主动地在大脑皮层里建立另一个"兴奋灶"，用它去抵抗或削弱愤怒，就会使怒气平息。最好的办法就是暂时离开引发情绪的环境和有关的人或物。

3.嘲笑自己。用寓意深长的语言、表情或是动作，机智巧妙地表达自己。你可以自己嘲笑自己："我这是怎么啦？怎么像个3岁小孩子似的。"

4.回忆愉快的事情。当不愉快的事情发生时，应该尽量多想些与眼前不愉快体验相关的过去曾经发生的愉快事情。

5.站在他人的角度想问题。站在他人的角度想问题，也就容易理解对方的观点和行为。在多数情况下，一旦将心比心，你的满腔怒气就会烟消云散。

有人说，女人是善变的动物，确实，女人总是很情绪化，总是在事情发生过后才会发现。殊不知，这种不易自知的情绪随时会把你带进天堂或地狱。有理智的女人往往能有效地察觉出自己的情绪状态，理解情绪所传达的意义，找出某种情绪和心境产生的原因，并对自我情绪作出必要的恰当的调节，始终保持良好的情绪状态。

✿ 静静地，就是绝美

温暖的阳光下，我们坐在阳台前打开一本自己喜爱的书，伴着悦耳的音乐和卡布奇诺的芳香，就这样享受着属于自己的时光。这将是怎样的一幅美好的场景。不管外面的世界多么的喧嚣，女人也一定要记得留给自己一份沉静的感觉。这份沉静应该走入我们的性格，深入我们的气质。只有这样，我们的心才能恒久地保持安宁，我们的言谈举止才能真正显露出属于自己的那份淑女范。

尽管你是一个外向开朗的女人，也不要忘记留给自己那么一片沉静的空间，我们可以默默地做一些自己想做的事情，拿起一本自己一直想读的书，给自己一些独处的空间，将种种烦恼和忧虑搁置一旁，悠然地享受这份沉静给自己带来的快乐。作为一个成熟的女人，个性张扬的年代固然美好，但已经不再适合自己，面对未来，我们更需要在人前表现出自己的沉稳和成熟。雅致的女人一定会脱下自己少女时穿的那些日式小短裙，超级热辣裤，换上象征成熟内敛的长裙，将披散在自己身后的长发悄悄盘起，用自己恬静的微笑去面对身边的每一个人，让别人感觉到她得体的举止，沉静的修为。这是作为一个成熟女人性格中最唯美的一种，当这种内心的沉静随着你的言谈举止由内而外地散发出来，那种没有芳香的芳香就会紧紧地围绕在你的左右，使你因为内心的这份沉静而拥有更优雅的气质，更恬淡幸福的人生。

需要一提的是，这里所说的"静"，既是指身外的安静，也是指内心的平静。"静"在生活中是真实、善良、美好的体现。所谓"宁静以致远，淡泊以明志"，沉静性格是一种超然物外的性格。在沉静的四种状态——宁静、冷静、镇静、安静中，尤以宁静为首。性格沉静的女子是一个脱俗的女子，是一个拥有大智慧的女人。

首先，性格沉静的女人是理性的女人。生活中我们经常看到有些女人，遇事便心慌意乱，不知该怎么办才好。而沉静的女子面对突如其来的危险和灾难虽然也有心慌意乱的时候，但她们却能让自己及时冷静下来，恢复理性的思考，以想出好的办法来从容应对。正所谓"猝然临之而不惊，无故加之而不怒"。平和的女人大都能保持沉静，从不被忙碌所萦绕，忙里悠闲，待人不严，教人勿高，宽严得宜，分寸得体，身心自在，她常能享受生活之乐趣。

其次，沉静的女子选择安静。曾经有两位画家，分别以安静为题画一幅表达同一意境的画。一个画家画了一个湖，湖水平静得像一面镜子，还画了远山和湖边花草，让它们倒映在水里；另一个画家则画了一个飞泻的瀑布，在瀑布旁边有一棵小树，树上的鸟儿正在巢里安然睡觉。显然，后一个画家才真正理解了安静的真意，而前面那一位不过是以一潭死水来演绎安静罢了。面对飞瀑激流，依然高枕酣睡，处于惊涛骇浪之中仍能泰然处之的女人，才能拥有一个豁达而安静的人生。

生活本就清清淡淡、平平凡凡，如涓涓流水，于安静中沉思默想的女子是人生经过深思熟虑后的选择，是历尽沧桑后的返璞归真，安静也让女人的心灵更加充满宽容、博爱，也让她们有更大的心灵空间去容纳思想的自由翱翔，为生命积蓄能量。"宁静以致远"，安静中有一种寻求智慧的沉思之美，是人生大彻大悟的开端。

再次，性格沉静的女人心思细腻，做事认真，考虑周全。沉静女子同时也是一个温柔女子，她们无论在家里还是在职场中做起事情来都格外认真，也能照顾到他人的细微感受，是一个很有女人味的女人。

最后，性格沉静的女人是拥有魅力的幸福女人。没有人不喜欢这样的女子，她们静若处子，动如行云流水；她们通达世情，无论是做事还是做人总能面面俱到，又不沾染世俗的痕迹。即使同为女人也乐于和这样的女子亲近。

记得有一个记者采访一位著名演员："在喧闹的人群中，你会选择什么方式引人注意？"这位演员说："我会选择沉静地坐着。"是的，沉静地坐着，沉静地微笑，沉静地站在世界的面前，这种沉静所流露出来的自信、端庄、高贵是非常引人注意的，是很有穿透力的，它足可以让人在喧哗中停下来，多看你一眼。

女人，学会沉静才能从容应对迎面而来的种种考验。"静水流深"，沉静，会让你深不可测。你的人生还会有多重天，你要沉静下来，洞察一切，抓住机会，做好各方面的事，这样，人生才会更上一层楼，进入大智慧、大视域、大心境的境界。

沉静是女人身上的一种独特的美，无需浓妆艳抹，无需华服遮盖，这种美是从骨子里散发出来的感觉，淡淡的，甜甜的，它紧紧地围绕在女人成熟干练的行为里，渗透在她们精明而果敢的微笑中。尽管没有张扬，没有喧嚣，甚至没有语言，但这份女人内心的沉静却深深地打动着身边的每一个人。

这份沉静，是因为摔打与磨砺渐渐让一颗心变得平和。有了这份沉静，已经不是什么事都能令你愤怒或咆哮，那些背后的暗箭、他人的中伤，听到了，你会置之一笑。这时候，我们不会像少女时那样张扬，而是话语自信、笑容优雅、态度坦然、衣裳端庄，是一个温婉可亲的高贵女子的形象。这是一种独特的美，它来源于人生的涵养、经历、沧桑的沉淀，展现在人们面前，就是女人最雅致的霓裳。

❀ 不要哭坏了你的形象

女人多多少少都有些小脾气，女人多多少少都会滴几滴眼泪，这是女人"柔"的天性，尤其是在少女季节表现的尤为明显。但是当我们逐渐长大以后，就应该意识到自己必须强大起来，去承担起更沉的担子，拥有独当一面的能力。我们必须收起自己的脾气，不要再用哭泣在人前表现自己的脆弱。因为我们已经成熟，我们必须勇敢地选择坚强。

人的一生不会是事事顺利的，如果有一天你真的能够心想事成，也是由于经历了曾经无数次挫折的积累。少女时我们一遇到难事儿，难免会掉几滴眼泪，或是将内心的不满转化成暴躁的脾气，可是哭够了，脾气发够了，又能解决什么问题呢？生活还在继续，我们还是要硬着头皮去面对这样那样的不顺利。如今，我们已经成熟，我们的步调越来越从容了。我们应该意识到，当问题出现时，第一件事情就应该是去思考解决方案，而不是坐在那里怨天怨地。从今以后，我们要开始学着收起自己的脾气和眼泪，因为我们要在今后的奋斗之路上选择坚强，不管是为了梦想也好，还是为了更好的活着也罢，随着身上的担子越来越重，我们必须让自己迅速地成长、强大，拥有独当一面的能力。

人们常说"女人是感性的，男人是理性的"。这句话虽然有些绝对，但也不是没有道理。在大多数场合下，大多数的女人在处理事情时，总是感性多于理性。但在现代职场中，如果我们经常发脾气、掉眼泪，那么不仅会让周围的人无所适从，而且还会对自身造成不可避免的损失，更会被归结为心理承受力差和性格软弱，认为你经不起大风大浪的侵袭，难以担当重大责任，最终对事业造成极大的影响。

有这样一个故事，大家一起来看看：

有位叫鑫鑫的姐妹是一家大型企业的高级职员，她的能力和才华在公司里是有目共睹的，无论是工作能力，还是文字水平，均是堪称一流的人才，这一点连她的上司也是给予充分肯定的。鑫鑫的性格热情大方、率真自然，颇受同事们的欢迎，深得上司的喜爱。但也就是这率真和不加掩饰的性格，在某些时候竟然也成了她事业发展中的致命伤！

最近一段时间，上司对一位无论是资历还是能力和业绩都不如鑫鑫的女同事特别关照，但也没见她干出什么出色的业绩。她做事总是磨磨蹭蹭的，却总是好事不断，什么升职、加薪等好机会都有她，一年之内竟然被"破格"提拔了两次，让人很是羡慕。

鑫鑫心里越想越难受，为什么自己工作干了一大堆，也创造了十分亮眼的业绩，却不被提拔呢？她怎么也想不明白，真是又气又急又窝火。为此，鑫鑫的工作情绪一度受到影响，陷入低落状态。

这时，一个平常和她关系不错的同事，见到鑫鑫这副沮丧的样子，便告诉了鑫鑫她的看法，她认为鑫鑫之所以会出现目前的状况，虽然原因是多方面的，但最主要的一条，就是鑫鑫犯了职场中的大忌——太情绪化了！

听了同事的劝告，鑫鑫有些醒悟。其实，鑫鑫也想让自己"老练"和"成熟"起来，然而，一碰到让人恼火的事情，她就是控制不住自己的情绪，尽管事后觉得自己有失理智，但当时就是不能冷静下来。

久而久之，鑫鑫在公司里备受冷落，同事们也不敢轻易跟她说话了，鑫鑫的事业陷入了困境之中。

类似鑫鑫这种情绪化的反应，可以说是职业女性最容易出现的一大弱点。据调查，有80%的人认为，性别已经不再是制约女性晋升和发展的瓶颈，而性别给她们自身带来的性格上的弱点——情绪化，现已成为她们职业发展的最大障碍。

我们能不能让情绪束缚自己？答案是——不能！女人，一定要在自己的人生中选择坚强！这个世界有时候是温暖的，但有的时候也是冷漠无情的，它永远优待强者，它从来不会同情落泪的人。你可以有情绪，但你发泄的时候一定要分清场合，因为身边的人不是你的知己，也并不是人人都能给予你关心，为你提供力所能及的帮助和照顾。生活有的时候就是这么直白，这么残酷，我们必须在它的打磨下，慢慢让自己的心境平和起来，将自己内心的力量发挥到极致，只有这样，我们才能慢慢强大起来，才不会被懦弱蒙蔽了双眼。我们应该明白，未来的路还是要靠自己，即便有一天摔倒了，也不能再哭泣，而是要在最快的时间内重新站起来，否则你将会被人看不起。

大家再来看看这个故事：

温婉婷是一个相当出色的职业女性——聪明、漂亮、有上进心，做事力求完美。但是，和她真正接触过的朋友，或和她一起工作过的同事们都十分清楚，她唯一的毛病就是爱哭！

有一次她辛苦设计了一个月的方案，本以为一切就要完事了，但方案中一篇重要稿件却被头儿否定了。温婉婷头一次碰到这种状况，立刻蒙了。接下来，全办公室的人都被温婉婷响亮的哭泣声惊呆了——温婉婷大雨滂沱地足足哭了10分钟！从此，温婉婷在公司里便不再受欢迎。

这似乎有些人如其名的意味，只是这个女孩子似乎"温婉"过了头。办公室是个什么地方？那就是个江湖！女人在江湖中行走，如果有心要成就一番事业，就千万不要在别人面前亮出你的底牌，要学会控制你激动的情绪，不要乱发脾气，不要轻易掉眼泪，要懂得如何"伪装"自己的心情、掩饰自己的表情，要勇敢地去面对失败和压力。只有这样，我们才能赢得同事和上司的认可，才能顺利开展工作，才能为自己赢得那片深邃湛蓝的事业天空。

眼泪和脾气是女性的天性，这无可非议。但这对于女性的工作是没有好处的，眼泪只能是让别人在私下里对她产生同情，而在工作上则会对她失去信任，如果遇到一点小小的困难，就发脾气和流眼泪，而不能够独自面对，别人也会对我们的能力产生怀疑。所以，当苦难侵袭的时候，女人，要告诉自己："你已经长大，你要变得更坚强，因为未来还有很长一段路要走。"

女人，不要轻易地宣泄自己的脾气，因为你不能让自己一时的冲动毁掉了自己长远的发展。我们学着擦干眼泪，因为明天的明天也许会经历更多的艰难。我们要学会坚强，学会勇敢，要学会微笑着去应对未来所发生的一切，不管它是值得庆幸的，还是让人困惑的。我们要相信，当我们的步调越来越从容，越来越冷静，一切困难都不再会是困难，一切的一切都会过去。

❀ 改变坏习惯，养成好习惯

习惯是人们在不经意间积累起来的思想行为，它默默无声地生长、发芽、开花、结果。好习惯可以开出芬芳的花朵，长出香甜的果实；坏习惯或许会使花儿枯萎或是果实酸涩。一个女人的习惯，在一定意义上反映着她的文化教养和精神追求。不同时代、不同民族、不同文化修养的女人，在习惯上有很大的不同。许多心理学家一致认为，习惯实际上不仅仅影响我们的个人生活，也在引导着整个社会结构的心理机制的改变。

习惯的力量起初看起来似乎很微弱，弱如一滴水、一段绳，几乎让人们感觉不到它的存在，但绳锯木断、水滴石穿，习惯的力量就存在于类似断木与穿石这种持之以恒、坚持不懈的重复之中，等你能够感觉到它确实存在的时候，它的力量已经大得足以撼动山岳了。

在现实生活过程中，习惯可以说是无处不在。好的习惯是成功的基石、是成功的源泉，养成良好的习惯，才不会被自己打倒；坏的习惯是害群之马，是我们成为雅致女人的绊脚石。

好习惯源于自我培养，我们一生中，脑部神经随时都在驱使我们做出相关的动作。这种动作在相同环境下不断重复，便使我们不自觉地产生了习惯。

好的习惯人人都想拥有，但最主要的问题是我们能不能坚持。对于一个独立的女人来说，习惯的形成大部分需要自己的努力。习惯对于人类生活的重要性，超乎人们的想象。

习惯并不意味着僵化，它也可能意味着活力，更意味着秩序和节约。反射作用是自然而然的节省法，为脑神经提供了休息的机会，毕竟还有更重要的工作等着它去做。

要养成习惯，假若不用科学的方法，而仅凭一时的意识，那只会使你感觉到累而生厌，习惯有赖于科学方法来支持。我们在习惯中淡忘曾有过的意识和幻想，又在习惯中实现其他的梦想。我们今天做的，就是昨天已经做的。

习惯性的生活会使你感到有十足的精力和良好的生活空间。习惯成自然，自然成人生。在你的生活习惯中，你会使自己的性格、兴趣、爱好、理想都得到体现。

假如你要把一种行为养成自己的习惯，而这种行为对你又是如此的陌生，那么，请你记住："多做几次就好！"习惯的养成，仅是动作的积累，脑神经指令的重复。这样的行动你做得越多，脑神经所受的刺激与记忆也就越深，你的反应也会更加的熟练，好的习惯便属于你了。

但是，习惯也会成为你生活中的暴君。生活方式的不同，自然要求有不同的生活习惯与之相适应。假如说这两者之间发生了深刻的矛盾，我们便说这种习惯是一种坏习惯，是与我们的习惯宗旨相违背的。在这时，我们需要把它摒弃，用另外一种更健康、更有序、更有效的习惯来取而代之。

任何一个人都有自己后天所培养的习惯，而成为与其他人有所不同的个体。可是，有时你必须审查自身所有的习惯是否有益。假若是好习惯，请坚持下去；假如发现你的习惯是不好的，一定要试着改变它。

有时，一个坏的习惯一旦定型，它所产生的后果是难以想象的，习惯这种力量往往是巨大而无形的。当你感觉到它的坏处时，很可能想抵制却已经来不及了。

然而，一个好的习惯也可以产生巨大的力量。假如你反复地重复着一件有益的事，渐渐地你就会喜欢去做。这样一来，所有的困难都显得微不足道了。要知道，习惯的力量可以冲破困难的阻挠，帮助你走上成功的道路。

比尔·盖茨认为，是几种良好的习惯——守时、精确、坚定与迅捷造就了成功的人生。假如你没有守时的习惯，你就会浪费时间、空耗生命；没有明确的习惯，你就会损害自身的信誉；没有坚定的习惯，你就无法把事情坚持到成功的那一天；而没有迅捷的习惯，原本可以帮助你赢得成功的良机，就会与你擦肩而过，并且很有可能永不再来。

当你播种一种行为，你就会收获一种习惯；当你播种一种习惯，你就会收获一种性格。

好的习惯主要依赖于人们的自我约束能力，或者说是依靠他人对自我欲望的否定，然而，坏的习惯却像杂草一般，随时随地都会生长，同时它也阻碍了美德之花的成长，使一片美丽的园地变成了杂草丛生的荒地。那些恶劣的习惯一朝播种，往往一生都难以清除。

一个人年轻时，尽管养成一种坏习惯很容易，但相对的，要养成一种好习惯几乎同样容易；而且，就像恶习会在邪恶的行为中变得严重一样，良好的习惯也会在良好的行为中得到巩固与发展。

当你运用这一法则的时候，连同积极心态一起应用，所产生的力量是巨大的，而这就是你思考、致富或实现任何你所希望的事情的根本驱动力。

或许你并没有很好的天赋，但是，一旦你有了好的习惯，它一定会给你带来巨大的收益，很可能会超出你的想象。

❀ 不要成为购物狂

女人闲时，约上几个要好的朋友，去超市，去时装店，看见美丽的衣服，渴望拥为己有，遇到促销打折的活动，迫不及待地抢购，或者在情绪低落的时候，一些女人也会去选择购物，买一大堆有用或无用的东西，直到精疲力竭。事后才发现，买回来的很多东西，根本用不上穿不着，还白白浪费了大量的时间与金钱。

如果你一个月消遣时间的1/2是在商场徜徉，如果你多次为自己买的东西而后悔，如果你认为购物是慰劳自己的最好方法，如果你经常在不需要某种商品时也非要购买它，如果你买不到想要的某种商品就难以忍受，如果你有多次薪水入不敷出的情况，如果你经常发现自己购买的东西被你置之不理……

如果真是这样的话，你基本上已经成了购物狂。你将很不幸地为此付出大量的金钱以及自己的沮丧情绪、你将很不幸地成为购物的奴隶。

女人天生爱购物，是主要的消费对象。有些女人虽然经常购物，却经常发现买回来的好多是无用的或者是可买可不买的东西。

她们一个星期至少要跑超级市场两到三次，有的人还要更多。持续不停地花掉更多的时间、金钱和精力去买那些远超过她所需的东西，而她最后也丢弃了很多的东西，原因是她常在行动之中，买下很多她不需要的东西。

另外，因为没把金钱安排好，所以她们的经济很拮据，虽然收入颇丰，却往往没有多少积蓄。

其实，发现自己有这种盲目购物的倾向时，不用着急，你可以做的是：

在商店里闲逛时，不要无目的购买，要在走出家门的时候，压抑购买欲，把所需的东西列好之后，到商店迅速找到目标购买。

如果说，广告是女人的购物导向，这一点都不过分，因为女士从买化妆品到用品都爱跟着广告走，如果说起大众化心理的话，女人不知要比男人胜几倍，要改变这个习惯也很容易，先要改变你的购物习惯。

对许多人来说，购物根本是个没什么大不了的习惯。不过，要改变一个习惯，最好的方法，还是要用另一个行为来代替才行。打个比方，去散步、找朋友聚会、去图书馆或冲个冷水澡，任何可以阻止你冲动购买的事情，都可以是有效的方法。或许，刚开始时你会有一种被剥夺了逛街乐趣的感觉，最后，当你不再被自己强迫着要去逛街、购物，你一定会有一种无法形容的解脱感。

运用同伴来帮助你。如果有些东西，是你真正觉得必须要买的，找一个了解你购物习惯的朋友和你一起去，最好这个朋友可以体谅你的购买欲，而且可以帮助你改变购买习惯。当你们逛街时，让你的朋友随时警戒你的购买行为，因此，你只能买你真正需要的东西。不过，要确定的一点是：你要挑对朋友。互相注意彼此的购买行为，避免买到一些不需要的东西。

练习用一种挑剔、偏激的眼光，来看待任何广告。这是对购物狂的最好训练，一旦这种训练在生活中渐渐淡去时，你必须重新开始，让自己跟广告保持敌意。否则，你又中了广告商的计了。

除却购物，你可以做的事情还有很多。你可以重拾那被遗忘在角落里的书，一篇散文，或一部经典的小说，再次领略白纸黑字的魅力。你可以约几个朋友，喝一杯随意的下午茶，聊聊工作，想想往事，为往事干杯，为明天祝福。

在心情不好的时候，你可以买一张火车票，到附近的农庄去散散心，远一点的，你可以去爬爬山，既锻炼身体，又可以发泄郁闷，还可以扩大自己的视野，何乐而不为?将购物时间消减一半，你真的还有许多更好的事情可以做，既不会浪费，还可以提高性情，这才是雅致女人该有的生活。

奢侈的女人不美丽

女人对生活元素争论最多的莫过于"奢侈"，尤其是白领。传统女人认为，奢侈是浪费，是过分享受；新生代女人却认为，奢侈是时尚，奢侈创造财富。

很多新生代的白领女性，年轻、时尚、自信，唯美、成功，她们挣的不少，花的更多，不断追求奢侈的生活，享受着常人看起来近乎浪费的生活方式。这类女性几乎都对以下两个方面有着特殊钟爱：

1.名牌服装

有位叫王玲的朋友平时工作很紧张，又没有特别的嗜好，更没有家庭负担，平常就喜欢逛逛街买些衣服、饰物啊什么的，特别是碰到不开心的时候，她就会用疯狂购物来舒缓压力，买了也不后悔，从来没有什么"值不值"的感觉。作为白领女性，她认为她有足够的实力去享受生活给予她的一切。

名牌是商业社会中某种力量的体现。她觉得商品具有什么功能，已经不再那么重要了，更重要的是如何体验商品的个性，使用不同品牌的商品可以实现不同的自我。所以她的衣柜里挂满了名牌衣服，服饰消费几乎占了她收入的2／3。她的服饰主要有4大类：上班以套装为主，节假日和双休日在家穿休闲服，参加朋友聚会或公司宴会一般是正规的礼服，夜晚逛街或泡吧时就穿靓装。在不同的场合和不同的时间里，她会用这些名牌服饰去展示不同的自我形象，让自己从被动扮演不同的角色变为主动地适应并喜欢紧张多彩的生活。

她喜欢色彩明亮、具有现代风格的名牌服装，但作为一个成熟女性，她会有意把自己的穿着在式样、图案上跟小女生区别开来。不过，即使是名牌服饰，她也会喜新厌旧。许多质地很好的名牌衣服，穿过几次后，就放到了一边，或者送给适合的朋友。好东西，用这样的方式分享，心情也不错。

2.女子会所

朋友马兰是女子会所的成员。

女子会所是一个综合空间，包含了美容健身、社交娱乐、保健咨询、财经顾问、法律援助、艺术指导等，这里的餐厅、酒吧、会议厅、娱乐设施等标准看起来和五星级酒店相同，不同的却是这里更温馨更亲和，在满足女性全方位生活需求的同时，又恰到好处地维护了个人的私密性，代表着一种积极的现代生活理念。

马兰介绍，女子会所入会费一般在2万元至10万元之间，每月还需支付1000元左右的月度管理费，这样一个高门槛的神秘世界应该是有些奢侈吧?但相对那些辛苦供车供房的"负翁"，她宁愿享受这种令人刮目相看的感觉，因为会员卡有时候不仅是一张卡，还暗示了持卡者的身份和品位，而且还有更多的机会去接触高层次的人物。一旦没有这些卡，就会觉得自己很落伍，跟不上潮流。

对于那些认为有钱就要花的人来说，上述的奢侈实在算不上什么。时尚总是年轻的，喜欢什么就消费什么，反正钱都是自己挣的，随便怎么花，别人干涉不了；有钱就要花，辛辛苦苦地工作就是为了挣钱，一旦手中有了钱，还花得拘拘束束，如此人生有何意义?

另外，还有些人认为：时代在进步，赞同"把生活点缀成艺术"的人越来越多，这种奢侈已经被大众所接受，很多都市人已经"自觉"加入了"奢侈生活"的行列，成为昂贵生活用品的消费主力。即使是比较传统的"老人"，虽然心里早已经拿定主意绝对不会买，但他们肯定还会经常到处看看，要不然就会落伍，就会成为与社会脱节的人。

商家更是说，奢侈消费不一定都是虚荣心消费，但虚荣心消费几乎都是奢侈的。奢侈的定义应该是相对的，既取决于社会的平均收入水平，也取决于每个人的心理感受，而且是因时因人因地而异的。社会发展到今天，消费早已不再只是满足生存的需要，炫耀财富也不再是奢侈的象征，取而代之的多是那种平时难以获得的生活体验。

快乐花钱，可以让自己的生活更充实、更有质量、更容易得到满足。十几年前，手机、家用电脑、空调等被老百姓看作是奢侈品，一眨眼工夫连楼道里打扫卫生的阿姨都用上了；穷人认为买房驾私车是奢侈，富人认为住花园豪宅开私人飞机也不算奢侈；在发达国家，普通百姓的住房里也有独立的卫浴设备，而对落后中国家的低收入者来说，那无疑是一种奢望。

现代社会，如果有足够的能力去奢侈，也未必是一件坏事，起码说明你在为社会做一定的贡献，总比葛朗台式的"吝啬鬼"要好得多。反过来说，一个社会如果没有人去奢侈的话，经济会如此快速地发展起来吗？单从这种意义上来讲，"奢侈"似乎不是一件坏事。

然而，更多的，奢侈看起来像把双刃剑。

现在的人为了追求更高层次的生活方式，辛辛苦苦地工作，买房子、买车子，供孩子上好一点的学校，辛辛苦苦找一份收入高一些的工作，早出晚归，甚至放弃了与家人团聚的时间，放弃了读书的乐趣，放弃了在莫扎特的音乐中发呆，就是为了挣更多的钱，明天过更好的日子。

现代社会的确有一种用物质的获得来判断成功的趋向，但真正的上流社会并不完全追求奢侈，很多找不到精神归宿的人，才会用奢侈来填补空虚。很多人"奢侈"，是过去穷怕了，才想极力表现自己已经不是过去那个"穷人"了，将童年极度压抑的消费渴望变本加厉地展示出来。有钱奢侈无可厚非，没钱呢，还奢侈什么？有些人就是要硬撑，买不起房子，贷款！装修要钱，贷款！买车，贷款！"贷款"让很多人做了"大负翁"。不是贷款不好，但毕竟要考虑自己的实力，为了一个硬撑的面子而尽力奢侈，以后的日子怎么过？

奢侈女人关心时尚的趋向，关心富人的趣味，模仿"上流社会"的生活格调，她们花大量的时间提高自己的品牌知识，无非就是想在别人面前表现自己的富有、时尚和成功。她们从踏入社会的第一天起，就朝着"奢侈"的目标奋斗。可是有些人实现了目标，有些人没有实现。

你能奢侈吗？你在奢侈吗？你会奢侈吗？女人，最好放弃奢侈，因为平实的生活才最美。奢侈生活其实也是一把双刃剑，享受奢侈的同时，奢侈也在侵蚀着自己的躯体和心灵。

🌸 时刻不要忘记与书约会

　　古人告诉我们："腹有诗书气自华。"罗曼·罗兰劝导女人："和书籍生活在一起，永远不会叹息！"书能让女人变得聪慧、变得丰富、变得美丽。台湾著名作家林清玄在《生命的化妆》一书中说到女人化妆有三个层次。其中第二层的化妆是改变体质，让一个人改变生活方式、保证睡眠充足、注意运动和营养，这样她的皮肤得以改善、精神充足。第三层的化妆是改变气质，多读书、多欣赏艺术、多思考、对生活乐观、心地善良。因为独特的气质与修养才是女人永远美丽好看的根本所在。所以，姐妹们要记住，惟学能提升气质，惟书能提升修养。想成为雅致的女人，我们就时刻不要忘了跟书约会，因为书是女人雅致一生最值得信赖的伙伴……

　　读书可以增添女人的智慧，可以使女人更有品位，也就是可以使女人展现一种智慧的美丽。就像在生活中，爱读书的女人，不管走到哪里都是一道风景。也许她貌不惊人，但她的美丽却是骨子里透出来的，谈吐不俗，仪态大方。爱读书的女人，她的美，不是鲜花，不是美酒，她只是一杯散发着幽幽香气的淡淡清茶，透出一个女人的智慧，一个女人的雅致。

　　读书在不同的年龄，也有着不尽相同的心境。少女时节，精力旺盛，求知欲强，大有读遍天下书的宏愿，书读得既快又杂，而大多是浅尝辄止，囫囵吞枣，不解其味。成熟以后，品味一本书就像在轻轻地哄着婴儿睡觉般，细读慢品之余，便能悟出书中的精华。书的灵气渐渐从那一行行文字中透射而出，让人不忍释手，捧读之间犹如庭中赏月，怡然自得，陶醉其中。

读书对增添女人品位的效力，不像睡眠，睡眠好的女人，容光焕发，失眠的女人眼圈乌黑。读书和不读书的女人在一天之内是看不出来的，书对于女人的美丽的功效，也不像美容食品，滋润得好的女人，驻颜有术，失养的女人憔悴不堪。读书和不读书的人，在两三个月内，也是看不出来的。日子是一天一天的走，书要一页一页的读。清风明月，水滴石穿，一年几年一辈子读下去，累积的智慧，才能最终夯实女人的雅致，所谓的"秀外慧中"就是指的这个。也就是说，我们若是在书卷堆里待的时间长了，浑身自然而然就会有一种翰墨的味道，淡淡的香萦绕在女人的身边，这种香是名贵的香水所无法比拟的。香水的味道会随着岁月的流逝而渐渐淡化，但是，一个沾满书香味的女人，却会随着年龄的增长而积厚流广，日愈馨香，更见浓郁，足以相伴一生。

读书的女人是敦厚的，也是雅致的。浸在书香氤氲的气息里，女人会变得脱俗，淡然处世，绝少贪奢，她们有着一种谦逊随和的娴静之气，在芸芸众生中，一眼就能认出那份离尘绝俗的恬淡气质。

书中有太多的世态炎凉，太多的人情世故，女人在阅读的时候，也就如身临其境，领悟到什么是生活中值得尊重和珍惜的东西。她们会真心地对待自己，诚意地对待别人，让生活的每一天都充满宁静的激情和欢乐。

一个读书的女人是一所好学校，她教会人用淑雅宽仁去面对世间的一切，远离庸俗和琐屑。她们懂得"富贵而劳悴，不若安闲之贫困"的真正含义，所以她们不和人攀比，不和人计较，生活得单纯而安然。

读书的女人，是清晨的露珠，纯净而晶莹，也似天上的星星，明亮中有一分深邃。读书的女人素面朝天，书便是她们经久耐用的时装和化妆品。走在花团锦簇浓妆艳抹的女人中间，与众不同的气质和修养使她们显得格外引人注目。

书对于女人的好处说不尽。女人知书会蜕去愚昧与狭隘，多一分理智与宽容；女人知书会知羞耻与善恶，从而明辨是非，洁身自爱；女人知书更会懂得如何去做人，而不会成为别人的附庸和可有可无的影子，从而获得和他人一样平等的地位和尊重。

书是女人认识自己、拯救自己、提高自己的精神之源。女人因书而成熟，她不一定因读书成为一位叱咤风云、指点江山的伟人，但女人会因读书自立而睿智。

知书的女人，本身就是一本味笃而意隽的书，越读越有味。不知书的女人，最多只能是一具美丽的躯壳，没有生命的张力、经不起时间的淘洗，是一张空洞而单一的白纸，必将褪色而遭遗弃。

当然，不同的女人对书有着不同的品味，不同的品味会有不同的选择，不同的选择得到不同的效果，于是会演绎出一道道女人与书的风景线。有的女人，读书是为了获取知识、增长才干，她们注重思想性强、有哲理、有深度的书。书提高了她们的人生境界，使她们生活得很充实。这样的女人本身就是一本书，一本耐人寻味的好书。有的女人，读书是为了怡悦芳心，陶冶情操，她们喜欢读些唐诗宋词，清新素净得可爱。还有的女人，读书仅仅是一种娱乐消遣，或者只为了附庸风雅，她们热衷于琼瑶笔下的言情故事，或影星、歌星、名人的花边新闻。她们比较实际，虽有点儿俗气，好在她们沾些书的边，通晓一些事理。就像著名作家张抗抗所说的那样：读书的女人终究是幸福的。理性的思考给予她属于自己的头脑，女人的神韵里就有了坦然和自信。知识为她过滤尘俗的痛苦，使她有力量抵御物质的诱惑，并超越虚浮的满足而变得强大丰富。

细细观察我们就会发现，那些名女人的成长其实也离不开书。三毛将书籍看作是自己一生中不可或缺的东西，她说自己有两种东西是不外借的，牙刷与书。牙刷属于非常私用的物品，自然不能与他人共用，而书是寄放心灵的东西，所以，也是不能外借的。三毛一生漂泊，她周游世界，去过非常多的地方，但身边从来没有离开过书，不管去到哪里，行李可以少带，书却是一定要带上的。

这就是一个真正懂得"美"与"雅致"的女人。毫无疑问，漂亮与雅致是每个女人的追求，如果说漂亮是躯壳，那么雅致应该是内心。漂亮的外表应该感谢上天恩赐，雅致则通过后天的努力和磨炼达成。娇丽容颜会随年岁的改变而消失，雅致却可以在岁月的打磨之中香久醇远。所以在忙于修饰美丽外表的同时，姐妹们还要不断修炼雅致，使之成为美丽的升华。

雅致是女人的一种魅力，是一种很吸引人的力量。怎样得到这种力量、变得雅致？答案是读书。读书可以使雅致永久散发出与生命同在的气息，因为书是雅致的不竭源泉。古人云：三日不读书，目光浑浊。读书可以美丽、优雅人的心灵，是永远都不会过时的生命保鲜剂。

在以往，人们对于好女人的评价标准就是进得了厨房，出得了厅堂，今天我们得要加上一条，就是泡得了书房。经常与书约会的女人，才潇洒飘逸；与书约会的女人，才韵味十足；与书约会的女人，才鹤立鸡群。

正如一位哲人所说的那样：世界有十分美丽，但如果没有女人，将失掉七分色彩；女人有十分美丽，但如果远离书籍，将失掉七分内蕴。读书的女人是美丽的，书是女人修炼魅力之路上最值得信赖的伙伴，依靠它，你将不再畏惧年龄，不会因为几丝小小的皱纹而苦恼几天。因为，你已经拥有了一颗属于自己的独特心灵，有自己丰富的情感体验，你的生活将会书香四溢。爱书的女人，最终会成为一本让人百读不厌的书，平凡中有超凡的韵味；淡然中有超然的气质，这种无须修饰的雅致淡定将使我们蜕变得更有魅力。

❀ 把音乐当成你的情人

有人说音乐是人类的第二语言，也有人说音乐是人类的精神食粮，因为音乐能陶冶人的情操。而女人与音乐的关系，就好像鱼儿离不开水、花儿离不开阳光一样，音乐是女人的至亲密友，没有音乐，女人的生活会单调乏味，会有一种度日如年的感觉。有了音乐，女人的世界阴天也会变成晴天，忧郁也会变为舒畅，贫穷也会感到富有。

事实上，我们与音乐相伴，不仅可以陶冶自己的情怀，甚至可以得到有效的心理治疗。你别不信，真的是这样。有这样一个真实的故事，正很好地说明了这一点。

美国音乐界的知名人士凯金太尔夫人因患乳腺癌，身体健康每况愈下，濒临死亡。这时候，今太尔夫人的父亲不顾年迈体弱，天天坚持用钢琴为爱女弹奏乐曲。两年之后奇迹出现了，金太尔夫人战胜了乳腺癌。康复后，她热情似火地投身于音乐疗法的活动，出任美国某癌症治疗中心音乐治疗队主任，金太尔夫人弹奏吉他，自谱、自奏、自唱，引吭高歌，帮助癌症病人振奋精神，与绝症进行顽强的斗争。

德国科学家马泰松同样致力于音乐疗法几十年，他在对爱好音乐的家庭进行调查后注意到，常常聆听舒缓音乐的家庭成员，大都举止文雅，性情温柔；与古典音乐特别有缘的家庭成员，相互之间能够做到和睦谦让，彬彬有礼；对浪漫音乐特别钟情的家庭成员，性格表现为思想活跃，热情开朗。他由此得出结论说："旋律具有主要的意义，并且是音乐完美的最高峰。音乐之所以能给人艺术的享受，并有意于健康，正是因为音乐有动人的旋律。"

这便是音乐的魅力。

今日，随着现代社会的发展，人们普遍意识到音乐的力量。对于女人而言，音乐更是对自身品位的一种陶冶。有品位的女人，一般都能够享受更多、更充实的音乐生活。尤其对于雅致女人来说，音乐是生活的一部分，没有音乐的生活是难以想象的。她们在聆听优美的音乐的过程中，会让那清新纯美的、富含灵气的音符，轻滑过满是尘埃的心头，使自己进入一个浑然忘我的自然境界。那么，女人要如何培养自己的音乐素养呢？

对于大多数女人而言，由于我们当时所受的教育或对音乐认识的局限，总是认为音乐很难懂，总是希望通过努力地揣摩来感受音乐最核心的思想。其实，这是一种错误的认识和做法。我们欣赏音乐是要用身心感受的。而身心的状态随个人的感官物质、年龄、性别、教育(特别是与音乐相关者)、音乐的感悟力、过去欣赏音乐的经历或经验以及听音乐当时的心情和注意力等各有不同。可以说，同样一首音乐，由于以上素质的不同，每个人的感受都是不一样的，若是将环境因素一并列入，那么差异就会更多。我们常常会有这样的经历，因为经历了更多事情，以前听起来没有感触的曲子，突然有一天让你为之动情；而年少时曾经喜欢的曲子，因为被翻录得变味，让你感到气恼等。前面说的这些，都是要告诉你，对于音乐的欣赏不要心存恐惧，用随意轻松的方式试着聆听一些好的音乐作品，我们谁都可以在这些美妙的乐章中有所收获。

那么，女人如何来欣赏音乐呢？下面就介绍一些有关音乐素养培养的简单方法，帮助你快速塑造成一个有音乐素养的雅致女人。

说到底，音乐是一种抽象的艺术，虽然它不具有任何具体的形式，但是自古以来，中外的教育家都承认了它在人格成长及社会教化上具有的潜移默化的功能，甚至在美国都发展出一套用音乐来治疗心理疾病的方法。按照美国现代作曲家亚伦·椅普兰的说法，人们欣赏音乐由其欣赏层次的深浅，可以分为音乐的感觉面、情感面以及理论面三个层次。

所谓音乐的感觉面，指的是欣赏者由音乐的声音本身所得到的一种纯粹的乐趣，更明白地说，欣赏者本身所受到的感动是来自于音乐所产生的"音响"。这种由音乐对听觉所产生的直接冲击，对于一位欣赏音乐的初学者而言是有效的。这也就是我们有时说这音乐"好听"，这音乐"好美"的一个层面。

至于音乐的情感面则是一个较为复杂的问题。不论是绝对音乐或标题音乐，它们都必须带有一种表达情感的力量，只是程度上的不同而已。但这种音乐中所表现出来的情感却常是捉摸不定的，因为它可能因人而异甚至于同一个人对于同一首音乐，在不同的时候，不同的心情之下所聆听的亦有不同的感受。因此，要想找出确切的字眼来描述音乐所代表的感情是相当困难的，即或个人认为十分满意的，别人也未必就同意你的形容或方法。

音乐欣赏的第三个层次是音乐的理论面。除了前述的两方面，悦耳的声音以及表现的情感外，音乐家在写作乐曲时所安排音符的理论，也是十分重要的。音乐横方向的串连构成了旋律与节奏，纵方向的重叠构成了音程与和声，乐句与乐句的组合构成了曲式与乐章。除了这些音乐基本的要素之外，为了进一步了解作曲家的思想以及创作乐曲的背景，更深入地对于音乐家生平进行了解，也是必要的。

音乐欣赏固然可分为三个层次，事实上当我们欣赏音乐时，并无法执著于对其中的某一层次而不涉及其他。亦即这三个层次经常是伴随着我们对于音乐的了解的多少而相互地调整比重。有时只停留在表现的声响效果，有时则悠游于音乐的声响带给我们情绪上的反应，有时则可以理智地深入了解音乐的要素与结构。

音乐欣赏的学习，事实上是把重点摆在音乐的理论上。因为第一种纯音乐的刺激以及第二种捉摸不透的情绪感，都是无需经过内心思维的表现层次；而如果我们想要加深对于音乐的理解力，对于音乐理论的学习是十分必要的。

因此，理想的音乐欣赏者应该是既能够沉浸于音响的美之中，也是能悠游于音乐的结构之外。一方面情绪性地去欣赏它，一方面理智性地去分析它、判断它。透过这样双重的欣赏层次，我们才能真正踏入音乐的奥妙之中。

姐妹们，每一个醒来的早晨，我们不妨闭上眼用心聆听10分钟音乐，再开始一天的工作，相信，你一天的心情都会因此轻松愉悦起来。我们在音乐中畅游，让思绪自由流淌，有时灵感便会随着音乐流淌出来，某个盘旋已久的问题亦会从心中找到答案。

❀ 千万别做酗酒的女人

当今社会，越来越多的女人开始饮用香槟、葡萄酒和各种甜酒，但问题也就随着出现了。虽然戒酒专家说他们尚未发现饮酒的女人在统计数字上有所增长，但他们的确相信，18～25岁之间的女子饮酒最多，58%的酗酒者都属于18～29岁这个年龄段。下面，大家来分析一下这种新型的酗酒行为。

除了对酒上瘾以外，女人酗酒一般存有两个原因：一是为了男人；二是失意的女人。

也许是他不爱她，无论她怎样付出怎样苦苦地等待，她都得不到他，这让她感到绝望；也许是这个男人以前爱她但现在却又抛弃了她——这让她耻辱，假如是她抛弃他的话，她才不会酗酒，只会看着他酗酒而暗自感慨：没出息的东西，就知道喝酒，离开他就对了；也许是他事业不成功，让她在其他女人面前没有可以炫耀的资本，让她觉得丢人：看其他女人的衣服，人家的住房，再看看其他女人家的老公，再看看自己嫁的倒霉蛋，越想心里也不是滋味！

还有可能是他事业太成功，令很多女人都想来跟她分杯羹，而他偏偏喜欢多吃多占，这让她危机、焦虑、愤怒——如果当初没有我，你哪有今天的成就？

总之，男人没有合她的意。

她酗酒，借酒发泄，大哭大闹，将痛苦淋漓尽致地展示出来，把美的自己撕裂给他看，在心底私处，无非是想引起他的注意，让他心痛，让他怜惜，从而做出让步，让她重新获得纵容。可是，她打错了算盘。

我们来看看这个故事：

李玫是某个大公司的销售主管，人长得有几分姿色，抽烟，喝酒，喜欢撒娇，当然，唯一让人佩服的，是她十分聪明，她在技术方面的领悟力总是让人大跌眼镜。

某个单子李玫跟了一年，一年来，她每周都要陪准客户吃一次昂贵的饭，进行一次或洗或蒸或按摩或购物的消费，然而，到了最后的紧要关头，她突然发现自己可能没戏了——那个老男人，开始拐弯抹角地开导她，说一些假如这次中不了标，该如何办的话。

李玫十分伤心、郁闷。于是，李玫就在上飞机前和一个男人开始喝酒。

李玫一杯一杯地喝，诉说一年来的投入，除了市场费用，她说，还有感情投入。这时候，她的眼睛开始水汪汪起来。然而她很快忍住了。

一周一次的约会，称得上感情投入了。李玫和老公结婚的几年，基本见面也不过这个频率，这个女孩子为了拿订单，做得太苦了。

李玫一杯一杯地喝，一句不停地说，直嫌那个男人喝得慢。上飞机前，两人喝了11瓶啤酒。

这天航班晚点了，在候机楼的咖啡屋，那男人问李玫，还喝不喝?喝!为什么不喝?当时言语已经明显过多的她，又喝光了两瓶啤酒。

然后，在空中飞行的三个小时中，整个机舱里弥漫着李玫的声音，她要来四瓶啤酒，缠着一个同行的男人，又喝又说，居然都是说工作的事。

快降落时，李玫抱着脑袋，说头疼，耳朵嗡嗡响，听不见，无助地像个孩子。

然而，走出机舱，她又突然快乐起来，张着手，轻盈地在人群中钻来钻去，飞快地向前跑。

在接机的人群中，她扑向她的丈夫，那个温文尔雅的男人拥着她，走了。

第二天中午，李玫打电话说，昨晚回家两人又喝，喝了不知多少瓶，喝光了门口小店的啤酒。她说，她心情不爽时就酗酒。

这个面色苍白的女人说她一周至少要喝高两次，因为她总是心情不爽。说，自己在挥霍健康，挥霍青春。

厌恶?同情?

女人，何苦如此虐待自己。要知道：爱情、事业与酒无关。

李璐苦恋了陈强好多年，但是陈强只当李璐是他的红颜知己，可李璐不甘于此，她要当红颜之妻。两人的拉锯战一直打到现在。李璐四处飘零，但每年都要拿出几周的时间回到山西老家看他，两人见面难免喝酒，酒至酣处，李璐往往悲从中来，一次甚至把酒瓶子砸碎了往脑门上拍。李璐大声的质问陈强："这么爱你的女孩，为什么不娶?反正你也找不到心仪的人，不如娶个爱你的人，或许更幸福。"陈强说："不，你的性格的另一面很暴烈。女人不仅平时要淑女，酒桌上更要讲仪态和修养。喝酒本是一种享受，喝到心花怒放头飘飘脚飘飘最好，既善待了自己，也不会辱没了酒的清凛仙气。非要借酒浇愁，喝到呕心呕肺面目皆非，把一件幽雅的事搞得俗不可耐的地步，简直就是自残自戕而不自爱，如果你一直这样，到时候和你结了婚，一旦出现什么问题你就开始酗酒的话，生活将无法继续。"

"酒桌上的仪态是女人修养的另一面"，瞧，这就是男人说的话!

女人酗酒在男人看来远比他自己放浪形骸要可恶得多，非但不楚楚可怜，有时简直是面目可憎。不管你承认与否，在一些男人的眼里，女人多少都具有一定的观赏性，你不堪入目，他只有嫌弃，你痛得愈切，他厌得愈烈，逃得愈远。男人有时不会反思自己、心疼对方：我怎么可以让她这么伤心?除了热恋时期——他只会心伤自己：她怎么变成这个样子了，他为自己曾经的美好印象被践踏而伤心，或为自己不得不还要与这个疯子厮守一生而生气。一般情况下，男人是不会原谅女人酗酒的行为的，也不会因此而让步。偶尔，男人让了步，除了怕麻烦以外，更多的是因为还不想失去她或现在还不能舍弃她，所以唯有假装原谅她做出让步，也借机给自己一个良心交代：总算对她仁至义尽了。

酗酒的女人很少能得到男人的欣赏和真爱，而酗酒也从来就不是女人抓住男人的最好利器和最有效方法，更可谓最失败的选择,女人戒掉酗酒的习惯吧! 不要让自己的另一半瞧不起自己。

第 三 章

仪态万千：
由内而外散发优雅气息

有这样一种说法："不美丽是女人绝对不可以容忍的事情，但没修养绝对是男人不可以容忍的事情。"事实的确如此，一个女人纵然风华绝代，但若是毫无修养可言，那么高雅的男士是无论如何也不会欣赏她的。修养，就像秋天里弥漫的果香一样，由内而外散发出来。它赋予女人一种神韵、一种魅力、一种气质和一种品位，自然流露，从容娴雅，让人愉悦。

✿ 姿容不及修养，性感不如品位

做一个引人侧目的女人，未必要有绝色的姿容，也不一定非要做个性感的尤物，但有一点必不可少，那就是你的品位与修养。

日本有一部电影叫《川流不息》，一个极力歌颂真、善、美的单调故事，但其真挚的情意又不能不深深地打动你：少女时代就离开故乡的女作家，60岁患癌症时返回了故乡，她拒绝手术，因为那样就得躺在床上不能行动了，而不动手术就只能活3个月。而她选择了这3个月，为的是去实现返回故乡、与初恋情人和旧时好友团聚的心愿。

这位女作家虽然不再年轻，但依然很漂亮，这种漂亮缘于她一生无悔的追求所造就的优雅气质和对生活的品位以及认知。女作家是真正的外柔内刚，她追求美丽，但也不惧怕死亡，甚至把死也当成婚礼一样的盛典：化好妆，身着华丽的和服，端坐在椅子上对着摄像机，诉说着自己最后的人生感悟，并深情地唱起了一首歌……这首歌感动得所有的人都流泪。你觉得她会衰老吗？她会死，但不会老。或者是即使老了也依然是美丽的。因为这就是一个女人的优雅，一个女人的品位，不因容貌的消逝而减少，反而会因此而让品位添色，这也是女人美丽的根源所在。

有一位中国女作家曾在一篇文章中写道，在国外，你随处可以看见静静地坐在公园里读书或是听音乐的老人，自得其乐地享受着人类最经典文明的结晶。在外国的大教堂里，那些穿着得体、举止优雅的老太太，她们那高贵的气质刹那间让她自惭形秽。她相信在中国再美丽的女影星也无法同她们媲美。那是一种足以与岁月抗衡的文化修养的结果，是一种文化的品位。你能说那些老太太不是美丽的吗？

相反，美国作家杰克·伦敦笔下曾出现过这样一个美女：

那是一位风姿卓绝，仪态万千的贵族女士，她从游轮的甲板上走过，所有的男士都会为她所倾倒，争相向她致意，大献殷勤。

当时，游轮尚未起航，一群绅士与淑女闲着无聊，便于几个男孩做游戏。他们将一枚金币抛向海面，紧接着男孩子们便会跳下去，谁能捞到，金币就归谁所有。这其中有一个男孩尤其引人注目，作者形容他就像一个发亮的水泡，他的灵活和矫健赢得人们一致赞叹。

忽然间，海面上出现了鲨鱼，众绅士、淑女连忙住手，而那位美女却从身边的绅士手中要过金币，忘乎所以地向抛向海中。几乎同时，那个漂亮、矫健的少年鱼跃而下，随即便被海中的鲨鱼咬成了两段。

众人目瞪口呆，继而纷纷离去，没有人愿意再多看那位美女一眼……

可以想象，在平日里，这位贵族出身的美女必然是以一身高贵的气质、雅致的装扮，任谁能不为她所吸引呢？可是，她的做法却折射出灵魂的粗俗与肮脏，这样的人又何谈品位与修养？即便风华绝代，又有谁愿意再多看她一眼呢？

由此可见，容貌并不是女人的绝对优势，而品位与修养才是一个女人最值得引以为傲的资本。所以，我们要做一个雅致的女人，做一个有品位的女人，我们必须从今天开始改变自己，去读书、学习、发现、创造，它能让你获得丰富的感受、活跃和激情，你要学会爱自己、赞美自己，善待自己也善待他人。让生活充满了无穷的意义，作为女人你会因此更加灿烂，甚至苦难都能升华为诗一般的境界。一直为民族的事业而斗争的缅甸在野党领袖昂山素姬就因其优雅的举止，非凡的气质，而让那些浮华的年轻男人都为之而倾倒，也证明了一种品位的魅力。

当然，美容、化妆、时装、健身虽然把女人包装得更漂亮，但气质不到位，品位不够，也不过就是一个美容院的老板娘而已，而不会成为优雅女人，一个有品位的女人。

女人的品位体现在女人的优雅，这种优雅不分阶层、贫富、贵贱，它是一种处乱不惊、以不变应万变的心态，也可说是一种历练。例如，美国女人不害怕离婚，更不会忍受丈夫的暴力，她会立刻出走，并潇洒地丢下一句话："哪儿不能谋生？哪儿没有男人？"而我们周围却有些女人总把离婚当成世界的末日。这是因为她没有形成自我意识，任何微不足道的外在打击都能摧毁她的自信。其实，如果你自己不打倒自己，就没有人能打倒你。做一个美丽雅致的女人，做一个有品位的女人，就是相信自己、相信爱情、相信人生中所有美好的东西，而唯一应该忘掉或平淡对待的就是痛苦。要知道痛苦是一种经历，会让女人在以后的生活中更为雅致，更为有品位，更为美丽。

❀ 打造一种外表之外的美丽

有些女人总是埋怨自己长得不好，这没办法，长相是天生的，也许我们生来就不是天生丽质的那种，但事实上，我们依旧可以绽放自己的那份特有的女性魅力。女人，应该培养自己与众不同的气质，应该将这种气质最大限度地展现在自己人生的方方面面，那样，即便我们不是很漂亮，却同样可以在众人面前表现出自己的个人风采，成为大家眼中最迷人、最雅致的女人。

有很多姐妹都觉得，只有那些天生丽质的女人才能称得上是美丽的。其实并非如此，如果一个女人只是外表漂亮，没有一点内涵，那她只能说是一个"花瓶"，终归躲不开人老珠黄的那一天。然而有些女人，她们并不是最出众的那一个，却总是在人堆儿里成为大家关注的焦点。这究竟是怎么回事呢？其实答案很简单，主要原因就在于她们懂得不断地提升自己的内在气质，懂得从另一方面提升自己的个人魅力。这样的女人，即便是时间让她们的脸上留下了岁月的痕迹，也依旧看上去光彩照人。不论在她们的行为上，还是在她们眼神中，总是闪耀着那么一种从容和自信，总是让人感觉到这个女人既值得亲近，又很有阅历。

事实上，女人想外表美丽很简单，因为这个时代有那么多的先进技术，但是一个人的个人魅力是别人怎么模仿也模仿不了的。它存在于我们的内在，深入到了我们的举手投足之间，是我们每个人所特有的宝贝。我们应该珍惜这个宝贝，即便有一天我们年轻的容颜将随着岁月的洗礼慢慢老去，但是如果你能保持好自己的内在魅力，就是那道道皱纹也能让你显得绚烂夺目，这是属于你一个人的精彩，而我们一定要将这份魅力延续下去。

比如说英国王子查尔斯深爱的女人卡米拉，她就是一个极富个人魅力的女人。卡米拉出入公共场合，永远一副邻家老大妈的形象，即使是和查尔斯出访美国，即使她代表王室走访平民，即使是在她第二次成为新娘的那一刻……她从不在乎电视记者的镜头，因为她要展现的不是自己漂亮的脸蛋，而是自己独特的性格魅力。

很多人也许一直困惑：卡米拉从外部条件来看与戴安娜王妃绝对不在一个级别上，然而她却能令英国王储查尔斯迷恋自己长达35年之久，她的杀手锏究竟是什么呢？那就是漂亮的脸蛋也无法超越的摄人心魄的个人魅力。

小时候的卡米拉曾就读于著名的"女王之门"学校，她的学习成绩非常优异，而且在击剑上表现出很好的个人天赋。银行家布罗德瑞克·威尔逊与卡米拉相识了近半个世纪，布罗德瑞克回忆说："小时候的卡米拉就很有感染力，她的身边总是围绕着一大群女孩。大家都叫她'米拉'，她的性格外向，像男孩子一样顽皮。那时候的她就是大家关注的焦点，这不仅是因为她长得漂亮，也因为她很聪明，很活跃。"

卡米拉热衷狩猎、马球、马术、园艺和乡村生活，而不像戴安娜王妃那样喜欢电影首映式和业余摄影。比起戴安娜，卡米拉与查尔斯的母亲——伊丽莎白女王更有几分相似之处。不仅如此，很多认识卡米拉的人都觉得，她不仅热情，而且及其富有幽默感。

卡米拉身上体现的是贵族特有的保留与克制，她的这种气质无疑使查尔斯觉得和她在一起更加轻松自在。正如查尔斯的传记作者乔纳森所说的，查尔斯在卡米拉身上找到了"温暖、理解和他一直渴望却从未从其他人身上找到的坚定性"。

卡米拉在2005年占据了"十大最具魅力人士"评选的榜首位置，美国著名主持人芭芭拉·沃特在颁奖词上说："最有魅力的人并没有像我们想象的那样改变世界。她没有找到治愈一种疾病的良方，或赢得诺贝尔和平奖。她所做的就是爱一个人，无条件地爱一个人。她就是英国继任王妃卡米拉·帕克·鲍尔斯。"

由此可见，女人的美不仅仅表现在她的外表，更重要的是她是否具备自己独特的个性，这才是她最吸引人的地方。那么，就请大家现在就好好审视一下自己，作为女人的你，如果还在一味地模仿时髦的装扮，不注意自己内心的修持，那真的一定要注意了。每一个女人都应该有其独特的韵味，我们可以用书本去丰富自己，可以用思想去改造自己，可以用品位去武装自己，还可以用自己的洞察力不断地去挖掘自己……总而言之，在不断完善自己的过程中你一定会发现，自己原来就是一个充满无限潜力的宝藏，我们总能在细微处创造出属于自己的魅力，而且这份魅力将伴随你一生，是你一辈子无法被人夺去的美丽光环。

女人真的需要一种外表之外的美丽，一种由内而发的美丽。当别人用一种崇拜的眼光看着我们时，那一刻，我们真的会很骄傲，不露声色的骄傲。原来，岁月赐予了我们很多沉稳，一种不露声色的沉稳，更赐予了我们一种优雅，一种时刻微笑的优雅。女人长大了，终于明白了人生，明白了一切随缘，明白了万事顺应天意，得饶人处且饶人，给自己留条后路，也给别人留条后路。如今的我们真的应该成熟了，不再一味张扬，而脸上那淡淡柔柔的微笑，是不是时刻也透露着女人的魅力呢？原来，女人美丽的不止是脸蛋、是身段，还有一种由内而外的妖娆，是那种透着女人味的魅力，令男人们每每心跳不已。

所以姐妹们，别再因为自己没有比别人更俊俏的容貌而苦恼了，用自己炽热的情怀去感受那份作为女人的美好吧。只要你用心地去完善自己、丰富自己，你一定会展现出属于自己的味道，彰显自己无可抵挡的个人魅力。

我们知道，美是没有界定的，真正的美女不一定非要拥有魔鬼的身材，天使的面容。作为女人，我们应该清楚自己的特质，清楚自己个性的修为，这才是我们真正的魅力所在。有的时候，真正的美丽无需雕琢，也无法效仿，因为我们都是不同的个体，我们永远独一无二，所以，还是让我们将自己独一无二的那份魅力进行到底吧。

❀ 做个温柔的女子

卢梭说："女人最重要的品质是温柔。"温顺之美是女性的一种特殊的处世魅力，是女性美的最基本特征，能博得人们广泛的钟情和喜爱。上帝创造女人的时候，用了过于柔软的泥土，因此，每个女人天性中都具有温顺的一面。女人温顺的性格特征来自于爱情的洗礼、家庭的熏染，也来自于女人秀外慧中的外表与内涵。男人眼中的温顺女人是最有魅力的女人。

温顺在性格上体现的是善良、同情心和伟大的母爱；温顺在外貌形体上体现的是一张柔和的脸、微笑的脸，是眼光的友好、亲切、善良，是举止行为的得体、文雅、大方；温顺在为人处世上体现的是待人接物的温和体贴、细致入微与善解人意。

女性，最能打动男人的就是温顺，温顺像是一只纤纤玉手，知冷知热，知轻知重，让男人受伤的灵魂渐渐痊愈。温顺是女性特有的武器，摸不着，看不见，但却是人人都能感觉得到的一种神韵。

温顺之情，是上天赐与女人的奇世瑰宝，是作为母亲和妻子的女人不可缺少的一种基本的资质和品性。真正的好女人，应该是爱的使者、温顺的化身。老子曰："夫不争，天下莫能与之争。天地间至刚者，必为至柔。"女子因其至柔，而成至刚。有道是：女子如此多娇，引无数英雄竞折腰。古往今来，无数英雄豪杰"冲冠一怒为红颜"即是典型例子。"最是那一低头的温柔，不胜水莲花似的娇羞"，道出了女人温顺的婉约美。可见女人存在的理由就是因为她具备男人所缺乏的柔韧。乖巧的女性不但要有温顺的性格，还要具备表现温顺的素质，这样才能充分展示表里如一的温顺美。

有一次，伊丽莎白女王和丈夫阿尔伯特亲王谈话，语气流露出居高临下的味道，阿尔伯特亲王有些不悦，独自一个人进了自己的房间，把门反锁起来。过了一会儿，他听见有人用力敲门，"谁？"他问道。"我，英国女王。"伊丽莎白女王傲慢地回答。但屋里没有丝毫动静，过了许久，又响起了敲门声，这一次声音轻多了。"谁？"亲王又问道。"是我，维多利亚，你的妻子。"伊丽莎白女王温顺地说。门，终于开了。可见，女人的美貌，只能征服男人的眼睛；女人的温顺，却可以征服男人的心灵，让他们在不知不觉中心甘情愿地掉进温顺的"陷阱"。

男人最欣赏的女人是她永远咀嚼不尽的矜持，是她永远挥之不去的温顺。如果在他最困难、最痛苦的时候想到的是你，这意味着你是他的信赖和希望；如果在他最成功、最幸福的时候想到的还是你，这证明你是他真正的知己，因为只有与你共享才能给他带来真正的喜悦，真正的成就感和满足。恰似那一低头的娇羞，源自心念电闪的灵犀一现，源自女人永恒的智慧与温顺。

如果说，男人可以征服世界，那么女人则是通过征服男人来征服世界的。当男人在情绪上有什么不安时，好妻子能窥见丈夫的不安，了解丈夫的无助，小心地走过去，温柔地对丈夫说，"亲爱的，抱我一会儿"，继而询问他心里烦什么，于长久的拥抱中适时地交换意见，在自然氛围中让他感受到你的深情挚爱、和谐与温馨。这就是温柔的力量，像水一样流动，浸润滋养性情，却滴水穿石。

当今有些女性在谈到温顺时，竟会这样说，都什么时代了，还谈什么温顺。相信这种回答令男士们心痛而又无奈，应当指出，女性在社会中追求独立人格的同时，不应放弃温柔的一面。何况温柔与追求独立人格并不矛盾。男人需要女人温柔，正如女人需要男人阳刚一样，这是心理和生理的差异造成的，也是男人和女人之间的互补性要求，温柔是美德、是理解、是关怀，女人温柔一点无疑是给爱情加点巧克力。

要知道男人对女人的渴慕，起因出于容貌，结尾在于温柔。每个身心健康的男人，都会痴迷于女人漂亮的脸蛋，但这张面孔依附于你之后，男人终有一天会顿悟，最可贵的原来是温柔。

女人温顺的本质绝对不是软弱，而是指处世的豁达。生性豁达的女人，未必大富大贵，却能洒脱快乐。"豁达"一词在《汉语大辞典》中解释说：形容人胸怀开阔，宽宏大量，能容人容事。豁达是一种大度和宽容，豁达是一种品格和美德，豁达是一种乐观和豪爽。豁达是一种博大的胸怀、洒脱的生活态度。女人拥有豁达的心胸不仅能包容别人，也是自己获得快乐和幸福的一大秘诀，实乃令人羡慕的性格，人生的最高境界之一。

温柔豁达的心胸不是大智若愚者的专利，也不为先贤们所独有，它隐藏在我们每个人的心中，靠我们用心来包容。当你为小事而勃然动怒时，宽容迷失在精神沙漠里；当你饱含深情地为失学儿童伸出援助之手时，博爱的因子就在你血液中流淌……

君不见周郎气短，以致英年早逝，空留滔滔江水；君不见太宗能容，乃有大唐盛世，流芳百世佳话。古往今来，不同的心态造就了不同的人生、不同的结局。

女性要在自己的日常生活中，注意加强性格上的自身修养，培养女性柔情。遇事通情达理，为人谦和，充分尊重和理解他人，宁可自己吃亏，先替别人着想。懂得感谢生活，感谢为我们提供衣食住行之便的人们，感谢给了我们生命的父母，感谢激发了我们潜能的敌人乃至逆境。同时富于同情心，对于弱者、境遇不佳者，不会坐视不管、漠不关心，应尽力提供帮助。

女人拥有温柔豁达的心态，才能在滚滚红尘中从容淡定，豁达是女人润泽身心的美容剂，它会发射出很强的磁性，让女人充满亲和力。

太辛辣、太嚣张的女性感觉不是美，而是一种刺激。弥尔顿说："男人为思想及勇气而生，女人为温柔及典雅而生。"温顺豁达的女人，才是最让人心动、最美丽的女人。她们如暗香长留，清美幽远，似微笑的天使，怡人心醉。优秀女人的美丽似柔和的轻风，给世界带来似有若无的温馨，当然它也包蕴篝火一般的热情。然而你看跳动的火苗舒卷的舌头是如此柔和，似嫩红的枫叶，像浸湿的红绸，让你的心灵如此熨贴。

夕阳西下，相伴黄昏，一对老年夫妻，有说有笑地相携走过，那份柔情蜜意，就是热恋中的情人也不过如此。他们也许会偶尔争吵，但妻子就连责备的话也充满了温柔……

女人温顺与豁达的性格似静水流淌，是征服他人的神奇力量，足以承受生活中千难万苦。温柔与豁达就是一种教养、一种情怀、一种悲天悯人的大智慧。

❀ 展现你最柔情的一面

　　同情心与人性密不可分，因为有了同情心，才会有了人性；同样，有了人性才会有同情心。作为女子，即使我们的身躯娇弱，即使我们手无寸铁，但只要我们拥有并播撒自己的同情心，我们的形象就会光彩照人，我们的力量就足以征服一切。英国的黛安娜王妃就是这样一位用同情心征服世界的女人。

　　黛安娜王妃经常带孩子们到普通人中间去，让他们了解民间疾苦，培养他们的爱心。她还多次带他们去无家可归者聚集的旅馆访问，去医院探访艾滋病患者和其他伤病员，要他们学会关心人、爱护人。

　　她把更多的精力投入到了慈善事业中。在她的一生中，她共参与了150个慈善项目，并且是超过20个慈善机构的赞助人或主席。她曾表示，希望自己成为英国人心目中的"爱心皇后"，这不仅为她赢得了英国民众的爱戴，也让她得到了国际社会的认同，"公益大使""爱心大使""国际和平大使"等头衔纷纷戴在了她的头上。

　　黛安娜这种对公益慈善事业的热心，绝对不是贵族名人例行的表演。对她来说，乐于助人是天性。早在少女时代，她对老人、儿童的善心就已有口皆碑，她还因为对学校和社区服务的突出贡献，被学校授予了克莱克·劳伦斯小姐奖。

　　类似这样的爱心举动，即使在黛安娜成为王妃之后，也始终不曾放弃。每年，黛安娜都要参加二百多项官方活动，她真诚地去关爱那些常人也不愿接近的乞丐、病人、残疾人，并且尽量长时间地与他们交谈；她为那些无家可归者详细地抄写救济院的名称和地址，给他们一些可能实实在在的帮助；她在津巴布韦为难民分发食品；在萨拉热窝访问战争致残的儿童。

黛安娜像是一位落入凡间的爱心天使，虽然顶着一座尊贵无比的英国王妃桂冠，但是，她却永远是那么平易近人，为人喜爱，她以她独特的身份和影响力，致力于改善那些处在水深火热之中的人民的命运。她每到一地，都会引起世人对这一地区存在问题的关注。

黛安娜是第一个站出来向全世界发出同情艾滋病人的国际名人。

1991年7月的一天，当时的美国总统夫人芭芭拉·布什与黛安娜一同探访一家医院的艾滋病病房。在与一位病得已经起不来的患者聊天时，黛安娜给了他一个大大的拥抱，患者禁不住流下热泪，总统夫人和其他在场的人都被深深地打动。

黛安娜说过，艾滋病患者更需要温暖的拥抱，她身体力行，实践了自己的诺言。

在1991年长达5个月的时间里，她一直静悄悄地不为人知地帮忙照顾艾滋病患者艾瑞·杰克逊。艾瑞精力充沛，极富魅力，是英国芭蕾、歌剧等艺术领域的杰出人物。20世纪80年代中期，他被诊断为HIV阳性。

1987年4月，艾瑞病情恶化，整日蜗居于自己的公寓中，女友安吉拉随侍在侧。那时起，黛安娜常常前来探望，与安吉拉携手照顾她们共同的朋友。

黛安娜总是给艾瑞带来一束鲜花或诸如此类的小礼物，娓娓说起她今天又做了些什么。艾瑞当然能够感觉到，黛安娜绝非蜻蜓点水似的走过场，她带来的欢笑、理解和深深的关怀是那样的真真切切，感人肺腑。

安吉拉眼中的黛安娜，"美丽得远远超出美丽的简单定义，虽然自身生活不幸福的阴影笼罩着她，但她丰富的内心世界却迸射出夺目的光芒。"

"她绝不是一个华而不实、散发着香味的装饰品。有她在，气氛总是那么快乐，一种理解痛苦的快乐。"一个亲眼目睹黛安娜陪伴在即将辞世的艾瑞身旁直至其去世的护士这么评价她。确实，因为懂得，所以爱！

在黛安娜生命中的最后几年中，她开始成为一名反地雷机构的最出名的支持者，她参加了许多重大的、值得纪念的清理地雷现场的活动。

1997年1月，她参加了红十字会组织的非洲安哥拉之旅，亲自踏进地雷区视察，冒险探访了被地雷炸断脚的伤者、伤残人士组织和康复专家。以往黛安娜出访，都会有大批随从，可是，这一次她却只带了两名保镖。

8月，她又出访了波斯尼亚。虽然波斯尼亚的内战已经结束，但那里仍有不少潜在的危险，当黛安娜身着防护服走在插有骷髅标记的地雷区旁的小路上时，人们为之动容。

在她的感召下，安哥拉及波斯尼亚等战乱地区的人民因误触地雷而导致伤残的新闻，从此跃上国际新闻媒体，世界大多数国家都签署了关于禁用地雷的国际协议。

黛安娜对慈善事业的热情和对民众疾苦的深切关怀，使她赢得了"和平王妃"的尊称。英国首相布莱尔更是称黛安娜是"人民的王妃"。布莱尔说，黛安娜的个人生活经常遭遇到麻烦和苦恼，然而她给社会中那些需要帮助的人们带来的却是欢乐和安慰。

女人原本只是一张白纸，善良品质从一点一滴的小事中积累而成。没有同情心就没有了善良，没有了善良就没有人性。缺失了人性，怎么会有人道？做女人就要做一个像黛安娜王妃那样善良的、富有同情心的女人。我们应该自觉帮助那些弱者或是无自卫能力的人；帮助那些陷入困境的人。在日常生活中，对于那些俯卧在人行道上、挡住我们去路的残疾人士，即使我们认为他们是骗子，即使我们不愿把自己辛苦赚来的钱送给他们，也不要对他们施以白眼。就看在都是人的份上，就看在他们身有残疾的份上，请给予他们足够的尊重。因为，他们绝对是没有办法，或者说没有更好的办法，才会出此下策。

看到凌晨四五点钟迎着寒风卖煎饼果子的老人，不妨花点钱到他们的摊子上吃一吃，随口和他们聊一聊，他们很可能是要供养家里的大学生或是有了不得已的难处，才会在这把年纪还出来顶风冒雪。我们吃多少没关系，事实上我们也吃不了多少，重要的是，请不要和他们大谈卫生、大谈质量，这会让他们的心很痛、很痛……

甚至，我们不要去鄙视那些从事特殊行业的姐妹们，她们的灵魂应该是干净的，至少比那些"金玉其外，败絮其中"的伪君子强。不要咒骂她们、厌弃她们，试想，倘若还有其他的出路，她们会不会甘心去出卖自己的肉体？而她们出卖的也就仅仅是肉体，她们的灵魂，应该还在。

闲暇之余，不妨换上干净、整洁但不要太过昂贵的衣装，走到弱势群体中去，去看看他们在忙些什么、说些什么、想些什么，能不能帮上他们还在其次，重要的是要有这颗心。

是的，我们要做个富有同情心的女人，我们要学会与别人一起去承担苦难；要学会用心去关怀弱者；要学会以情去感动人。我们大可不必为自于拙于言辞、不谙世事而苦恼，只要我们拥有一颗同情心，我们就能够成为这世界上最雅致的女人、最美丽的女人。

❀ 宽容的女人最美

有一个家里非常富裕的漂亮的女人，不论其财富、地位、能力都无人能及。但她却郁郁寡欢，连个谈心的人也没有。于是她就去请教无德禅师，如何才能赢得别人的喜欢。

无德禅师告诉她道："你能随时随地和各种人合作，并具有和佛一样的慈悲胸怀，讲些禅话，听些禅音，做些禅事，用些禅心，那你就能成为有魅力的人。"

女士听后问道："大师此话怎么讲？"

无德禅师道："禅话，就是说欢喜的话，说真实的话，说谦虚的话，说利人的话；禅音就是化一切声音为微妙的声音，把辱骂的声音转为慈悲的声音，把诋毁诽谤的声音转为帮助的声音；禅事就是慈善的事、合乎礼法的事；禅心就是你我一样的心、圣凡平等的心、包容一切的心、普渡众生的心。"

女士听后，一改从前的霸气，不再因为自己的财富和美丽而凡事都争强好胜了。对人总是谦恭有礼，宽容大度，不久就赢得了所有人的认同，拥有了很多知心的朋友！

这个故事是要告诉我们：宽容是一种修养，一种境界，一种美德，更是一种非凡的气度。作为女人，也许很娇贵，也许很单纯，也许很浪漫，但拥有一颗宽容之心，才是我们最可爱的地方。

然而，很多姐妹不懂宽容的真正含义的，更难以真正做到宽容。其实宽容对于我们来说十分重要。在长期的家庭生活中，它是吸引对方持续爱情的最终的力量，它不是美貌，不是浪漫，甚至也可能不是伟大的成就，而是一个人性格的明亮。这种明亮是一个人最吸引人的个性特征，而这种性格特征的底蕴在于，一个女人怀有的孩童般的宽容。

即便无法避免爱情的悲剧，最终到了各奔东西的时候，宽容的女人也不会忘了说声"夜深天凉，快去多穿一件衣服"。因为一个犯了错的人，他也许正在他的内心谴责着他自己；而且，在这句话中，你不但在给自己机会，同时也在给别人机会。

现实生活中常常发生这样一类事情：

丈夫在生意场上爱上了一合作伙伴，那是个腰缠万贯的独身女人，且年轻貌美，聪明能干。

妻子知晓后无法接受这一事实：大吵大闹，寻死觅活。"祥林嫂"般的见人就哭诉："都十几年的夫妻了，他居然这样。我要离婚！"

那男人看起来居然很委屈的样子，说："本来不想闹大，是她不依不饶，让我觉得没有办法在家里待下去了。"后来，丈夫坚决要离婚，理由就是妻子太小气。

妻子此时也冷静下来了，分析了一下目前自己的处境后，她对丈夫说："我给你3个月的时间，让你去和她过日子。如果你们真的难舍难分，我成全你们；如果过不下去，你还是回来，我们好好过日子。"

丈夫带着壮士一去不复返的豪迈走进了独身女人的家。两个月零七天后，丈夫回来了，说："我们好好过日子，我离不开你和女儿。"妻子微笑着接纳了丈夫……

我们先不谈论在这件事情上女人受到了多大的委屈，单看其结果，也足以说明：学会了宽容，最大的收益人是女人自己。

章含之的《跨过厚厚的大红门》中有这样一段话："有一次，别人看到乔冠华从一瓶子里倒出各种颜色的药片一下往口里倒很奇怪，问他吃的是什么药。乔冠华对着章含之说：'不知道，含之装的。她给我吃毒药，我也吞！'"这是一种爱的表达。

乔冠华是何等人物，他对爱的理解是如此之深。其实每一个深深爱着的女人，都会心甘情愿地献出自己的一切，去悉心地照料、庇护她所爱的人。男人在女人面前永远是长不大的孩子，生活中他们有着太多的不可爱，然而女人不宽容他们，他们又有何幸福可言呢？

宽容，能体现出一个女人良好的修养，高雅的风度。宽容不是妥协，不是忍让，不是迁就，宽容是仁慈的表现，超凡脱俗的象征，任何的荣誉、财富、高贵都比不上宽容。姐妹们要认识到，宽容别人其实就是宽容我们自己。女人，因容而柔，因宽而美，学会了宽容，我们才能做到雅致。

✿ 塑造好品性，做个雅致女子

俗语说："酒香不怕巷子深。"一个性格良好的女人，无形中就给自己增加了魅力指数，好的姻缘也就自然而至。事实上，女人们只有向美、爱美并且深谙美的内涵和底蕴才能真正得到美的真缔，拥有美的气韵。

所以说我们应该这样：

我们要做真实的自己，这样才能收获真正的爱情。

上帝说："简单的人有福了。"简单地生活是一种生存境界，而女人们如若能简单地展现自我，顺其自然，一样会让你的生活更加清爽雅致。我们虽然未必有"天然去雕饰，清水出芙蓉"那种与生俱来的美丽容颜，但平凡与真实一样是上帝送给我们的最好的礼物。倘若我们能够将其融入到自己的个人气质中，那么这个世界自此将增添一分淳朴的美。

另一方面，女人在力求掌握人生主动权的过程中，也应清醒地认识到，是那些作为女人最本色的东西，才是你最大的的优势。须知，刻意地强化什么，对女人而言意味着做作，一个做作的女人是不会讨人喜欢的，而从容地展示作为女性最本色的一面，这也正是最感染别人，最能帮助自己的一面。

生活在繁华都市里的女人们，还记得上次祖露你的本色是在什么时候吗？在生活的这个大舞台上，我们总是尽心尽力地扮演着各种角色，在家可能是好妻子好母亲，到公司又成为一个不苟言笑的女强人，我们像变色龙一样随着环境的变化而变化。我们是那么渴望完美，常常可笑地总想把别人的各种优点集于一身。但是女人，请卸下你不必要的伪装吧，生活已经够繁琐了，我们没有必要过分地苛责自己，就坦然地接受自己、做你现在的样子好了，因为只有做最真实的自己，保持自己的性格才能让你收获真正的爱情。

凡事糊涂一点，才招人喜爱

社会上那些"有志"之女，似乎一个比一个精明，一个比一个爱较真儿，生怕什么地方犯糊涂吃了亏。《红楼梦》中对王熙凤的批语是"机关算尽太聪明，反误了卿卿性命"。这就告诉我们，做人不要学王熙凤式的精明，世事复杂，我们不可能把每件事都弄得清清楚楚，这样做只会给你带来无尽的烦恼，影响你的生活，所以做人还是"糊涂"点为好。

一些女性之所以不幸，就是因为她们太过认真，也太过敏感了，对待生活有时几近一种病态的苛刻，而这种苛刻又在很多时候是不讲理或不正确的，就像有一则故事里所讲的那样——某地有一个又懒又喜欢谈论别人的妇人，一天，她看见邻居晒在阳台的白被单沾满了许多黑点，便嘲笑说："我看这家女主人连衣服也洗不干净，不会理家，只会吃饭。"哪知当她推开自家的窗户一看，邻居的被单洗得又白又干净，这才发现原来是自家的窗户污秽不堪。所以，为了不犯这样的错误，我们不妨"糊涂"一些，这样不但可以平静地原谅了别人，有时也是对自己的一种保护和释放。

有时候，糊涂也是一种朦胧美。《还珠格格》中的小燕子就是一个大大咧咧，稀里糊涂的典型，然而她在戏里戏外却受到了众多男女的追捧和宠爱，也掀起了一次又一次热播的高潮。小燕子的可爱来自哪呢？我想首先是她的糊涂；然后是她的纯真，不做作；还有就是她勇而无惧的天性。

糊涂是一种美。女人，如果自身的气质之中挟带着一丝糊涂，会让你更具有亲和力，也更加生动，故而让你在男人面前变得更加可亲、可爱、可感。

保持你的个性，你能收获幸福

女人的美要有个性。所谓个性就是个人的独有的品位和气质。譬如说：一个女人遇到任何事情，都能坦荡大方，都相信自己能够解决好，而不像有些女人那样，遇到紧要的事就手忙脚乱，不知如何是好。相比之下，前者就具有了个性魅力。同样，有的女人看上去美若天仙，但就是缺少那么一点文化品位，只能是肤浅地谈论一些琐事，这样就会让男人觉得你缺少内涵，不免让男人感到些许遗憾；反之，你就能恰当地融入男人的世界中，并把自己的个性表现得淋漓尽致，从而赢得男人的赞美。所以说，没有个性的女人，不可能成为一名真正的雅致佳人。

就像世界上没有两片完全相同的叶子一样，没有哪一种美感可以完整地学来，东施效颦只能贻笑大方，所以，女人，请接受你自己，坚持你自己，爱你自己，年轻有年轻的风采，年老有年老的韵致，向这个世界简单地呈现自己，你就是个性的、雅致的。

❀ 塑造健全性格，打造雅致生活

一个女人，只有心理健康了，身体才能健康，才能少生病或不生病；只有做到心理健康，才能泰然面对复杂、纷繁的世界，才能从容参与、适应现代快节奏的社会生活，获得雅致的人生。

那么，人怎样才算心理健康呢？从美国心理学家罗杰斯提出的"未来新人类"的阐述中我们可以找到一些答案，"未来新人类"具备如下优秀的性格特征：

1.具有开放、开朗的人生态度，对世界(个人内在、外在世界)、对自身的经验开放、开朗，不固执己见、呆板、冷漠、闭锁，有崭新的视野和生活观，有崭新的观念、思想与鉴赏力。在日常生活中，可以重复敬畏、快乐、满足、惊讶的神秘玄妙的心理体验，可以感受浩瀚澎湃的心潮波澜，从而领悟人生世界的无尽。在生命中不断寻求生命本身的意义，超越小我。

2.活力自信，淡泊名利，这种生活态度并不重视物质享受，而重视生命的过程。这类女人能够清楚觉察到人生是一个经常变化的过程，深知变化过程中必然存在困难和冒险，但她们依旧充满活力、无所畏惧。她们面对生活中很多的不确定，不会惊惶失措，并能容忍新奇和不熟悉事物所带来的疑虑，认为失败和挫折是生命的一部分，具有勇敢及遭受失败时的复原力，具有人生的自信。她们不在乎物质享受与报酬，金钱、名利与地位对于她们而言，都不是人生目的，尽管她们也懂得享受丰裕悠然的生活，但却不把这些作为生活的必需品。她们对现实有较强的洞察力并与现实有较良好的关系，对周围环境中的人和事物都有敏锐的警觉。

3.渴望人生能达到宁静致远的境界，平衡与进退有度。这类女人视生活为均衡，在任何事情上很少是过度的。她们希望与宇宙大地融合一体，希望与大自然和谐共处，这会让她们倍感亲切。她们关注生态并照顾生态，能从大自然的动力中获得欢愉，但无意征服大自然，反对将科技用来片面征服自然世界、控制人类，而且很愿意支持科技促进人的发展。

4.渴求人和人之间真实可靠的亲密关系，能与别人建立深厚的人际关系，有吸引力，能让人欣赏及追随，有选择地交朋友。

4.渴望成为整合的人，不喜欢支离分割的内心世界，努力争取过一个整合的人生，自身的思维、感受、身心、心灵等在个人的经历中，都能有良好的整合。

5.能够认识与接纳自己人性中的各种缺点、不完美、软弱与短处，不会因存在不足而感到羞愧难过，或因此而否定自己。这类女人不但接纳自己，同时也会接纳与尊重别人，故而也不会批评他人这些缺点。她们诚实、开放、真挚，不装腔作势，不遮掩文饰，也不自满。对自己、他人及社会的现况很留心，同时更关心怎样改善现实与理想之间的差距。她们具有一定的自发性，不受传统惯例的束缚，不是顺命者，不是盲从附和的人，但也不会仅为叛逆而做叛逆者。其行动动机不是因外界的刺激而产生，而是基于内在个人成长发展的动力与自我潜能的实现。

6.以问题为中心。犀利健康的人都不会以自我为中心，而将目光都集中在自己以外的问题上。这类女人更富有使命感，往往基于尽责任、尽义务和尽本能的意识行事，并不依照个人的偏好为人处世。

7.有超然脱俗的本质、静居独处的需要。心理健康的人懂得享受人生中孤独和退隐的时刻，这一特征可能和一个人的安全感与自足感有关。当面对一些会令一般人不快的事情时，可以保持冷静，处变不惊，甚至可以表现得与众不同和超俗脱群。

8.有自制力。这类女人不受文化背景与周围环境影响，虽然也依赖别人来满足一些基本的需要，如爱护与安全感、尊重与归属感，但其主要满足却并不依赖这个现实的世界，其重视的不是一般外在的满足，而是自己潜能与个人资源不断得以发展和成长。心理健康的人们都有高度的德行，他们将手段和目的分得很明确，让目的来支配手段。

9.具有民主的性格。心理健康的人对他人极为尊重，并不会因阶级、教育、种族或肤色歧视别人。因为其他们清楚自己的认识很有限，因而有谦虚的态度，随时准备向他人学习，尊重每一个人，认为他们都可随时帮助自己增进知识、做自己的老师。

10.具有哲理的、无敌意的幽默感。其幽默感并不是普通的幽默感，而是自发的、富含思想性的、能透彻地显示个人生活体验的幽默感。这种幽默不含敌意，不高抬自己，也不讥讽嘲弄别人。

11.创造力，是一种蕴藏在任何一个人内心潜在的创造力，不是指那些出自特殊才干的创造力，是一种新鲜的、天真的、直接的看待事物的方法，具有各种不同的类型。但通常来说，人所具有的这种创造力一般都在文化的熏陶过程中被摧毁与淹没。

事实上，性格健全的过程，同时也是心理健康和心理成熟的过程。塑造健全的性格，是一项系统地自我改造、自我实现的过程，所以我们要从细微之处做起，并不断鼓励自己积极进取。对于希望打造雅致人生的姐妹们来说，塑造自身健全的人格是符合新时代发展要求的必要举动。

✿ 抹去性格中的不可爱

女人性格的"不可爱"处，是足以致命的弱点，是性格这个"木桶"中最短的"木板"。换掉那块"木板"，我们就铲除了性格中最大的弱点，性格系统中最大的隐患将不复存在，我们就可以发挥性格的长处，把性格这个"木桶"装得圆满而稳健。

辩证地看，真实的人性既有人的创造性、能动性，又具有人的局限性。具有创造性、能动性，人才区别于动物；具有局限性，人才区别于神。美好而有魅力的性格，就在美丑、善恶矛盾统一的关系之中。

生活告诉我们，人只能寻求近似的完美，而绝对找不到绝对的完美。在生活中的任何领域寻求完美，都不过是抽象的、病态的或无聊的幻想而已。虽然是这样，也并不能使我们回绝完美性格的诱惑，这就使我们不能忽视性格"木桶"中最短的木板。因为，即使构成你的性格"木桶"的木板都比较长，但总有一块相对较短的，而起决定意义的——就是那块最短的木板。

我们要换掉短板，那么首先就要找到短板。相信不少姐妹都看过莎翁笔下四大悲剧之一的《奥赛罗》。奥赛罗的天性是高贵、勇敢、温和、大方，但他的妒忌心和复仇心一旦燃烧起来，竟是那样无法控制。他上了野心家埃伊古的当，杀死了无比纯洁的妻子苔丝德蒙娜，然而，当他意识到自己的罪恶时，又无限地悔恨，但他毫不推卸自己的责任，最后毅然地毁灭了自己，以生命来弥补他不可宽恕的过失。

奥赛罗与苔丝德蒙娜之间有着伟大的爱，但最终却因爱而毁灭了自己。假如奥赛罗是一个明察秋毫的英雄，当埃伊古诬蔑他的妻子时，他马上察觉到，而且惩罚这个坏蛋，就不会做出杀死妻子如此愚蠢的举动了。

有致命缺陷的奥赛罗被莎翁赋予了灵魂和生气，充满了性格魅力，但在真实的人生中，假如性格里有一块类似于奥赛罗性格"木桶"中的短板，你的命运恐怕就不会那么走运了。因此，无论如何，一定要换掉性格"木桶"中那块短板。

所以我们必须学会自我拯救。你不能掩住性格"木桶"那块短板，不给人看，这并不能使"木桶的水"增加，更不会消除那块木板的致命隐患，因此，找到那块短板，并把它坚决地替换掉，是我们的必然选择。

破译性格系统的"木桶效应"，换掉那块木板，你就铲除了性格中最大的弱点，性格系统中最大的隐患也就消除了。

要知道，性格比人性、人格的概念更为广泛，它既有天生的、遗传的因素，也有后天的、社会的因素。我们只有准确地把握性格决定行为的规律，才能对性格与成败的关系有深刻的了解。充分把握性格与生俱来的特征和后天环境造成的变化，才能准确地把握人的性格。

破译性格系统的"木桶效应"，就要换掉最短的木板，就要铲除致命的缺陷。"苍蝇不叮无缝的蛋"，没有明显性格缺陷的你走在通往成功的路上，当然可以从从容容，不用瞻前顾后、畏首畏尾了。

我们必须认识到，人的性格是复杂的，它永远不是简单的1+1。人生道路上任何一次胜利与失败、顺利与曲折、幸福与痛苦的经历都是人的性格内部对立成分冲突的再现。人的性格中，圣洁与鄙俗相随，伟大与渺小相伴，善良与虚伪同炉……哪一种结果都不是简单的1+1。不过，人的性格虽然是复杂的，但绝不是破碎的。每个人的性格中总有一条贯穿始终的主线，把性格中的各种元素统一起来，呈现出一条总体的人性趋向。这种人性趋向正确与否，就将决定一个人一生的成败。因此，弄通性格复杂性的成因很有必要。

只要我们能够换掉那块"短板"，就等于为自己的性格"木桶"中加入了一块强有力的"长板"，它会使我们的性格更趋完美，我们便不需要时时提防性格中致命缺陷的打击了。

❀ 坏脾气会让你显得很无礼

女人永远都是美的象征，这种美不仅仅体现在外表，还体现在她们的性格上。如果这个时候你无法克制自己的坏脾气，它很有可能在你人生最关键的时候给你带来毁灭性的影响。

当今时代，女人已经能够撑起属于自己的那半边天。作为一个新时代的女性，成熟、干练、精明已经成为了我们的品牌标志。但是这时候一个问题出现了，那就是女人的坏脾气，正所谓本事越大，脾气见长，遇到事情总是紧锁眉头，动不动就火山爆发，这种行为经常会让身边的人大跌眼镜。不要觉得好笑，这种现象在女人当中还真不是少数。它经常会在没有事先预料的情况下爆发出来，除了身边的人会因此对你敬而远之以外，还很有可能让你失去很多机会，甚至还会影响到你今后的快乐人生。

生活不可能平静如水，人生也不会事事如意，人的感情出现某些波动也是很自然的事情。可有些人往往遇到一点不顺心的事便火冒三丈，怒不可遏，乱发脾气。结果非但不利于解决问题，反而会伤了感情，弄僵关系，使原本已不如意的事更加雪上加霜。与此同时，生气产生的不良情绪还会严重损害身心健康。

美国生理学家爱尔马通过实验得出了一个结论：如果一个人生气10分钟，其所耗费的精力，不亚于参加一次3000米的赛跑；人生气时，很难保持心理平衡，同时体内还会分泌出带有毒素的物质，对健康十分不利。

虽然人人都有不易控制自己情绪的弱点，但人并非注定要成为自己情绪的奴隶或喜怒无常心情的牺牲品。当一个人履行他作为人的职责，或执行他的人生计划时，并非要受制于他自己的情绪。要相信人类生来就要主宰、就要统治，生来就要成为他自己和他所处环境的主人。一个心态受到良好训练的人，完全能迅速地驱散他心头的阴云。但是，困扰我们大多数人的却是，当出现一束可以驱散我们心头阴云的心灵之光时，我们却紧闭着心灵的大门，试图通过全力围剿的方式驱除心头的情绪阴云，而非打开心灵的大门让快乐、希望、通达的阳光照射进来，这真是大错特错。

我们是情绪的主人，而不是情绪的奴隶。

著名专栏作家哈理斯和朋友在报摊上买报纸时，那朋友礼貌地对报贩说了声"谢谢"，但报贩却冷口冷脸，没发一言。"这家伙态度很差，是不是？"他们继续前行时，哈理斯问道。"他每天晚上都是这样的。"朋友说。"那么你为什么还是对他那么客气？"哈理斯问他。朋友答道："为什么我要让他决定我的行为？"

一个成熟的人握住自己快乐的钥匙，他不期待别人使他快乐，反而能将快乐与幸福带给别人。每人心中都有把"快乐的钥匙"，但乱发脾气的人却常在不知不觉中把它交给别人掌管。我们常常为了一些鸡毛蒜皮的事情或者无伤大雅的事情而大动肝火，当我们对着他人充满愤怒地咆哮着的时候，我们的情绪就在被对方牵引着滑向失控的深渊。

有这样一个故事：

从前有个脾气很坏的男孩，他的爸爸给了他一袋钉子，告诉他：每次发脾气或者跟人吵架的时候，就在院子的篱笆上钉一根钉子——第一天，男孩钉了37根钉子。后面的几天他学会了控制自己的脾气，每天钉的钉子也逐渐地少了，他发现，控制自己的脾气，实际上比钉钉子要容易得多。

终于有一天，他一根钉子都没有钉，他高兴地把这件事告诉了他的爸爸。爸爸说："孩子，从今后如果你一天都没有发脾气，就可以在这天拔掉一根钉子。"日子一天一天地过去了，最后，钉子全被拔光了。爸爸带男孩来到篱笆边上，对他说："儿子，你做得很好，可是看看篱笆上的钉子洞，这些洞永远也不可能恢复了——就像你和一个人吵架，说了些难听的话或伤害对方的话，你就在对方的心里留下了一个伤口，就像这个钉子洞一样，插一把刀子在一个人的身体里，再拔出来，伤口就难以愈合了，无论你怎么道歉，伤口总是在那儿。"

看了上面的这个故事，我想你一定感慨良多，想想我们的坏脾气给自己的生活带来了多么大的麻烦吧！当你用一张死板的面孔面对自己的同事和下属的时候，当你用不耐烦的口气挂断父母的电话的时候，当你回到家对自己的老公和孩子大吵大嚷的时候，他们都将会以怎样的心情承担坏脾气带来的不良氛围呢？如果长此以往下去，你一定会变成一个不受欢迎、被别人敬而远之的人。因为别人也是人，别人也同样有自己的脾气，没有人能够永远地去包容你的坏脾气，更不会有人能长时间地去容忍因为你的坏脾气给自己带来的麻烦。

所以，作为女人，我们应该努力管理好自己的情绪，以豁达开朗、积极乐观的健康性格去工作、去生活，而不是让急躁、消极等不良情绪影响到我们自己和你身边那些最爱的人。我们不要让自己的情绪影响自己的心情，更不要让自己的坏脾气影响到别人的心情。我们应该成为自己情绪的主人，这是一个健康乐观的人在人生中要成就的最重要的一点。

第 四 章

沟通之礼：
由内而外散发优雅气息

生活中，很多女人虽然样美貌甜，但走到哪里都招人烦，很大程度上，她们就是败在了不会说话上。诚然，说话的本领与人的天性有着一定关系，但它并非完全取决于天性。事实上，只要我们用心去观察、去感悟，在生活的每一个片段中不断地搜寻、提炼，我们就能使自己的语言与生活融会贯通，变成一个真正会说话的优雅女人。

言语中始终记着"尊重"

　　女人们一定要意识到，我们在与人聊天的过程中，即便是无心地刺痛了别人，其伤害性也是巨大的。一句伤人自尊的话足以让对方久久不忘，同时也会给我们自己造成不可估量的损失。人与人之间的交往是从尊重开始的，沟通需要把握一个度，一定要懂得尊重人，尊重人才能获得人的尊重。

　　不知大家听没听过这样一则寓言：

　　一头熊在与同伴的搏斗中受了重伤，它来到一位守林人的小木屋外乞求得到援助。

　　守林人看它可怜，便决定收留它。晚上，守林人耐心地、小心翼翼地为熊擦去血迹、包扎好伤口并准备了丰盛的晚餐供熊享用，这一切令熊无比感动。

　　临睡时，由于只有一张床，守林人便邀请熊与他共眠。就在熊进入被窝时，它身上那难闻的气味钻进了守林人的鼻孔。

　　"天哪!我从来没闻过这么难闻的味道，你简直是天底下第一大臭虫!"

　　熊没有任何语言，当然也无法入眠，勉强地挨到天亮后向守林人致谢上路。

　　多年后一次偶然相遇时，守林人问熊：

　　"你那次伤得好重，现在伤口愈合了吗?"

　　熊回答道："皮肉上的伤痛我已经忘记，心灵上的伤口却永远难以痊愈!"

大家不妨回想一下，我们在与亲友、同学、同事、朋友接触的过程中，是否说过类似的话语？假如我们在不经意间已把这样的话说出口，那么马上，想办法去抚平他们心中的创伤! 并且时刻提醒自己，以后绝不要再犯!

你得意识到，人都是有人格、有尊严的。对一个人而言，最大的伤害莫过于人格、尊严上受到了伤害，这种伤害是刻骨铭心的! 他的肉体在受到伤害后，通过治疗不久就会愈合，但他心灵上的伤害，可能永远也无法愈合。所以，只要我们不是敌人，我们就不能对人极尽讽刺、挖苦之能，这样做的后果，于人于己都不利!

每个人都渴望得到别人的尊重，这是人的基本精神需求之一。那么，在人际交往中，我们应如何顺应这种心理需求，在言谈举止中做到尊重他人，借以笼络人心呢？姐妹们可以从以下几个方面入手。

1.从"心理"上尊重别人

我们必须牢记"每个人在人格上都是平等的"这一信条，不以位高自居、自足、自傲。只有在"心理"上尊重别人，才可能做出尊重别人的举动。

2.把握角色知己知彼

把握角色是与人交往的基本要求。这一要求包括知己和知彼两方面。所谓知己就是要善于根据时间、地点的变化而变换角色，否则就难免造成不尊重人的场面。比如你是一个女领导，在单位里严肃认真是必要的。但如果你回到家对丈夫孩子再摆出一副凛然不可侵犯的架势，他们就会认为你缺乏人情味，不尊重他们对妻爱、母爱的需求。所谓知彼，就是要了解对方的年龄、身份、语言习惯等。假如对方是位年长者，而你是个青年人，在称呼上要礼貌，在语气上要委婉，在语速上要和缓，在话题上要"投其所好"，这些都体现了对长者的尊重，必然能赢得对方的赞赏。

3.搞清背景再开口

如果在交际过程中能考虑对方的背景，不触及对方的隐秘；如果在别人交谈时没有弄清别人话题的前提，不突然插嘴；如果在谈话过程中不让自己的话带有更多的隐含前提，特别是错误前提，就是对别人的尊重。面对矮人却大谈"矬子"、随意打断别人的谈话而又"牛头不对马嘴"地乱发议论、人家明明是自学成才却偏问"你是哪个大学毕业的"，这些认为都是对别人的不尊重。

4.区分不同场合

场合不仅可以提供话题，诱发谈兴，还能为你尊重别人提供机会。例如，在严肃的会场不要说笑，否则就是对领导的不尊重；在朋友的婚宴上应该谈些喜庆的、吉利的话题，如果你总谈些令人扫兴的话，就是对朋友的不尊重，即使朋友嘴里不说，心里也早已将你划为"不受欢迎的人"了。

5.处事礼为先

俗话说："礼多人不怪。"礼仪不仅能体现一个人的修养和人品，还能体现出对他人的尊重，赢得别人的好感。在社交场合，参加朋友的婚礼而不修边幅，不仅有损自己的形象，也是对朋友的不尊重；和异性朋友靠得过近，甚至凑到对方耳边"窃窃私语"，是对对方的不尊重……总之，类似的细节有很多，姐妹们一定要有所注意。

6.不打断别人的谈兴

这点也体现在多方面。例如，对对方的话题保持浓厚的兴趣，注意选择双方都熟悉又都感兴趣的话题，在对方谈兴未尽时不随便转移话题，以及结束话题时有所暗示、留有余地等，都是尊重别人的体现。

7.交谈时别惹人难堪

问答在交谈过程中是很常见的，但如何问却大有学问，因为问不好会造成难堪的场面，伤害别人的自尊。例如，问话时应注意把握时机，别人正谈得火热，你突然一问打断别人的交谈，是不尊重别人；别人在某方面忌讳很深，你却不管不顾偏要追问，也是不尊重对方的表现，等等。

懂得尊重别人，是我们女人修养和品格的体现，简单的道理就是：你尊重别人，别人也会尊重你，这就是所谓的"爱人者人恒爱之，敬人者人恒敬之"。

❀ 小心！——不要触犯沟通中的忌讳

毫无疑问，在女人的各种能力当中，说话能力最能表现一个女人的才干、见识、智慧和水平。在现实生活中，女人们的说话能力有高有低。如果一个女人说话水平不高，那她就不能很好地驾驭自己的思想和感情，更不能很好地驾驭各种事情和人际关系。而说话水平不高的女人也常常会惹人厌恶。

那么有哪些说话习惯是令人极度反感的呢？

1.插嘴插舌

插嘴插舌者，是一种不让你完结你话锋的女人。你的话正说到一半，她已插进来说，有时竟把你的结论也代为说出。你当然会不喜欢她这种做法，然而她却似毫无察觉还得意洋洋地炫耀着自己。

插嘴插舌者最可恶的地方，就是从不预先告知于你，说她要插嘴了，也不说"我知道你这故事的结尾"或"让我替你把它结束了吧"。她只是突然地自半腰杀出来，使你不得不偃旗息鼓而退。这种女人，真的很令人厌恶，我们绝对不能做。

2.心不在焉

心不在焉者，实则是一个极可怜的女人。这类女人在开始谈话时似乎有着完善的计划，可是她的心神却浮荡不停。若你告诉她一个你觉得很有趣味的故事时，她却把她的注意力分散到了其他地方。这时你一定会因觉得他没有礼貌而感到扫兴。

心不在焉的女人，常如此说："对不起，你刚才讲些什么？""我方才没有注意听。"或"呃，我想我已想到另一件事上去了。"你想，如果我们是这样，会不会让人很是排斥？

3.轻视他人

那些轻视他人的女人，只会看到别人的不足，从不称赞他人的长处。这种女人常扫人家的兴致，打断人家的话锋。当人们在称赞一个为社会工作的优秀人才时，她便说那人只为自己利益工作而已。这种女人是个冷笑专家，在她们的脑子里，别人的一切东西都是恶劣不堪的。

轻视他人的女人常想打击别人的说话。常常对别人抱着一种嫉妒的心理，而她们并不能将这些想法深藏在脑中。有时你可从下面这些话里识别出轻视他人的女人："是的，可是在他背后的动机是什么呢？""那毫无价值，你等着再听听这一件事吧！"我们遇到这类女人，想必也很烦，所以我们该不该步她们的后尘呢？

4.自以为是

在我们的周围，有些女人喜欢抬杠，搭上话就针锋相对，无论别人说什么，她总要加以反驳，其实她自己一点主见也没有。不过，当你说"是"时，她一定要说"否"，到你说"否"的时候，她又说"是"了。

事事都要占上风，这是一种极坏的说话习惯。

即使真的比别人见识多，也不应该以这种态度去和别人说话。自以为是者好像要把别人逼得无路可走才心满意足。相信这么说话的女人并没有想到这一层，但实际上却是这样做的。

这种不良习惯使她们自绝于朋友和同事，没有人愿意给这种女人提意见或建议，更不敢提一点忠告。如果你本来是一个很好的女人，但不幸染上了这种习惯，朋友、同事们都将离你而去，唯一改善的方法是养成尊重别人的习惯。首先你要明白，在日常交谈当中，你的意见未必是正确的，而别人的意见也未必就是错的。把双方的意见综合起来，你至多有一半是对的。那么，你为什么每次都要反驳别人呢？

有这种坏习惯的女人，多是些自作聪明的人。也许是她们"太热心"，想从自己的思想中提出更高超的见解，也许这类女人会以为这样可以使人敬佩自己，但事实上完全错了。一些平凡的事情，是没有必要费心做高深的研究的，至少我们平常谈话的目的，是消遣多于研究的。既然不是在研究讨论问题，又何必在一些琐碎的事情上固执己见呢？

5.不懂装懂

有不少女人对事物一知半解却惯于装腔作势。因为她们在一些事物上的无知，心理便容易产生落于人后的压迫感，这也是人们常见的心态。在绝不服输或"输人不输阵"的好胜心作祟下，她们牛气冲天，故作傲慢姿态。

有位没名气的小杂志社社长吴女士，不管在什么场合总喜欢装腔作势，故意降低自己的声调来表现庄重的样子。不但如此，还总是一副无所不知的样子，这种姿态让人觉得她好像一直在做自我宣传。

其实，承认自己有不知道的事并不丢人，为了要自抬身价而不懂装懂，一旦被对方看穿，反而令对方产生不信任感而不愿与你交往。现代社会可以说是一个高度复杂的信息时代，每个人的知识都不可能包含万事万物。若不以虚心的态度与人交往，又怎能受到大家的欢迎？与自以为是的女人一样，不懂装懂的女人必然得不到大家的尊敬。

6.随意附和别人

在与人的交谈过程中，对方有时最想要听的是你个人的看法，而不只是要你附和地回答："是的。"要让自己成为更独特的女人就必须与一般人有所区别，尽量地表现出自己独特的看法。因此，不妨多应用些特殊或极端的例子来表达自己的想法，不要总是附和别人的想法。

毫无疑问，每个女人都希望自己能说会道、妙语连珠，每个女人都希望成为一个讨人喜欢的说话者，而不希望成为一个惹人厌恶的说话者，这就要求姐妹们在与人交谈的时候，不要触犯一些常规的谈吐禁忌。

❀ 赞美的话人人都爱听

无论如何，人总是喜欢别人奉承的，不用否认，我们也是一样。很多时候，我们明明知道对方说的是奉承话，但心中仍免不了会沾沾自喜，这是人性的弱点。换句话说，当一个人受到别人的夸赞时，他是绝不会感觉厌恶的，除非你那些话说得太离谱。

赞美，这既是一种很绝妙、很实用的说话技巧，也是增进人们之间情感的重要桥梁，姐妹们若是能把赞语常常挂在嘴边，你就会发现，我们的身边不再有敌人了。

记得大文学家马克·吐温曾经说过："一句精彩的赞词可以代替我十天的口粮。"的确是这样，恰当的赞美在抬高别人的同时，也能够为自己聚拢人脉，古龙也说："夸赞别人，是种很奇怪的经验。你夸赞别人越多，就会发现自己受惠也越多。"事实上，那些成功的女人几乎都是这方面的能手，她们善于抓住不同人的不同特点，区别对待，巧嘴一张，就说得人满心欢畅。

有一位喜欢满世界旅游的姐妹就是这样，她无论走到哪个国家，都会立刻结识一大群朋友。一个年轻女孩向她询问其中的秘密，她说："我每到一个国家，就立刻着手学习这个国家的语言，并且只学一句，那就是'美极了'或者是'漂亮'，就因为我会用各种不同的语言表达这个意思，因此我的朋友遍天下。"

是的，"美极了"的确是一个绝妙的词，我们可以对任何一个人用上这个词，也可以用在一餐饭上，甚至一只猫、一只狗的身上。只要一个人的听觉没有失灵，当他听到这个词时，心情一定会快乐许多，不信，你可以试试。

我们应该知道，事实上一个人身上值得赞美的地方数不胜数，纵然是没有特别技艺和才能的人，他们性格上也有或多或少的优点，如豪爽、和蔼、细心、大方等。总之，凡是值得一赞的特征，我们都不妨去赞美一下。记住，不要怕因赞美别人而降低自己的身价，相反，我们应当通过赞美表示你对人的真诚。有句话说得好："给活着的人献上一朵玫瑰，要比给死人献上一个大花圈价值大得多。"言简意赅，相信大家都能明白。

然而，有些女性可能是太过清高又或自视甚高，平时对一切都显出不屑一顾的样子，好像这世间根本就不存在值得她们赞美的事物一般。说句不客气的话，这种人是缺乏真情实感、缺乏谦逊品德的。就算她们口中偶尔蹦出赞美之词，也会让人感觉甚为别扭，甚至会被人误认为是在讽刺。这不能不说是人生上的一种失败。

对于这些朋友，我们想奉上一句忠告：希望你能敞开心扉，去接纳身边的人和物，对他们抱以真诚的微笑，给他们以真挚的欣赏，这样，你的世界就会焕发出别样的美好。可以预见，当你以真心去赞美别人时，便一如用火把照亮了他们的心田，同时，火把也会照亮你的心田，使你在这种真诚的赞美中感到愉快和满足，并推动你对所赞美事物的向往，引导自己向这方面前进。当你向朋友说"我最佩服你遇事能够坚决果断，我能像你这样就好了"时，你也会被朋友的美德所吸引，竭力使自己也能够坚强果断起来。还有一个点很重要，我们要是能够时常这样去赞美自己的丈夫，结果会怎样？那就等于取得了最可靠的婚姻保险。

事实上，生活中没有赞美是不可想象的。百老汇一位喜剧演员有一次做了个梦，自己在一个座无虚席的剧院，给成千上万的观众表演，然而，没有赢得一丝掌声。他后来说："即使一个星期能赚上10万美元，这种无人喝彩的生活也如同下地狱一般。"我们当然不想做地狱中的女人，而我们若想得到别人的赞美，首先就要学会赞美别人。经常赞美别人的女人，胸襟多半是开阔的，心境多半是快乐的，与人的关系多半是和谐的，而她个人的生活也多半是富有生命力的。

同时，赞美又能令被赞美者继续将自己的优点发扬下去。你赞美一个人的勇敢，就能使他加倍勇敢；你赞美一个人的勤劳，就能使他永不懈怠。多少人从热烈的掌声中，更加奋发；反之，多少人在责怪、怨骂声中消沉下去。既然我们的赞美有这么大的影响，那么，我们为何不用它去激励你所关心的人呢？

最后再提醒大家一次，人性总是喜赞扬而厌批评，抓住了人们的这一心理，什么事情就都好解决；满足了人们的这一心理，我们什么事情就都有可能办成。所以女人们，一定要用好我们的这张巧嘴。

要知道，懂赞美的女人最美。

❀ 拒绝一定要尊重人的感受

想必大家可能都遇到过这样的情况，有些时候，别人向我们提出某些要求，我们心中原本不情愿，想要拒绝，但碍于情面却点了头，结果反倒苦了自己。所以说，学会巧妙委婉的拒绝，是非常有利于提高我们的工作效率和生活质量的。

有这样一个女人，她刚过30岁就当上了"二十世纪福斯电影公司"的董事长，她的名字叫雪莉·茜，是好莱坞第一位主持一家大制片公司的女士。为什么她有如此能耐呢？主要原因是，她言出必践，办事果断，经常是在握手言谈之间就拍板定案了。

好莱坞经理人欧文·保罗·拉扎谈到雪莉时，说和雪莉一起工作的人都非常敬重她。欧文表示，每当她请雪莉看一个电影脚本时，她总是马上就看，很快就给答复。

一般的人都会用沉默来代替回答，但是雪莉看了给她送去的脚本，都会有一个明确的回答，即使是她说"不"的时候，也还是把你当成朋友来对待。这么多年以来，好莱坞作家最喜欢的人就是她。

其实这世界上，任何人都有得到别人理解与帮助的需要，任何人也都常常会受到来自别人的请求和希望，可是，在现实生活中，谁也无法做到有求必应，这时我们只能遗憾地加以拒绝。但需要注意的是，人都是有自尊心的，一个人有求于别人时，往往都带着惴惴不安的心理，如果一开口就说"不行"，势必会伤害对方的自尊心，引起对方强烈的反感，而如果话语中让他感觉到"不"的意思，从而委婉地拒绝对方，就能够收到良好的效果。因此，学会有"计巧"地说"不"，就显得尤为重要了。

要巧妙地拒绝别人，我们首先要把握以下几个原则。

1.顾及对方自尊，给对方留台阶

我们拒绝别人时，不宜开口就说"不行"，应该尊重对方的愿望，先说关心、同情的话，然后再讲清实际情况，说明无法接受的理由。

此外，在拒绝别人时，我们不但要考虑到对方可能产生的反应，还要注意准确恰当地措辞。比如你拒聘某人时，如果悉数罗列他的缺点，会十分伤害他的自尊心。倒可以先称赞他的优点，然后再指出缺点，说明不得不这样处置的理由，对方也能更容易接受，甚至感激你。

2.降低对方对你的期望

大凡求人办事的人，都相信你能解决这个问题，他对此抱有很高的期望值。一般来说，他对你所抱的期望越高，越是难以拒绝。因而在拒绝要求时，倘若多讲自己的长处，或过分夸耀自己，就会在无意中抬高了对方的期望，增大了拒绝的难度。如果适当地讲一讲自己的短处，就降低了对方的期望，在此基础上，抓住适当的机会多讲别人的长处，就能把对方求助目标自然地转移过去。这样不仅可以达到拒绝的目的，而且使被拒绝者因得到一个更好的归宿，由意外的成功所产生的愉快和欣慰心情，取代了原有的失望与烦恼。

3.尽量使你的语气温柔缓和

当你想拒绝对方时，可以连连发出敬语，使对方产生"可能被拒绝"的预感，形成对方对于"不"的心理准备。同时要让对方明白，你的拒绝是出于不得已，并且感到很抱歉，很遗憾。尽量使你的拒绝温柔而缓和。

4.让对方明白自己的处境

一般来说，一个人有事求别人帮忙时，总是希望别人能满足自己的要求，却往往不考虑给他人带来的麻烦和风险。如果实事求是地讲清利害关系和可能产生的不良后果，把对方也拉进来，共同承担风险，即让对方设身处地去判断。这样会使提出要求的人望而止步、放弃自己的要求。

5.尽量使自己争取主动，站在有利的位置上

不管怎么说，拒绝别人的要求总是被动的。因为很难预料是谁，在什么时候、会提出什么要求，而且对方的要求一经提出，又总得当面有所答复。但在有些情况下，去登门谢绝，就可以使对方产生感恩心理，争取到一点主动权。

举个例子：薛女士在医院工作，有一次出差回来，朋友送给他一张便条，原来是朋友的父亲患心脏病想住院治疗，请她帮忙云云。于是薛女士

当晚专程去拜访朋友，对其说明床位早已住满。朋友说道："本应是我去找你，却让你跑这么远的路，很过意不去。看来你的确是没有办法，否则也不会专程登门。"

6.态度一定要真诚

拒绝总是令人不快的。"委婉"的目的也无非是为了减轻双方，特别是对方的心理负担，并非玩弄"计巧"来捉弄对方。特别是领导、师长拒绝下级、晚辈的要求，不能盛气凌人，要以同情的态度，关切的口吻讲述理由，使之心服。在结束交谈时，要热情握手、热情相送，表示歉意。一次成功的拒绝，也可能为将来的重新握手、更深层次的交际播下希望的种子呢！

另外一般来说，拒绝的时间最好趁早别趁晚，因为及早拒绝，可以让对方抓住时机争取别的出路。无目的的拖拉，是对人不负责的态度。至于地点，拒绝时一般把对方请到自己办公室来为好。如果在公共场所，宜小不宜大，宜暗淡不宜明亮。为了避免明光的直接接触，两人的座位也以斜对面或并肩座为宜。合适的时机也很重要，不宜在众人的场合拒绝。

其实，拒绝人的具体的方法有很多种，以下几种仅供大家参考。

1.诱导对方自我否定

罗斯福当美国总统之前，曾在海军担任要职。一天，一位朋友问起有关海军的情况，事涉保密的内容。罗斯福灵机一动，装模作样地向四下看了看，压低声音回答："你能保密吗?""当然能!"罗斯福接着说："你能我也能。"

2.推托、拖延

这种方法是指可用时间来拖延，也可用某人不在自己无法决定来推托。

某宾馆开一个时装展示会，请了著名模特表演，入场券价位较高。当地的朋友都来向主女老板要票，她只好回答："很遗憾，这次入场券全部掌握在外方老板手中。"

3.先"同意"后拒绝

有时对方提出的要求并非无理取闹，有一定的合理性，但因条件限制又无法予以满足，可以先表示理解与同情，然后再婉言拒绝。

如，一个女老板对另一个女老板说："我们两家搞个联营，你看怎样？"

对方回答："这个设想不错，只是目前条件还不成熟。"

如此一来，既拒绝了对方，又为自己留下了后路。

4.避实就虚

避开实质性的问题，故意用模棱两可的语言做出具有弹性的回答，既无懈可击，又达到在要害问题上拒绝做出回答的目的。

中国奥运代表团到达二十四届汉城奥运会比赛地时，外国记者纷纷问团长李梦华："中国能拿几块金牌？""中国能超过韩国吗？"李答："10月2日以后，你们肯定能知道。"记者又问："中国新华社曾预测能拿到11块金牌，你认为有把握吗？"李又巧妙地回答："中国有充分的言论自由，记者怎样想，就可以怎样写！"

无论如何，拒绝别人总是会令对方失望的，我们直接对他人说"不行""我做不到"之类的拒绝的话，对方一定会心生不快和反感，甚至会怀恨在心。相反，诚恳而有技巧的拒绝对方，不仅能够得到对方的谅解，还能给对方留下良好的印象。这是每一个女人不得不学的社交辞令哦。

❀ 别让嘴像刀子一样

有人说女人的嘴有的时候像刀子，说出来的话句句刺透人心。如果你有这种倾向，那一定要注意了。要知道，我们来到这个世界上是为了拥有更多的朋友，而不是为了给自己树立更多的敌人。我们想要自己在社交道路上走得顺利，就一定要记住口下留情，只有自己先把这份情留下来，才能消除别人对你的敌意，才会和别人相处得更加和谐。

只不过，有些姐妹总是这样——每每看到别人出现错误，有就会忍不住上前说上几句。也许我们觉得事情过去了就过去了，话说出去了也没什么关系，但却让对方的心里很不舒服。他也许会想，凭什么自己会受到你的指责，凭什么你就能毫无顾虑地对自己说长道短？于是矛盾就这样产生了。正所谓说者无意听者有心，要想今后不在社交的道路上跌跤，避免那些不必要的麻烦，我们就要学会从现在开始管好自己的嘴巴，切记口下留情。

雅致的女人往往能够管好自己的嘴巴，正所谓"言多语失"有的时候少对别人进行一些指责，少在别人背后参与一些评论，往往就可以为自己赢得不错的口碑。就算有一天，你与别人发生了一些小的摩擦和矛盾，也千万不要轻易地将那些伤人的话从嘴里说出来，因为这样并不能解决什么问题，反倒是会加深彼此的仇恨。仔细想想，这又何必呢？老人们常说："有话好好说。"我们女人也要学会处理生活中的矛盾冲突，什么时候都不要恶语相加，遇到问题，要采取宽容的态度，千万不能得理不饶人。大事化小，小事化了，才是解决问题的一种最高的人生境界，有些时候我们无需彼此相互抨击，有的时候我们应该选择适当的沉默，如果我们能在嘴上给彼此多留一些情面，那么这个世界上也许80%的矛盾都会得到圆满的解决。

人的本性就是这样，无论他做的有多么不对，他都宁愿自责而不希望别人指责自己。别人是这样，我们也是这样。在你想要指责别人的时候，你得记住，指责就像放出的信鸽一样，它总要飞回来的。因此，指责不仅会使你得罪了对方，而且也使得他必须要在一定的时候来指责你。即使是对下属的失职，指责也是徒劳无益的。如果你只是想要发泄自己的不满，那么你得想想，这种不满不仅不会为对方所接受，而且就此树了一个敌；如果你是为了纠正对方的错误，那为什么不去诚恳地帮助他分析原因呢？

手段应当为目的服务，只有怀有不良的动机，才会采用不良的手段。许多成功者的秘密就只在于他们从不指责别人，从不说别人的坏话。面对可以指责的事情，你完全可以这样说："发生这种情况真遗憾，不过我相信你肯定不是故意这么做的，为了防止今后再有此类事情发生，我们最好分析一下原因……"这种真心诚意的帮助，远比指责的作用明显而有效。

　　另外，对于他人明显的谬误，你最好不要直接纠正，否则会好像故意要显得你高明，因而又伤了别人的自尊心。在生活中一定得牢记，如果是非原则之争，要多给对方以取胜的机会，这样不仅可以避免树敌，而且也许已使对方的某种"报复"得到了满足，于己也没有什么损失。口头上的牺牲有什么要紧，何必为此结怨伤人?对于原则性的错误，你也得尽量含蓄地进行示意。既然你原意是为了让对方接受你的意见，那就不必以伤人的举动来凸显自己。

　　微笑、眼色、语调、手势都能表达你的意见，唯独不要直接说"你说得不对""你错了"等话，因为这等于在告诉并要求对方承认："我比你高明，我一说你就能改变你自己的观点。"而这实际上是一种挑衅。商量的口吻、请教的诚意、轻松的幽默、会意的眼神，定会使对方心悦诚服地改变自己的失误，与此同时，你也不会树敌。要知道，只有很少一部分人的思想是符合逻辑的，大多数人生来就具有偏见、嫉妒、贪婪和高傲等本性，人们一般都不愿改变自己的意愿。他们若有错误，往往情愿自己改变。如果别人策略地加以指出，则其也会欣然接受并为自己的坦率和求实精神而自豪。

　　假如由于你的过失而伤害了别人，你得及时向人道歉，这样的举动可以化敌为友，彻底消除对方的敌意。说不定你们今后会相处得更好。既然得罪了别人，当时你自己一定得到了某种"发泄"，与其待别人的"回泄"，或总提防着不知何时会飞出一支暗箭，远不如主动上前致意，以便尽释前嫌，演绎流传千古的"将相和"。

　　为了避免树敌，还有一点需要特别注意，这就是与人争吵时不要非争上风不可。请相信这一点，争吵中没有胜利者。即使你口头胜利，但与此同时，你又树了一个对你心怀怨恨的敌人。争吵总有一定原因，总为一定的目的。如果你真想使问题得到解决，就绝不要采用争吵的方式。争吵只会使人结怨树敌，除了在公众面前破坏自己温文尔雅的形象外，没有丝毫的作用。如果只是日常生活中因观点不同而引致的争论，就更应避免争个高低。如果你一面公开提出自己的主张，一面又对所有不同的意见进行抨击，那可是太不明智了，那会致使自己孤立和就此停步不前。如果你经常如此，那么你的意见再也不会引起别人的注意。你不在场时，别人会比你在场时更高兴。你知道的这么多，谁也不能反驳你，人们也就不再反驳你，从此再没有人跟你辩论，而你所懂得的东西也就不过如此，再难从与人交往中得到丝毫的补充。因为辩论而伤害别人的自尊心、结怨于人，既不利己，还有碍于人，这实在不是聪明的做法。

人们常说"多个朋友多条路，多个仇人多堵墙"，我们为什么不让朋友的路变得更宽，为什么不让仇人的墙覆灭呢？其实这对我们女人来说也并不是一件多么困难的事情，我们要做的无非就是管好自己的嘴。总而言之，还是那句话，聪明女人切记口下留情。

❀ 分寸一定要把握到位

我们在与人的交谈时，一定要注意把握分寸，言语得体，这样才能成为别人眼中讨人喜欢的女人，才能博得对方的好感，激发对方与你进一步交往的愿望。

交谈中最忌讳的就是触犯别人的隐私。我们看看下面这个案例：

一天，刚参加工作的于莹莹被派到外地去出差。在车厢内，她碰到了一位来华旅游的英国姑娘。由于对方首先向于小姐打了一个招呼，于小姐觉得不与人家寒暄几句实在显得不够友善，便操着一口流利的英语，大大方方地随口与对方聊了起来。

在交谈之中，于小姐有点没话找话地询问对方："你今年多大岁数呢？"不料人家答非所问地予以搪塞："你猜猜看。"刘小姐觉得没趣，转而又问："到了你这个岁数，你一定结婚了吧？"这一回，那位英国小姐的反应更令刘小姐出乎意料：对方居然转过头去，再也不搭理她了。一直到下车，她们两个人再也没有说上一句话。

于小姐与那位英国姑娘话不投机，不欢而散，主要是因为她在交谈中向对方所提出的问题，是国外纯属不宜向人打探的个人隐私。按照常规，对方是有权利拒绝回答的。

那么，究竟在初次交谈中我们要遵循哪些原则呢？

1.态度诚恳、亲切。说话本身是用来向人传递思想感情的，所以，说话时的神态、表情都很重要。例如，当你向别人表示祝贺时，如果嘴上说得十分动听，而表情却是冷冰冰的，那对方一定认为你只是在敷衍而已。所以，说话必须做到态度诚恳和亲切，才能使对方对你的说话产生表里一致的印象。

2.用语谦逊、文雅。如称呼对方为"您""先生""小姐"等；用"贵姓"代替"你姓什么"，用"不新鲜""有异味"代替"发霉""发臭"。如你在一位陌生人家里做客需要用厕所时，则应说："我可以使用这里的洗手间吗？"或者说："请问，哪里可以方便？"等。多用敬语、谦语和雅语，能体现出一个女人的文化素养以及尊重他人的良好品德。

3.声音大小要适当，语调应平和沉稳。无论是普通话、外语、方言，咬字要清晰，音量要适度，以对方听清楚为准，切忌大声说话；语调要平稳，尽量不用或少用语气词，使听者感到亲切自然。

4.语言要简洁、精练、准确，使听者在较短的时间内获得较多的有用信息，切忌空话连篇，空洞无物。

5.语言要考虑对方的接受能力，尽量做到通俗易懂，切忌卖弄文采、说艰涩难懂的语言。

另外，我们还要注意避免下列几种情况的发生：

1.滔滔不绝

谈话一上来，不管别人感不感兴趣，爱不爱听，自顾自在那里滔滔不绝、眉飞色舞，使对方一句话都插不上，听话的人索然无味。

2.爱嚼舌头

有些女性朋友也许是太无聊，她最关心的就是张家短、王家长，一到某些场合不是打听对方就是编排对方，加上自己的非凡想像力，使事情经过其嘴就变得有情有节，类似电视剧本。

3.不要太沉默

有些姐妹不管别人说啥总是在一边不吭气，也许是内向、自卑，也许是话不投机，但是过于沉默的人会使与其交往的人感到压抑，致使正常的社交气氛被破坏，自己也找不到朋友。

4.不要自夸

女人需要自信、自强，但在谈话中老是夸耀自己能干、自己的成功、自己的感觉，会使别人感到自卑、难受。太爱表现自己的人，往往使人讨厌。

5.不要抢白

人们在讲话时都希望别人能认真听，在讲到兴致颇高时，被人抢白、打断肯定很不乐意。老是喜欢打断、抢白别人的女人一定是社交圈中不受欢迎的人，因为她不识时务。

6.不要多用"我"字

说话中老是"我"字不离口的女人，一定是个表现欲很强而且挺自负的人。她不关心别人的事，不爱倾听别人的话，只关心自己内心的想法。这种人会给人自负、难以接触的感觉。

总而言之，我们在与人交谈的过程中，措辞一定要谨慎，否则就有可能引起对方的反感，导致交际的失败。

✿ 淑女式的谈吐技巧

一般情况下，对于一个初次见面的人，人们大多习惯从她的言谈中去了解她是一个什么样的人。一个女人，要想给人留下一个美好深刻的第一印象，掌握淑女式的言谈技巧是很有必要的，毕竟，"淑女"作为女人做人的一种境界，是没有几个男人可以拒绝的。

1.淑女动人的谈吐主要体现在富有磁性的声音上

温柔的声音是人类中最美妙、最动听的声音。俗话说："有理不在声高。"这也说明大嗓门往往是不被人喜欢的。有教养的淑女一般是说话的声音不高，电影电视里也很少出现泼妇式的吵闹，为了保持温柔的形象，很多女演员都做了声带手术，就是为了避免出现声嘶力竭的高调。

有感情、有柔情的声音是美的。越是富有感情，声调越低，对女人而言就是轻柔，对男人而言就是低沉有力。在美国，一些政府要员、公司主管等人员是要参加声音培训的，而培训的重点是强调降低声调。声音的力量是和音调的大小成反比的。在现实生活中，经常见过许多吵吵闹闹的场合，管理人员越是大声，吵闹声或是依旧或是越来越大。而学校里的班主任，结束吵闹场面的大多用的是沉默，吵嚷不久自然就会安静下来，在这时，能镇住、控制场面的是低调的声音。女人低而柔的声音有无限的魅力，因为听声音而喜欢对方的大有人在。低而柔，这是女声美的重要因素。

2.淑女优雅的谈吐，还主要表现在用语礼貌、文明，让男人感受到你是一个文明的、有教养的女人。如果你的话语中透着真诚、亲切，再沙哑的声音也会变得悦耳。

一个女人如果只知道化妆打扮，而不懂得如何让自己的谈吐得体优雅，就难免落个徒有其表、令人讨厌的下场。有些女人衣着很漂亮，长得也很靓丽，可是说起话来乏味、粗俗甚至夹杂着脏话，这样的女人永远与淑女无缘。

女人优雅的谈吐就像是醇酒一样，芳香四溢、沁人心脾。优雅的谈吐需要女人与男人说话时语气亲切，言辞得体，态度落落大方。吸引男人的谈话需要动听的声音。有些谈话虽然在内容上没有独到的、吸引男人的地方，但女人那动人的声音，却使男人觉得是一种享受。

3.淑女在和男人交谈时，既有思想的交流，又有感情上的沟通。

那种贫乏、枯燥无味、粗俗浅薄的语言，会使男人感到厌恶。如果女人的谈吐既有知识、趣味，又不失幽默，并能用丰富的表情和磁性的声音来表达，那将会令男性听者倾倒。同时，淑女那优雅动人的谈吐，不仅可以令众生顿生仰慕之情，同时也令同性侧目。谈吐是女性风度、气质和美的组成部分，谈吐不仅指言谈的内容，也包括言谈的方式、姿态、表情、语速及声调等。淑女文雅的谈吐是学问、修养、聪明、才智的流露，是魅力的来源之一。

4.淑女的谈吐要真正做到优雅动人，有些细节必须注意，必须铭记与人谈话的10忌和交谈中的4个避讳。

（1）淑女与男性谈话的10忌：
①打断他人的谈话或抢接别人的话头。

②忽略了使用概括的方法，使对方一时难以领会您的意图。

③注意力分散，使别人再次重复谈过的话题。

④连续发问，让人觉得你过分热心和要求太高，以致难以应付。

⑤对待他人的提问漫不经心，使人感到你忽略和轻视对方。

⑥随便解释某种现象，轻率地下断言，借以表现自己是内行。

⑦避实就虚，含而不露，让人迷惑不解。

⑧不适当地强调某些与主题风马牛不相及的细枝末节，使人厌倦，感到窘迫。

⑨当别人对某话题兴趣不减之时，您却感到不耐烦，立即将话题转移到自己感兴趣的方面去。

⑩将正确的观点、中肯的劝告佯称为是错误的和不适当的，使对方怀疑你话中有戏弄之意。

（2）交谈中的避讳

世间没有十全十美的人。凡人皆有长处，也难免有短处。男人总是有自尊心的，往往不愿别人触及自己的某些缺点、隐私、不愉快事等。因此，在人际关系中，淑女须讲求避讳。对谈话对象涉及一些敏感的、特殊的事情时，应多为对方着想。

①生理上的缺陷。说话时都要避开男人的生理缺陷，不得已采取间接表达方式。如对跛脚人应客气说："您腿不方便，请先坐下。"

②家庭不幸。像亲属死亡、夫妻离异等。如果不是男人主动提及，不宜唐突说起。

③人事的短处。在为人处世方面的短处、不体面的经历和现状，这些都是不希望他人触及的敏感点。

④入乡随俗。"入境而问禁，入国而问俗，入门而问讳"。这对于社交成败至关重要。

身为淑女不要觉得你天生就招人喜欢，跟男人说话，注意避讳，其实是理解男人、尊重男人，是女人讲文明、有修养的表现。如果能尽量避免不愉快产生，人人皆大欢喜。总之，淑女优雅动人的谈吐，会有助于社交，有助于体现淑女的个性美，会为她的美丽平添几分姿色。

❀ 说话一定要给人留面子

其实绝大多数人都有这样的心理，自己做错了事，却没有承认的勇气，当别人直言说破时，往往会表现出强烈的反抗情绪。为了让对方知错改错，我们可以找一个合理的理由，给对方留下余地，让其在反省中认识并改正自己的错误。

要知道，"爱面子"是人的共性，也正因为"爱面子"，很多人即便做错了事，也坚决不会承认，更不允许别人当面戳穿。可是，如果明知道他人有过失，又不及时予以纠正，岂不是等于纵容他继续犯错？但若单刀直入，施行"无麻醉手术"，又有可能导致对方产生逆反心理，导致错误加剧。如此，沟通显然不会达到好的效果。

有这样一则案例：

有一位女老总要宴请一个重要客户，让新来的行政主管作陪。饭局定在市中心最高档的酒店里，与宴者都是些重要客户，宾主之间把酒言欢，其乐融融。酒至半酣，一个客户略带醉意地说："五花马，千金裘，呼儿将出换美酒！酒真是个好东西，也难怪诗仙杜甫连好马也不要了。"听了客户的话，有的说客户说得有道理，也有的说客户这是高雅之人……突然，新来的行政主管大声说："X先生，不对吧，什么时候诗仙变杜甫了。"众人停顿了一秒，客户的脸变成了猪肝色，这位女老总见势头不对，连忙端起酒杯，岔开话题："管他什么诗仙不诗仙的，我们干了这杯，大家都是酒仙。"于是大家都频频举杯，将事情一带而过，新来的行政主管还在那里跟身边的人说谁是诗仙，谁是诗圣的，老总的脸色越来越难看。

饭局刚散，老总就对新来的行政主管说："不是所有的事情都是商务谈判，日常小事又不是什么原则性问题，出点错误大家一笑带过就好，何必咄咄逼人呢？为什么我们一定要找出一个证据，去指责别人的错误呢？你这样做会让别人对你产生好感吗？你为什么不能给他留一点点面子呢？他并不想征求你的意见，也不想知道你有什么看法，你又何必去跟他争辩呢？你应该给别人留一个台阶！"

像行政主管这样的人是很不招人喜欢的，人际沟通不是学术交流，没有必要那么较真！生活中，我们应该豁达一点，给别人一个台阶，别人自然心中有数。

燕燕刚搬到一个新地区，发现邻居养了只大猎犬，平常总是放任它在附近乱晃。

虽然这只猎犬性情温驯，不过自己的小孩看见它总会感到害怕，所以除了待在院子里，哪都不敢去。于是，燕燕决定去拜访猎犬主人。

"您好，我是您的邻居赵燕，我想和您商量一些事情。您的狗很健康、非常活泼，不过我们家小孩看到就会害怕，不敢出门，我怎么讲都没用。所以想请您帮个忙，下午5点到6点之间，能不能暂时让您的猎犬待在家里，这样我们家小孩就可以出来玩。6点以后，我会叫小孩回家吃饭，之后您的猎犬就又可以随意散步了。希望您能体谅这种情况……"

这位邻居听完燕燕的话之后，点点头，表示愿意按她的话去做。

燕燕之所以能让邻居接受自己的意见，是因为她首先赞美了邻居的猎狗，赢得了邻居的好感，然后才说出自己的孩子害怕小狗、不敢出门的事实，最后提出完整的、无损双方利益的解决方案。从始至终，她都在用商量的语气和邻居交涉，可谓给足了对方面子，因此二人才能顺利地达成了共识。试想，如果燕燕开口就抱怨邻居放纵猎犬游逛，导致自己的孩子不敢出门，而后再强硬要求邻居将狗拴好，事情又会变成怎样呢？

姐妹们要注意，在人际交往中，"替人搭台阶"是一个很重要的环节，尤其面对身份、地位高于自己的人物，进忠言是绝对不能逆耳的，不动声色地为对方递上一块"下马石"，不但能达到预期的目的，对自己而言也是一种保护。

诚然，有些话必"直"才能见效，但生活中未必处处都要"单刀直入"，尤其是在劝诫之时，若能既让对方听出弦外之音，又不伤彼此和气，效果岂不是更好？

毋庸置疑，绝大多数情况下，我们的批评都是善意的，是发自肺腑地希望能够帮助对方改正某些错误，但往往因为措辞不当，令对方怒目相向，批评教育的目的因此也宣告破产。所以，当我们准备批评人时，不妨先停下来，思考一样采取什么样的方式，才能达到批评、教育，又不伤害人的效果。

❀ 巧解尴尬的说话技巧

很多时候，面对别人的冒失，我们若是针锋相对，反而更显尴尬。这种情形下，姐妹们不妨避过话锋，以清晰的思路、简单巧妙的言语做出应对，则往往可以化尴尬于无形。

有时我们面对一个突发事件或一个刁钻的问题，不知所措固然不行，试图一五一十地把问题解释清楚也不是一个好办法。这时最好面不改色心不跳，同时迅速做出反应，以简单而又能避其锋芒的语言予以化解。

在维也纳一次记者招待会上，《纽约时报》记者马克斯·弗兰克尔就出访美苏会谈的"程序性问题"采访基辛格。

"到时，你是打算点点滴滴地宣布呢，还是来个倾盆大雨，成批地发表声明呢？"

基辛格回答：“我打算点点滴滴地发表成批声明。”全场顿时哄然大笑。

那位记者发问的方式是选择提问，如果基辛格照他那样选择其中一个来回答的话，都不算是妥当的。基辛格巧妙地使用模糊语言，机智地摆脱了尴尬的困境。

我们不可能梦想有一种完美、和谐、符合逻辑的人际关系的存在。现实中，每个人都会经常遇到一些无法料到的困境，譬如说失言、恶意谣言、被冒犯等。

当你拿起一件精美的装饰品，问主人关于它的来历时，主人回答说：“这是我曾祖母的遗物。”这时，你却不小心把它掉落在地上打得粉碎；当你应邀参加一个宴会，穿着晚礼服到场时，发现其他人却是简单的便服；当你在人前发表高论，人们却在小声散布谣言时……

这些事情显然令你面子上非常难堪，你不能够视若无睹，而应该及时补救，以摆脱尴尬的困境。

在第一种情况下，你应向主人道歉，相信她会谅解你的失手。然后，你第二天就到商店寻购礼物，直到找到合意的为止，把它送给她，并附上一封短笺说明你知道这不能弥补被你损坏之物，但你希望她能喜欢它。

对第二种情况，为了更好地融洽当时的环境气氛，你可以脱去外套，并表示你必须参加另外一个约会，又必须及时到达，这样可以免去更衣的时间。

至于第三种情况，明智的做法就是不加理睬，继续你的发言。就算是下来之后，也不要辩解，因为你越是在公开场合为自己辩解，人们就会越相信那些谣言，真是越抹越黑。有许多很有才气的女人，都是被恶意的指控所陷害，又拼命去解释，结果是跳进黄河也洗不清。因为只要你一开始顶嘴，马上会丧失别人对你的同情和支持。

而面对无礼的冲撞，我们则要掌握这样的应变技巧：

1.探求出口伤人背后的原因。出言不逊的人，内心往往有许多痛苦要发泄。如果你猜不出他有什么真正的烦恼，不妨问问。记住，对方说的尖酸话不一定都是冲着你来的，因此，不妨退一步，想想他这样做是否有其他原因。

2.分析说话本身是否真的含有恶意，抑或是自己神经过敏。

3.勇敢面对口出恶言者，不要回避。

4.一笑了之，开点儿玩笑对付侮辱你的话。

5.通过某一举动来警告对方，令他自动停止恶言。

6.不予理会，人家说什么，你不要马上动怒，可以顺着他的意思说下去，令他的话落空。

7.假装懒得理会。人最怕别人认为他无聊讨厌，你可以假装不感兴趣，眨眨眼、打个呵欠，然后用一副"懒得理会"的表情望向别处。

8.你不可能完全避免受到尖酸话的攻击，试试把一些伤人的话作为人们失意时的正常发泄，而失意是人人都会有的。我们大多数人都会尽量不去侮辱人，不过偶尔也会犯错。

失言，是容易被人谅解的，因为有很多是出于无意的。正所谓"马有漏蹄，人有失言"。在日常交谈中，难免说滑了嘴，出现了纰漏而使自己陷入窘境。

某姐妹曾有过这样的经历：她在一次会议上和一位要人谈话，为了使谈话活泼轻松，于是很随意地说道："看那一位穿圆点花衣服的女人，她穿的多没有品位！"

没想到对方这样说："那是我的太太。"

可想而知，当时这位姐妹听到这话时的处境是多么无地自容。后来她表示，每每一回想起这件事来心里就有点儿发毛。

这也难怪，这样的窘境总是特别地难以补救，但并不是所有的困境都是这样。

果戈理有一句话："理智是最高的才能，但是如果不克制感情，它就不可能获胜。"如果说，我们在遇到尴尬的局面时都是心慌意乱，不能控制自己的感情的话，在这种特殊的场合下自然会穷于应付。这时，我们就需要一点机智。

著名喜剧女演员卡洛·柏妮因为塑造了许多生动的形象而深得人们的喜爱。有一次她坐在餐厅里用午餐。这时，有一位老妇人走向她的餐桌，举起手来摸摸卡洛的脸庞。当她的手指滑过卡洛的五官时，还带着歉意说："我看不出你有多好看。""还是省省你的祝福吧！"卡洛说，"我看起来没有你好看呢。"

当别人令我们感到尴尬时，我们未必要与其针锋相对，换一种方式去表达，也许就会让他知难而退。素不相识的人去摸别人的脸庞，这是绝对的无礼；当她假装抱歉，其实是在讥讽和挖苦。可以设想一下，如果那位老妇人面对的是一个与她一样放肆无礼而又心胸狭窄的人，人们也许将会目击一场争斗。可是，卡洛·柏妮表演喜剧，她深深理解喜剧与闹剧的差异。所以，她神情自若，先把老妇人带有攻击意味的贬低说成是"祝福"，并请她停止"祝福"。然后，坦然地承认自己没多好看，讽刺对方，而又嘲笑自己。在粗鲁蛮横的侵犯面前，保住了自己的尊严，同时又表现出一种豁然大度的宽容厚道之气，从而在精神上战胜了对方。其中引人发笑的成分不少，让人起敬的成分更多。

有时候我们会遇到一些尴尬场面，有可能是因为别人的过错而引起的，这种时候我们总是会面临着是直言以对还是保持沉默的两难选择。其实，我们可以用巧妙委婉的方式来表达我们的意见，既不会引起别人的不满，又可以让他们接受我们的意见。

❀ 委婉一点、含蓄一点

那些男人如果直来直去，人们会说他们豪爽，但如果女人也像男人一样直来直去，则人们多半不会认同和接受。女人以温柔见长，在为人处世方面要含蓄、委婉一些，才能留给别人一个好印象。这在很大程度上涉及语言的委婉性、得体性问题。以此为基点，如果我们能运用适当的语言表达手段，不仅能在社交中树立起谦逊成熟的形象和良好的修养，还有利于彼此的交流和交往目的的达成。

英国思想家培根曾说过："交谈时的含蓄和得体，比口若悬河更可贵。"在言谈中，有驾驭语言功力的女人，总会自如地运用多种表达方式并不断探索各种语言风格。虽然有些话非直言不讳不行，但生活中并非处处都能"直"，有时还非得含蓄、委婉些，使其表达效果更佳。举个例子：某女士刚搬到一个新地区，发现邻居养了只大猎犬，平常总是放任它在附近乱晃。虽然这只猎犬性情温驯，不过自己的小孩看见它总会感到害怕，所以除了待在院子里，哪都不敢去。于是，这位女士决定去拜访猎犬主人。她是这样说的：

"您好，我是您的邻居，我想和您商量一些事情。您的狗很健康、非常活泼，不过我们家小孩看到就会害怕，不敢出门，我怎么讲都没用。所以想请您帮个忙，下午5点到6点之间，能不能暂时让您的猎犬待在家里，这样我们家小孩就可以出来玩。6点以后，我会叫小孩回家吃饭，之后您的猎犬就又可以随意散步了。希望您能体谅这种情况……"

邻居听完该女士的话以后，点点头，表示愿意按她的话去做。

这位女士之所以能让邻居接受自己的意见，是因为她首先赞美了邻居的猎狗，赢得了邻居的好感，然后才说出自己的孩子害怕小狗、不敢出门的事实，最后提出完整的、无损双方利益的解决方案。从始至终，她都在用商量的语气和邻居交涉，可谓给足了对方面子，因此才能二人顺利地达成了共识。试想，如果她一开口就抱怨邻居放纵猎犬游逛，导致自己的孩子不敢出门，而后再强硬要求邻居将狗拴好，事情又会变成怎样呢？弄不好两个人就会吵起来。

另外，在相当多的情况下，委婉还是说服别人或促使听者反省自察的"温柔"武器。譬如说，有一次居里夫人过生日，丈夫彼埃尔用一年的积蓄买了一件名贵的大衣，作为生日礼物送给爱妻。当她看到丈夫手中的大衣时爱怨交集，她既想要感激丈夫对自己的爱，也想要说明不该买这样贵重的礼物，因为那时试验正缺钱。于是，她婉言道："亲爱的，谢谢你，谢谢你，这件大衣确实谁见了都是喜欢的，但是我要说，幸福是内涵的，比如说，你送我一束鲜花祝贺生日，对我们来说就好得多。只要我们永远一起生活、战斗，比你送我任何贵重物品都要珍贵。"这一席话使丈夫认识到自己花那么多钱买礼物确实欠妥当。

说到这里，我们可以得出这样一个定义：委婉的言谈技巧就是运用迂回曲折的含蓄语言表达本意的方法。在日常交际中，总会有一些人们不便、不忍，或者语境不允许直说的话题，需要把"词锋"隐遁，或把"棱角"磨圆一些，使语意软化，便于听者接受。说话人故意说些与本意相关或相似的事物，来烘托本来要直说的意思。

委婉的言谈技巧是办事说话时的一种"缓冲"方法。委婉能使本来也许是困难的交往，变得顺利起来，让听者在比较舒坦的氛围中接受信息。因此，有人称"委婉"是办事语言中的"软化"艺术。例如巧用语气助词，把"你这样做不好!"改成"你这样做不好吧。"也可灵活使用否定词，把"我认为你不对!"改成"我不认为你是对的。"还可以用和缓的推托，把"我不同意!"改成"目前，恐怕很难办到。"这些，都能起到"软化"效果。

具体地说，委婉的言谈技巧有以下几种形式：

1.讳饰式委婉法

讳饰式委婉法，是用委婉的词语表示不便直说或使人感到难堪的方法。

有时，即使动机好，如果语言不加讳饰，也容易招人反感。比如：售票员说："请哪位同志给这位'大肚皮'让个座位。"尽管有人让出了座位，但孕妇却没有坐，"大肚皮"这一称呼，使她难堪。如果这句话换成："为了祖国的下一代，请哪位热心人，给这位'有喜'的妇女大姐让个座位。"当有人让出座位时，这位孕妇就会表示对售票员感谢，并愉快地坐下。

2.借用式委婉法

借用式委婉法，是借用一事物或其他事物的特征来代替对事物实质问题直接回答的方法。例如：

在纽约国际笔会第四十八届年会上，有人问中国代表陆文夫："陆先生，您对性文学怎么看？"陆文夫说："西方朋友接受一盒礼品时，往往当着别人的面就打开来看。而中国人恰恰相反，一般都要等客人离开以后才打开盒子。"

陆文夫用一个生动的借喻，对一个敏感棘手的难题，婉转地表明了自己的观点——中西不同的文化差异也体现在文学作品的民族性上。以上例子，实际上是对问者的一种委婉的拒绝，其效果是使问话者不至于尴尬难堪，使交往继续进行。

3.曲语式委婉法

曲语式委婉法，是用曲折含蓄的语言和商洽的语气表达自己看法的方法。例如：

《人到中年》的作者谌容访美。在某大学作讲演时，有人问："听说您至今还不是中共党员，请问您对中国共产党的私人感情如何？"谌容说："你的情报很准确，我确实还不是中国共产党党员。但是我的丈夫是个老共产党员，而我同他共同生活了几十年尚无离婚的迹象，可见……"

谌容先不直言以告，而是以"能与老共产党员的丈夫和睦生活几十年"来间接表达自己与中国共产党的深厚感情。有时，曲语式委婉法比直接表达更有力，这种曲语式的委婉用语，真是利舌胜利剑。

总而言之，委婉是一种极为高明的修辞手法，即在讲话时不直陈本意，而是用委婉之词加以烘托或暗示，对于这样的语言越是揣摩，似乎含义也越深越多，因而也就越具有吸引力和感染力。有时，人们用故意游移其词的手法，既不违背语言规范，又会给人以风趣之感。比如：有姐妹在谈及某人相貌丑陋时说"长得困难点"，在谈到对一件事、一个人有不满情绪时，说对此人此事有点不"感冒"等，就都能曲折地表达事情的本意。其实我们女人，本就带着委婉的特质，现在若能将这份特质运用到我们的语言之中，那无疑会使我们变得更加雅致、更加美丽。

❀ 看破是精明，不说破是真智慧

佛说："看破，放下！"但又有多少人看破以后放不下呢？其实，"你看破世界，是你的本事，但是你何必把世界都点破呢？"这世界上聪明之人比比皆是，一件触犯忌讳的事，很多人或许都已经看破，但大家就是憋着不说，专等着那些急于显摆自己智商的人去揭破，然后笑着看着他们成为炮火——不费吹灰之力就除去了一个竞争对手，何乐而不为呢？

所以说，我们做人时刻都要留点心眼，你固然聪明，但也不要太过彰显，这样做除了能满足你那无谓的虚荣心，还能代表什么呢？相反，它反而会使你成为那根"出头的椽子"、那只"被枪打落的出头鸟"。退一步说，即便是在不掺杂任何竞争因素的朋友交往中，倘若你太不知分寸，凡事都要点个明明白白，也一定不会受到欢迎。因为你在彰显聪明的同时，已然无形中贬低了朋友的智商，谁又会对此无动于衷呢？

有这样一件事：

某女士新近购置一所住房，装修时托付室内设计师为自己的卧室装饰了一些窗帘。然而，等到账单送来时，她不禁瞠目结舌——太贵了，但既然已经买了，就是心疼也没有办法。

几天以后，她的一位朋友前来造访，她们来到卧室，朋友很快就被那副窗帘吸引了："哦，它真的很漂亮不是吗？你花了多少钱？"但当她说出价钱时，朋友的脸上不禁呈现出怒色："什么？你被骗了！他们太过分了！"

诚然，她说的是实话，但又有谁喜欢别人轻视自己的判断力呢？于是，房主开始为自己辩护，她告诉朋友：一分钱一分货，斤斤计较的人永远不可能买到既有品位而质量又高的东西。接着，二人你一言我一语，展开了唇枪舌战，最终不欢而散。

又过几天，另一位朋友也来参观新居，与上位朋友不同，她一直对那些窗帘赞赏有加，并有些失落地表示，希望自己也能买得起这种精美的窗帘。听到这番话，房子的主人坦言，其实自己也不想买这么贵的窗帘，确实有些负担不起，现在有些后悔自己所托非人了。

事实就是这样，人在犯错时，也许会对自己承认，但如果被人直言不讳地指出来，则往往很难接受，甚至会为维护自己的尊严而展开反击。试想，如若有人硬将鱼刺塞进你的咽喉，你会作何反应？话，有时不必说得太明白，即使事实摆在那里，也不该由你去揭破，让自己含糊一点，没有人会怀疑你的智商。事实上，如果换一种方式去渗透，反而会收到更好的效果。

这天早上，邵明明来到了总经理办公室。

"总经理，昨天交给您的文件，您签好了吗？"

总经理眯着眼睛想了想，随后又翻箱倒柜地找了一遍，最后很无奈地摊开双手：

"不好意思，我从没见过你交上来的文件。"

倘若是在两年前，倘若刚刚毕业那会儿，她一定会据理力争："总经理，我明明将文件交给了您，而且亲眼看着您的秘书将它摆在了办公桌上，是不是您将它当作废纸丢掉了？"

但是现在，在吃过几次亏以后，她变得聪明了，现在的她绝不会这样做。只听她平静地说道："那有可能是我记错了，我再回去找一下吧。"

邵明明回去以后，并没有去找什么文件，而是直接将文件原稿从电脑中调出，重新打印了一份。当她再次将文件放到总经理面前时，对方只是象征性地扫了一眼，便爽快地签了字。

其实，总经理心里非常清楚文件的去向……

有些时候，谁是谁非并不重要。人在矮檐下，争辩又有何用呢？反而有可能会因此断送了自己的前程。装装糊涂，找个台阶给对方下，也许你会得到意想不到的收获。对于职场中的姐妹而言，上司就是主宰你前途的那个人，与他们相处，我们没有必要太过较真。正所谓"人在屋檐下，怎能不低头"，在一些小事上你留给他足够的面子，他自然会心知肚明，那么在将来的某些"大事"上，他也一定会给予你相应的关照。

其实，这世间本无绝对的对与错，更无绝对的公平，有时候要想活得更好，就必须要适当地让自己糊涂一下，"委屈"一下。

看破而不去说破，人与人之间便会相安无事，社会便会更加和谐，这是多好的氛围啊。

看破是你精明，但不说破才是真智慧。话吐到嘴边留半句，这只能说是半成熟，话到嘴边咽回去，这才称得上是真成熟。古往今来，喜欢事事说破的人多是受排斥的，亦如屈原和海瑞。能看透这一点，你才会从冒失走向成熟，并慢慢变成雅致的女人。

须知，世事复杂，说破不值半文钱，反而不说破才是难得。所谓"观棋不语真君子"，即便当局者迷，也不容你这旁观者去多嘴。说破对当局者而言是一种触犯和不敬，焉能不遭到谴责？其实这世间事，愚昧之人看不懂，聪明之人看得破。看破不说破才是大聪明，真高明，看破又说破的便是假精明，太愚蠢。

第五章

社交礼仪：

落落大方挥舞拂云长袖

如今，女人不再是男人的附属品，女人们走出了家门，有属于自己的社交圈。但遗憾的是，我们也看到，有些女性的社交总是很失败。究其根由，无非是她们不懂得避讳社交中的那些礼仪禁忌。其实，做个成功社交的女人很简单，只要你知礼达理，你就能得到别人的喜欢。

❀ 交际中自我介绍详解礼仪

正确得体的自我介绍在人际交往中必不可少，这是我们自我宣传、自我展示的关键所在，那么，在进行自我介绍时，礼仪上我们应该注意哪些问题呢？

1.自我介绍的必要场合

我们在面临以下场合时，需要恰当地进行自我介绍：

（1）欲结识某些人或某个人，而又无人引见时，这时，我们可以主动自报家门，将自己介绍给对方。

（2）有初次见面的人对自己表示友好时。

（3）有求于人而对方对自己一无所知时。

（4）虽是萍水相逢，但有必要建立临时接触时。

（5）应试求学、职场面试时。

2.自我介绍的注意事项

（1）态度要好

所谓态度要好，是指我们在做自我介绍时一定要表现得自然、友善、亲切、随和。应给人一种定自信、落落大方、彬彬有礼的感觉，在这个时候我们既不能腼腆羞涩，亦不能过于浮夸。要充分表现出渴望认识对方的真诚想法，满足对方的"被尊重"心理。

（2）时机要佳

做自我介绍也要掌握时机，要在对方情绪较好、有空闲时间且又有兴趣了解你的情况下推介自己，否则极易让人产生厌烦。

（3）时间要短

自我介绍切不可长篇大论，这不是演讲，所以言简意赅就好，以半分钟左右为宜，最长不宜超过一分钟。否则，对方能否记得住不说，也会感到不耐烦。当然，为了加深对方印象，我们可以使用名片、介绍信等作为辅助工具。

（4）方法要对

做自我介绍之前，应首先向对方点头致意，在得到对方回应以后，再开始进行自我介绍。应活用自己的眼神，眼神中应充满友善与渴望交往的意愿。如果你意在结识某人，那么最好事先对其进行一定的了解，这样有利于更深一步的交往。另外，在对方向我们道出自己的姓名以后，我们不妨加重语气重复一次对方的名字，这是表示一种尊重，对方会很乐意听到。此外还有一点需要特别提醒大家一下，如果有介绍人在场，千万不要去自己介绍自己，这是很不礼貌的表现。

3.自我介绍的形式

（1）工作式：

适用于工作场合，内容主要包括：自己的姓名、供职单位及其部门、职务或所从事的具体工作等等。比如："您好，我叫××，是××公司的行政助理。"

（2）应酬式：

适用于一般性社交场合，这种介绍可非常简洁，往往只道出姓名即可。比如："你好，我是××，请多关照。"

（3）交流式

在社交活动中、希望与对方做进一步沟通时应采用这种介绍方式，内用要具体一些，应包括：本人姓名、工作、籍贯、学历、兴趣及与交往对象熟悉的某人之间的关系。例如："你好，我是×××，在××公司工作，是×××的大学同学，都是××人。我喜欢做××事，有机会大家可以交流一下。"

（4）问答式

在应聘、公务交往中使用。简而言之，就是对方问什么，你就恰当地回答什么。

（5）礼仪式

在讲座、报告、演出、庆典、仪式等正规活动中应用，介绍内容应包括姓名、单位、职务等，同时还应适当加入一些谦辞。例如："各位朋友，大家好！我叫×××，是公司的行政经理。我代表公司全体同仁欢迎大家届临我公司参观指导，希望大家对于我们的经营管理多提意见……"

❀ 问候中的礼仪规范

一声小小的招呼，能拉近双方之间的距离，特别是你为了拓展业务，广交业务上朋友的时候。

在你为了业务奔波忙碌时，必然会遇见许多与你业务有关的人。这些人，你只知道他的姓名，甚至有的连姓名都不知道，你跟他见面时，也不过说两三句有关业务的话，甚至于有时你只是跟他点一下头。例如，你经常到某大厦去接洽事务，经常遇见那个大厦的电梯司机，或是你到货仓去提货，经常遇见那个货仓的守门人，或是你经常到某银行存款，经常遇见那个柜台后面的出纳员等诸如此类人员，你不知他们姓氏名谁，何方人氏，但他们或多或少地都与你的业务有点关系。

你怎样对待这些人呢？你用什么态度和他们招呼？这是一个很微妙也很实际的问题。其实，问候是一种起码的礼节，虽然可能只是三言两语的寒暄，但所体现的却是我们对人的一种尊重。不过，即便只是一个简单的问候，我们也是要有所注意的：

1.注意问候的内容

问候内容根据场合的不同，大体可分为两种：

（1）直接式

顾名思义，就是直接以问好作为主要内容的问候方式，他较适用于正规场合，尤其是陌生的社交场合及商务场合。例如："你好""各位朋友好""早上好""晚上好"。

（2）间接式

这是俗人之间常用的问候方式，多使用一些约定俗成的问候语。例如："吃了吗""近来可好""好久不见，都在忙些什么呢""您这是要去哪里"等。

2.注意问候的态度

问候的主要作用是体现尊重，所以在态度上必须要有所注意：

（1）要主动：与人相逢时，应主动去表示你的问候，同理，当有人主动向你表示问候时，应立即给予热情的回应，千万不要表现出一幅冷漠不可接近的样子。

（2）要热情：热情、友好、真诚，这是问候时所要表现出来的基本态度。假如是一脸漠然或者表情心不在焉，那还不如不问候的好。大体上我们应该这样：面含微笑、目光专注、语气温婉，即要做到眼到、口到、意到。

（3）要大方：向人问候时，我们必须表现得大方自然。扭扭捏捏、腼腆害羞、矫揉造作、神态夸张，这反而会令问候变了味道，给人留下不好的印象。

3.注意问候的次序

如果是在正式场合，那么我们一定要讲究问候的次序，否则胡乱介绍，就是颇为失礼的表现。

在比较正式的场合，我们既可以笼统地加道声："大家好"，也可以逐个加以问候。问候的次序是这样的：由"尊"到"卑"、由"长"至"幼"依次进行，如果彼此之间非常熟悉，讲究不是很多，也可以由"近"及"远"地进行问候。

❀ 名片的使用礼仪

名片虽然只是一张小小的卡片，但却是现代社会中人与人交往的重要社交工具，因而围绕着名片也就产生了一些名片礼仪。作为推销人，我们每天要与许多人打交道、交换名片，因此对"名片礼仪"就更要重视，千万不要因为小小的名片而误了大事。

我们要成为一个优雅的女性，就必须重视起名片，并学会恰当使用它。大体上说，我们应该做到这样：

1.递出名片时要恭敬礼貌

递送名片时，我们应该以审慎的态度，恭敬礼貌地递给对方。

在递出名片时，我们切忌采用如下方法：捏住名片的一部分递出去；以指尖夹着名片递出。这两种递法容易将尖利的地方朝向对方，是极不符合礼节的。正确的递法应是：手指并拢，将名片放在掌上，用大拇指夹住名片左右两端，恭敬地送到对方胸前；或食指弯曲与大拇指夹住名片左右两端奉上。名片上的名字反向对己，使客户能够清楚地念出自己的名字，并且要走到使对方容易接到的距离递送上去，这才是递送名片的最基本礼貌。

同样，拿出名片时，请不要忘记脸上带着微笑，并且不要慢慢吞吞、拖拖拉拉，因为如此会让对方有焦急的感觉，甚至对你的推销工作产生排斥感。

2.出示名片时不可随便

出示名片时，我们应显得庄重认真，不能采取随随便便的态度。因为初次交往时，客户会凭我们出示名片时的态度来衡量我们的人品，判断是否值得交往。另外外出时，我们应事先将名片放在易于取出的地方，在适当时机顺手掏出，恭敬地递给对方，并客气地说："这是我的名片，请以后多加联系。"这必然留给对方一个较好的印象。

3.接受名片时要有礼貌

对方回赠名片时，我们同样要双手接回名片。接过他人的名片，首先要看，这一点至为重要。而且最好轻声念出持片人的姓名或职务，以示尊重对方。不可接过对方名片不屑一顾，置于一旁，或放在手中玩弄，或随意装入口袋，或交给身旁的他人，也不可将它放置于下身裤袋里，更不可让名片遗失在桌上或地上。这个小小的失误，很可能让你失去与这个客户做生意的机会。要知道名片是一种"自我延伸"，在某种意义上讲它是客户的化身。对名片的不敬和轻视，就是对对方的蔑视。

如果自己在给多人递交名片，对方当场将自己的名片递过来，应立即停止对他人名片的递交，处理好对方的名片后，再继续递交名片，不要左右开弓。

4.妥善保存好对方名片

保存名片时，必须把别人和自己的名片分开来放，因为如果错把别人的名片递送给对方，将是一件非常失礼的事情，而且也会造成尴尬的场面。

✿ 不同场合下的介绍礼仪：

介绍可分为自我介绍、为宾、主双方充当介绍人和被人介绍给对方三种情况。

一般在交际场合上，我们欲与某人结识，可由第三方（譬如朋友）做介绍，也可做自我介绍。在为他人做介绍时，首先一定要了解被介绍的双方是否有结识的愿望，切不可冒失行事，以免引起尴尬。

无论自我介绍或为他人介绍，我们都应该显得自然友好。在为他人做介绍时，我们应首先表明自己与双方的关系，便于他们彼此之间相互了解和信任。在介绍的过程中，要礼貌地以手示意，而不要指指点点。这会很令人生厌

此外，介绍的顺序我们一定要有所注意，应该先将身份低、年纪轻者介绍给身份高、年纪大的人，先把男性介绍给女性。

在为宾、主充当介绍人时，同样需要按照一定顺序进行介绍。一般是：先将主人介绍给客人；先将年轻者介绍给年长者；先将男士介绍给女士。以表达对客人、年长者和女士的尊重。

另外需要提醒大家的是，在有些国家（譬如日本），人们习惯于使用名片来介绍自己的姓名和身份，遇到这种情况，你只需做个中间人，引导他们彼此交换名片就可以了。

❀ 邀请礼仪

　　在商务交往中，因为各种各样的实际需要，我们需要对一定的交往对象发出约请，邀请对方出席某项活动，或是前来我方作客。这类性质的活动，被商务礼仪称之为邀约。

　　从交际这一角度来看，邀约实质上乃是一个双向的约定行为。当一方邀请另一方或多方人士时，他不能仅凭自己的一厢情愿行事，而是必须发出邀请并且取得被邀请方的同意。作为邀请者，一定要端正自己的态度，做到礼仪周全，让被邀请者感受到尊重和诚意。作为被邀请者，则需要及早地作出合乎自身利益与意愿的反应。因此，不论是邀请者，还是被邀请者，都必须把邀约当作一种正规的商务约会来看待，不可不拘礼节，随意行事。

　　在一般情况下，邀约有正式与非正式之分。正式的邀约，既讲究礼仪，又要设法使被邀请者备忘，故此它多采用书面的形式，以表示自己对被邀请者的重视。非正式的邀约，通常是以口头形式来表现的。相对而言，它要显得随便一些。

　　正式的邀约，有请柬邀约、书信邀约、传真邀约、电报邀约、便条邀约等具体形式。它适用于正式的商务交往中。非正式的邀约，也有当面邀约、托人邀约以及打电话邀约等不同的形式。在商界人士的正式接触中，一般会采取正式邀约，也就是书面邀约。我们来看一下正式邀约的几种形式。

1.请柬邀约

在正式邀约的诸形式之中，档次最高，也最为商界人士所常用的当属请柬邀约。凡精心安排、精心组织的大型活动与仪式，如宴会、舞会、纪念会、庆祝会、发布会、单位的开业仪式等，只有采用请柬邀请佳宾，才会被人视之为与其档次相称。如果你邀请对方参加的是一项大型的活动，或者对方地位较高，一般宜采用请柬邀约。

目前，在商务交往中所采用的请柬，基本上都是横式请柬。它的行文，是自左向右，自上而下地横写的。除此之外，还有一种竖式请柬。它的行文，则是自上而下的，自右而左地竖写的。作为中国传统文化的一种形式，竖式请柬多用于民间的传统性交际应酬。因此在这里将它略去不提。

在请柬的行文中，通常必须包括活动形式、活动时间、活动地点、活动要求、联络方式以及邀请人等项内容。

另外，被邀请者的"尊姓大名"没有在正文中出现，则是因为姓名一般已在封套上写明白了。但如果要在正文中再写一次，也是可以的。在正文中，"请柬"二字可以有，也可以没有。

在对外交往中使用的请柬，应采用英文书写。在行文中，全部字母均应大写，应不分段，不用标点符号，并采用第三人称。这是其习惯做法。

2.书信邀约

以书信为形式对他人发出的邀请，叫做书信邀约。比之于请柬邀约，书信邀约显得要随便一些，故此它多用于熟人之间。

用来邀请他人的书信，内容自当以邀约为主，但其措辞不必过于拘束。它的基本要求，是言简意赅，说明问题，同时又不失友好之意。可能的话，它应当打印，并由邀请人亲笔签名。比较正规一些的邀请信，有时也叫邀请书或邀请函。在装帖与款式方面，邀请信均不必过于考究。其封套的写作，与书信基本相同。

3.传真邀约

传真邀约，指的是利用传真机发出传真的形式，对被邀请者所进行的一种邀约。在具体格式、文字方面，其作法与书信邀约大同小异。但是由于它利用了现代化的通讯设备，因而传递更为迅速，并且不易丢失。此外，还有一种电子邮件邀约，其作法基本与传真相似。

4.电报邀约

电报邀约，即以拍发专电的形式，对被邀者所进行的邀约。电报邀约与书信邀约在文字上，都要求热情、友好、恳切、得体，除此之外，电报邀约在准确、精练方面要求得更高一些，这是由电报这一形式本身所决定的。

电报邀约速度快，准确率高。因此多用于邀请异地的客人。在具体内容上，它与书信邀约大致类似。

5.便条邀约

在某些时候，商界人士在进行个人接触时，还会采用便条邀约。便条邀约，即将邀约写在便条纸上，然后留交或请人带交给被邀请者。在书面邀约诸形式之中，它显得最为随便。然而因其如此，反而往往会使被邀请者感到亲切、自然。

便条邀请的内容，是有什么事写什么事，写清楚为止。它所选用的纸张，应干净、整洁为好。依照常规，用以邀约他人的便条不管是留交还是带交对方，均应装入信封之中，一同送交。仅一张简简单单的邀请条来来去去，则不甚适宜。

不论以何种书面形式邀约他人，均须做得越早越好。通常，它应当至少在一周之前到达对方手中，以便对方有所准备。临时发出邀请，尤其是重大活动的邀请，会让对方措手不及，不仅给对方以逼人就范的感觉，而且也是非常不尊重对方的。

为了了解被邀请者对邀约有何反应，许多邀请者在发出书面邀约时，就对被邀请者有所要求，请对方能否到场必须作出答复。通常，类似的规定往往会在书面邀约的行文中出现。例如，要求被邀请者"如蒙光临，请予函告"，"能否出席，敬请答复"，以及"盼赐惠复"，等等。

另外，为了确保被邀请者准确无误地将有关信息反馈给邀请者，在书面邀约正文的左下方，循例要将与邀请者联络的具体方式，一一详尽地提供给被邀请者。它们通常包括：联络电话号码、传真号码、电传号码、电子邮箱号码(网址)、邮政编码、电报挂号、寻呼机号码、联络地点以及通信地址等。以上这些内容不必一一全部列出，可以根据具体情况从中选择。不过联络或咨询的电话号码这一项，原则上是不能缺少的。

需要注意的是，发出邀请一定要提前，以便给对方时间安排。中国人请客有个不成文的规矩：提前三天通知叫"请"，提前两天通知是"叫"，当天通知为"抓"。也就是说，你要请人吃饭就要事先下帖子或口头通知，让对方有足够的时间来安排准备，而主人的礼貌和诚意如何，也可以从通知的时间上看出来。正式的宴会更不能临时"抓人"凑份子，正确的做法是：请柬应该提前一周至两周发出，以便被邀请者早做安排。如果对方因故不能出席，主办方也可以早做调整。

有时候邀请失败并不是因为对方对这个饭局不感兴趣，而是你邀请的方式让对方觉得不恰当，没有受到尊重。因此，要想成功的邀请到自己的客人，必须采用正确的方式。

那么，下面我们再来简单说一下邀请的禁忌，大体上，这里有两点我们需要格外注意：

1.切忌不够坦诚。我们向别人发出邀请时，应坦白地告诉对方邀请他前来的主要内容：是商务活动还是纯属个人性质的聚会？如果是商务邀请，那么一定事先做好沟通，另外，不要提及销售、会议这些内容，也不要支支吾吾，就大方明了地告诉对方，邀请只要是为了获得见面的机会。

2.如果同时邀请多人，那么就要注意，看他们彼此之间是否相识，如果不相识，那么最好分开邀请，以免在相处时影响气氛。另外，邀请的对象也不要太多，否则照顾不过来更是一种失礼。

在了解有关邀请的礼仪和禁忌以后，女士应该再不会为不知道组织商务会议和家庭聚会而发愁了吧！事实上，只要我们礼仪周到，真诚邀请，就不怕对方不欣然参加。

❁ 各种场合服装色彩的选择

色彩是一种无声的语言，将它运用在各种场合上，可以体现出我们的修养与礼仪，更重要的是，它也是一种身份的标识。打个比方说：在医院中，我们见到白色职业装的，便知道那是医生或护士；在商场中，我们见到那些穿特定服装的女性，便知道那是导购小姐等。斑驳的迷彩服，发挥了伪装和保护作用。

那么，在各型各色的场合上，我们应该怎样选择自己的服装色彩呢？我们一起去看一下：

1.商场、服务行业

商场、服务行业职业装具有特殊的作用。一般来说：

做饮食服务工作的女性最适合穿白色，因为这会给人以洁净、卫生的整体印象。

在商场中，商品琳琅满目，色彩纷呈，销售人员则宜选择素雅、明朗、单纯的色调来协调环境，比如奶白色、淡蓝色、银灰色等，不宜穿色彩张扬或复杂的服装，因为这样会使商场看上去显得杂乱无章。

在高档商品厅，销售人员宜穿深红、普蓝、米黄等雅致的色彩，这是为了衬托厅中商品的考究与华贵。

宾馆服务人宜穿暖色调，它所表示的是热情、周到，可以给客人以温暖、亲切的感觉，但色彩不宜暧昧，应注意色调的稳重、端庄与淳朴。

2.社交场合

面试

面试时，我们应该根据所应试的职位选择服装的款式和色彩。如果我们应聘的是公关文秘人员，那么应选择高雅的色彩和款式；如果应聘的是内勤工作人员，则应注意色彩和款式的整洁大方、利落和朴实；如果我们应聘的是职业经理人，则应以给人以端庄稳重、精明干练的印象，一般来说蓝色被称为应征色，是面试者眼中最稳重的颜色。

开会与洽商

在这些场合上，我们可以在服装色彩的选择中加入一点个性因素，但要注意，色彩的选择应以"让别人更好地接受自己"为前提，一般来说，在商业谈判中，不宜穿过于张扬、易于引发冲突的红色。如果想强调自己的理性，我们不妨选择蓝色作为主色；而如果要表示自己的诚意，则灰色调比较合适。

约会、宴会与舞会

在与情人约会时，我们可以穿粉红色调或淡紫色调，这被认为是最能表达爱意的色调，不过，在与普通异性朋友约会时则不宜选用，以免造成不必要的误会，令双方感到尴尬。

应邀参加舞会、宴会时，首先要对其性质、环境等相关事宜有一个了解，这样我们才能做好自己的角色定位，选择合适的色调。一般来说，色调不要过于艳丽华贵，这会产生喧宾夺主的感觉，但也不要过于灰暗，这会让人觉得颓废、消极、或是压抑。

总而言之，在形形色色的场合中，我们衣服的色调应该附和自己的角色，尤其是职业服装，色调的选择更是不可忽视。

❀ 记住他人的名字

如果留意的话不难发现，在交际活动中，绝大多数人是十分看重自己名字的，他们往往把名字与友谊联系在一起。比如，多年不见的同学、同乡相会时，如果对方仍记着你的尊姓大名，你心里必定非常高兴，彼此间的友谊感情也会因此而亲近几分。相反，如果对方把你的名字忘得一干二净，或出现"张冠李戴"的情形，你心里势必感到不舒服，在心理上就可能与之拉开距离。

姓名本来只是一个语言符号，人们所以看重它，是因为它包含有特殊的意义。姓名与本人的尊严、地位、荣誉、心理，及其彼此间的感情友谊紧密联系在一起。甚至可以说，名字就是你，你就是那个名字。这一点在交际中表现得尤为明显。当人们的名字被遗忘、被搞混，不管有意无意都可能带来不良的影响，轻者叫人家心理上反感，拉开彼此距离，重者会影响彼此感情，损害人际关系。

因此，为了友谊，为了交际成功，我们应记住他人的姓名职务，见面时能道出其名其职。这样做，一方面出于礼节礼貌，表示尊重；另一方面又是珍视友谊的表现。从一定意义上说，记姓名是一种廉价然而有效的感情投资。记住他人的姓名就等于把一份友谊深藏在心里，记忆时间越久，情谊就越深，如同一瓶陈年好酒，越放就越醇。在交际中记住对方的姓名，对方必定从中体验到你的深情厚谊，感受到他在你心目中的位置，进

而增加亲切感、认同感，加深彼此的感情。那么怎样才能牢牢记住别人的名字呢?这里有三条建议大家不妨试一下:

1.要用心记他人的名字

有的人博闻强记，过目不忘，见一次就可以记住。这自然最好。但是，大多数人没有这样的能力。所以，用心记名字就成了必要。我们应善于交际，看重友谊。一般情况下，珍视友谊的人在记名字上就会表现出特别强的注意力。据考察，在一般记忆力基础上，注意力越集中，重视程度越高，就会记得越牢。甚至记忆力较差的人由于重视友谊，对于同他打过交道的人的姓名会特别用心去记，同样能记得十分清晰，多年不忘。

2.经常翻翻他人的名片

对于记忆力不太好的人来说，不但要用心去记而且还应动笔记。俗话说"好记性不如烂笔头"。不管老朋友还是新朋友，在打过交道之后都应把姓名记在小本上，或者保存好对方的名片。有时间就要翻一翻，借此回忆往事，加深印象，这样就可以获得名字与友谊长久记忆的效果。

3.忘了名字要想法补救

如果在路上遇到朋友，突然忘了人家的名字，那就应想办法搞清楚，记在心里。有一次，张强与一位多年不见的战友见面了，一时竟想不起他的姓名。分手时，张强主动拿出纸来把自己的名字、电话、通信地址写下来，然后把笔交给他，说:"来，让我们相互留下自己的名片，今后多多联系。"对方也记下了他的名字、住址、电话。此后，对方名字就镌刻在他的头脑中，再不曾忘记。

❀ 不要太爱表现自己

也许你觉得人生就是一个大舞台，如果不在这个舞台上向别人尽情地表现一番，一定会成为自己此生的遗憾。的确，表现自己没有什么错，但是凡事都有一个度在那里。我们没有必要因为表现自己的优势去赢得别人嫉妒的目光，更没有必要因此而给自己制造更多的麻烦。女人，如果想把自己的社交路走好，就要明白，没有一个人希望自己比别人差的道理。

我们都希望能够在人前显示一下自己的优势和能力，其实，这并没有错，一个人如果没有表现自己的欲望，就会失去前进的动力，但无论做什么事情都要把持好一个度。在社交场上，最忌讳的事情就是过分地在人前表现自己的优势，这样只会迎来别人反感的目光，尽管有些人当时不会说什么，但事后也许就会对你敬而远之。

每个人都会有这样的一种心理，那就是不愿意看到自己不如别人好。所以作为一个优雅女人，我们一定要学会处世低调，为人谦虚，只有这样，别人才愿意与你相处，愿意向你伸出援手，因为在他们眼中，你是个懂礼数，尊敬他人的女子，你的谦卑会深深地打动他们，使他们愿意与你建立更深厚的情谊。

有的人说话，不顾及别人的态度与想法，只是一个人滔滔不绝，说个没完没了，讲到高兴之处，更是眉飞色舞，你一插嘴，立刻就会被打断。

这样的人，还是大有人在的。

王丽佳就是这样一个人，只要她一打开话匣子，就很难止住。跟她在一起，你就要不情愿地当个听众。她甚至可以从上午讲到下午，连一句重复的话都没有，真不知道她的话都是从哪来的。每次她找人闲聊，大家都躲得远远的，因为和她在一起实在没劲。

人与人交往，重要的是双方的沟通和交流。在整个谈话过程中，若只有一个人在说，就不容易与对方产生共鸣，这样就达不到沟通和交流的效果。就是说，交谈中要给他人说话的机会，一味地唠叨不停就会使人不愿意与你交谈。

每个人对事物的看法各不相同，如果你在与他人交往的过程中，把自己的观点强加给别人，就会引起他人的不满。其实，每个人由于生活经历不同，对事物的认识也会不尽相同，各持己见也是正常的现象。但是，当他人提出不同意见时，你就断然否定，把自己的观点强加给别人，这样必定会给人留下狭隘偏激的印象，使交谈无法进行下去，甚至不欢而散。当你与他人交谈时，应该顾及对方的感受，以宽容为怀，即使他人的观点不正确，也要坚持与对方共同探讨下去。

翟微微是某大学外国语学院的学生会会长，亭亭玉立，能言善辩，口才极佳。但她有一个特点，凡事争强好胜，常因为一些问题的看法与别人争得面红耳赤，非得争个输赢出来才肯罢休。她总认为自己说的话有道理，别人说的话没道理。别人的看法和观点，常常被她驳得一无是处。大家讨论什么问题时，只要她在场，就会疾言厉色，一会儿反驳这个，一会儿又批评那个，好像只有她一个人是正确的，别人都不如她。如果不把死的说活，活的说成仙，她就不会善罢甘休。就这样，她常常会把气氛弄得很紧张，最后大家只好不欢而散。

就算一个人很有才华，但是如果他没有一颗谦卑的心，也是得不到别人的认可和尊重的。有句话说得好："酒香不怕巷子深。"有些时候，我们没有必要非在别人面前卖弄自己的优势，因为随着对方对你的了解逐渐加深，就会自然而然地看到你的闪光点，那个时候，他们不但会对你的优点表示认可，还会对你谦卑低调的言行表示钦佩和赞美。

柯立芝在爱莫斯特大学的最后一年，英国历史学会曾授予他一枚金质奖章。在当时，这是一个被无数人看重的荣誉，可他却没有对任何人说起过这件事，甚至自己的父亲也不例外。直到他毕业并工作之后，他的上司——诺坦普顿的法官菲尔德才无意中在《斯普林共和杂志》上看到了对这一事情的报道。那时，距柯立芝领取这一奖章已有6周了。从佛蒙特州的村庄到白宫，柯立芝在他一生的事业中都以这种真诚的谦逊闻名于世。

当他竞选麻省州议员时，在选举即将进行的前夜，他忽然无意中听到了州议会议长的职位正虚位以待的消息。于是，柯立芝拎着他那"又小又黑的手提袋"，大踏步地赶往诺坦普顿的车站。两天以后，当他从波士顿回来时，手提袋里已经装有大多数州议员亲笔签名推举他为议长的联名信。就这样，柯立芝顺利地出任麻省州议会议长，从而迈出了自己走向政坛的第一步。

这位以谦逊著称的人，在人生关键时刻以迅雷不及掩耳之势主动出击，当仁不让地拿走了他应得的东西。如果不是他平时的谦逊，估计不会有多少人支持他当选州议长。

真正优雅的女人，往往都会小心翼翼地将自己的优势隐藏起来，用一颗谦卑的心去向别人虚心求教。她们永远不会过于地表现自己，相反，她们总是把表现的机会让给别人。这样的女人，往往是受到大家欢迎和爱戴的。她们虽然外表看上去很平凡，却为自己赢得了更多的称赞和钦佩，使自己在社交场上如获春风。她们成功的秘诀是如此简单，只不过是有意无意地克制一下自己在人前表现的欲望。

❀ 学会与不同性格的人相处

人生的道路上我们会遇到各种各样的人，各种各样的事，我们会和自己情投意合的人成为好朋友、好姐妹，但也不敢保证自己不会遇到和自己性格合不来的人，这时候我们又该怎么做呢？事实上，我们既要学会和与自己对脾气的人相处和谐，又要学会避免与自己性格不合的人发生冲突，只有这样，我们才能在社交这条道路上稳扎稳打地走下去。

在这个世界上，每个人都是独一无二的个体，每个人都有每个人的脾气和性格，两个人相遇到一起，性格合拍就是缘分，但是性格如果合不来，也没有必要发生冲突。女人要学会维护自己和谐的人际关系。我们要与自己脾气对路的人成为朋友，也要与性格不对路的人相处融洽，而不是带着敌意去与对方产生更多的冲突和矛盾。在人生的道路上，朋友是多多益善的，不要轻易为自己树立敌人。更何况对方也许并没有成心冒犯你的意思，而是因为你们天生是两种性格的人，如果说两个人的相遇并没有缔造多么大的缘分，但也不至于因此而撕破脸皮。有句话说得好："低头不见，抬头见。"在当今这个倡导相互联系、相互沟通的社交场上，谁也不敢保证，今后谁会有求于谁，所以，在此之前适当地保持距离，给彼此一个过得去的印象还是很有必要的。

女人置身于生活中，必然要与各种人打交道，遇到与自己性格合不来的人很正常。通常，你和其他人都能心情愉快地交谈，但就是会有人让你觉得话不投机半句多，谈正事、趣事都有一种尴尬，情况不好时还会发生争执。即便是自己选择的终生伴侣，因为个性不合而离婚的就高居排行榜的第一位。

生活中经常会有这样的情况，同样一句话，你对兰心说，兰心肯全神贯注地听，你对娅芝说，娅芝却顾左右而言他。这时候对兰心说，兰心乐于接受，那个时候对兰心说，兰心会觉得不耐烦。这除了表示兰心和娅芝两个人的生活环境不同，也表示兰心前后的心情不一样。

所以，你要和对方说话，应该注意什么时候最适宜。对方正在紧张工作的时候，不要去说话；对方正在焦急的时候，不要去说话；对方正在盛怒的时候，不要去说话；对方正在放浪形骸的时候，也不要去说话；对方正在悲伤的时候，更不要去说话。只要有上述几种情形之一，你去说话，一定会碰一鼻子灰，不但说话的目的达不到，而遭冷遇，受申诉也是意料中的事。

你有得意的事，就该与得意的人谈，你有失意的事，应该和失意的人谈。和失意的人谈你得意的事，你不但不知趣，简直是挖苦、讥讽他，他对你的感情，只会更坏，不会变好的。和得意的人谈你失意的事，他至多与你作表面的应付，绝不会表示真实的同情。有时还可能引起误会，以为你是要请他帮助，他会预先防备，使你无法久谈。所以你要诉苦，应找相同情形的人去诉，同病自会相怜，不但能得到精神上的安慰，亦可稍抒胸中不平之气。你要谈得意事，应该向得意的人去谈，志同道合。年轻人涵养功夫不够，稍有得意的事，便逢人就说，且自鸣得意，结果招人骂你器小易盈，笑你沾沾自喜，无意中还会惹起别人的妒忌。偶有不如意，便会使你觉得满腹牢骚，如有骨鲠在喉，不免逢人就诉，结果惹人讨厌，说你毫无耐性，甚至笑你活该。

那么，怎样才能恰到好处地掌握因人而异的说话技巧呢？

第一，应先了解对方的一些经历情况和生活状况、思维方式，也要特别了解他的生活愿望、生活观点。

第二，必须注意对方的心境特征。如果在交谈当中，不顾对方的心理变化，而一味地将想法统统搬出来，那么，你是得不到他的认同的。一相情愿的谈话往往会让对方厌恶。

第三，必须考虑到对方的反应。在中国北方，老人故世了，以"老了"讳饰；老干部故世了，以"见马克思去了"讳饰，类似还有不下几十个同义讳饰词语。再如，生活中对跛脚老人，改说"您老腿脚不利索"；对耳聋的人，改说"耳背"；对妇女怀孕说"有喜"。总之，在语言交流中讲究讳饰，也就是"矮子面前莫说矮"，应做到"哪壶不开就别提哪壶"。其他如，长途汽车停车路边，让旅客如厕以"让各位方便一下"来避讳；用餐时需上厕所，一般以去"洗手间"来避讳。在社交场合用这些讳饰式的委婉语，不至于大煞风景。

第四，也可以用曲折含蓄的语言和商洽的语气表达自己看法的方法。例如：1981年8月31日《人民日报》介绍优秀营业员李盼盼，她在卖菜时，对公德观念不强的顾客说："同志，请您当心一点，别把菜叶碰下来。"

我们不能要求别人什么时候都和自己步调一致，也不能保证每个人都能和自己脾气合拍，相处融洽。如果我们改变不了别人，就学着完善自己与别人的交流方式吧。即便是遇到与自己性格不合的人，也要尽可能地尝试与他们和谐地相处，即便对方的有些做法并不能得到你的认同，也不要轻易地表现出来。有句话说得好："万事和为贵。"只有为自己营造好和谐的社交氛围，才能最大限度地为自己赢得更多的利益。

❀ 送人玫瑰，手有余香

每天我们脑子里想得最多的就是自己能得到什么，不管那是精神上的还是物质上的，总而言之我们在这个世界上不停地索取着，却忘记了自己能给予对方什么。女人不能总是在自己的世界里不断地索取，一旦没有得到就消极地抱怨、愤恨。相反，我们应该好好思考一下这样一个问题，给予与索取两者之间，哪一个会让你得到更多的快乐？得到也许会让你有一种暂时的成就感，但是给予却需要很大的勇气和魄力，它让你知道你还是能为这个社会作出自己的一份贡献的。当别人遇到难处的时候，真诚地送上自己的慰藉；当节日来临的时候，给予别人自己最真挚的祝福，不管他是你的朋友、同事、家人，或者只不过是一个陌生人。也许刚开始的时候，你会觉得这样做没有什么意义，但是时间一长，你就会发现无私给予带给你的回报，这份回报充满无限的力量，让你自豪，让你欣慰，让你感受到了无限的快乐。

一位贤者请教上帝什么是幸福，上帝说："请你随我而来。"上帝把他带到一个大锅前面，这里的汤勺柄十分长，一群人坐在大锅旁，用汤勺盛汤往自己嘴里放，但无济于事，他们永远也喝不到美味的汤水，所以显得十分痛苦。上帝说："这里就是地狱。"接着上帝又把他带到另一个地方，也是一个大锅，长柄汤勺，但这里的人们学会给予，把汤勺里的食物往他人嘴里放，吃得十分幸福。上帝说："这里就是天堂。"

"赠人玫瑰，手留余香。"这句话，我们常说。给予是从心灵上奉献出的虔诚的花朵，更是一种无限的快乐。一个懂得"给予就是快乐"的人是幸福的，他的灵魂是纯洁而高贵的，他的心灵是滋润而善良的，他会在这种真心而无私的给予中，得到别人的尊重和敬仰，实现着自己的价值，感受着"给予别人，快乐自己"的乐趣。

还有这样一个故事：

一位沙漠流浪者已经十几天没有喝水了，正当要昏倒时，前面出现了一座小木屋，他用尽全身力气，爬进了木屋里。他发现木屋的小桌上有一杯水，也发现了木屋的角落有几具骸骨。他举杯正要喝时，一位老人走进来，讨水喝。流浪者想："给他还是不给他，给他我就会死亡，不给他，老人就会死亡。"他吞了口唾沫，将水拱手相让，这时老人突然化身为上帝，说："你是唯一一个肯给予的人，这水下了毒，喝了便会死，真正的水在我身上。"说着他将清澈的水取出，拿给了流浪者，并送他回到了城市。

流浪者因为怀着一颗善良的心，无私地将生的希望给予了他人，最终却意想不到地救了自己的性命。有的时候人生就是这样神奇，当你不求回报地给予别人时，说不定就会在什么时候得到一份惊喜、一份回报、一份暖暖的真情。

让别人喜欢你的办法就是给予，要把自己的爱心无私地奉献给别人，别人也就会在你最困难的时候给予你帮助。在给予与被给予的过程中，你就会发现给予的魅力，它会使你永远生活在快乐的海洋中。所以我们要停止自私，重塑性格，无私奉献，快乐才会敲开你的门。

任何给予都必须是主动的心理状态。在公共汽车上，你给老幼病残孕妇等人让座，是你主动地发出恻隐之心，把关心投注于人，然后才产生给予的行为。越能主动帮助别人，就越能建立良好的人际关系。主动地给予，表示一个人的热心，很容易就能化解人与人之间的寂寞与隔阂。

二战时叶慈夫人在珍珠港一家医院养病，严重的心脏病，让她一天24小时要在床上躺22个小时，偶尔下床走一走，也要有人小心地搀扶。病痛，使她几乎完全失去了快乐。日军袭击珍珠港，这里陷入一片混乱之中，一些人被炸死炸伤。叶慈夫人从床上走下来，去照顾那些死难者的家属，尽她所能，把安慰给予他们，把微笑给予他们，把快乐给予他们。一天24小时，叶慈夫人除了睡眠8小时，其余时间差不多全用在为别人做善事上。这样，她没有时间去想自己的病痛，而工作的兴奋与给予他人所获得的快乐却悄悄地溢满了自己的心灵，就这样，折磨她多年的疾病奇迹般地好转了。

给予，是快乐。给予实际上是最大的一种勇气，也是一种策略，更是一种自我实现的方法。快乐，从学会给予开始。给予的过程也就是得到的过程，往往给予越多，获得也就越多。一味地索取只会使欲望无限膨胀和升级，只有给予是生活快乐的源泉，所以你要学会善待自己生命中遇到的人、事、物，不吝真心地给予，这样，生活就会变得丰富多彩，幸福自会向你飞来。

给予是一种无私的奉献，是一种无所求的快乐，是一种高尚的美德。作为一个30岁的女人，如果你想拥有更多的祝福，那就用自己的真诚去给予吧！如果你想得到更多的帮助，那就用自己的行动去给予吧！如果你想在今后的人生道路上更加顺畅，那么从现在开始就无私地去给予吧。尽管你从没有奢望过这一切会给自己带来多么大的回报，但是总有一天，你会看到它给你所带来的美好和感动。

❀ 前莫抱怨

毋庸置疑，抱怨可以说是女人的一个通病。年幼时，我们抱怨自己的玩具没有其他小朋友多；上了学，我们又抱怨老师偏向谁；再大一点，我们开始抱怨衣服没有人家的漂亮；然后呢？抱怨自己的男友不如别人的帅、抱怨自己的老公不如别人出息、抱怨工作不尽人意、抱怨领导不公平……总之，我们一直再抱怨这、抱怨哪。或许正因如此，女人又有了个别名——"怨妇"。

我们应该明白，这世间从来没有绝对公平的事情，儿时我们抱怨是因为不懂事，此时我们抱怨或许是出于本能，但至少有一点我们需要注意——抱怨总要分个场合地点。倘若不管何时何地，无休止地唠叨个没完，那么很有可能毁掉你辛苦建立起来的形象，乃至令你之前所做的努力全部毁于一旦。

其实日常生活中，许多不够聪明的女人在感到自己遭受不公平待遇时，就立刻会表现出不满、愤怒的情绪，甚至会暴跳如雷，破口大骂。然而，这些行为只能简单发泄一下自己激动的情绪，于对方却无丝毫无损，不但白白耗费了力气，甚至有可能引来别人的敌视，让自己受到更深的伤害。

小琪是一家公司的行政助理，同事们都把她当成公司的"管家"，大家事无巨细，都来找她帮忙。这样一来，小琪每天事务繁杂，忙得团团转，牢骚和抱怨也就成了家常便饭。

这天一大早，又听她抱怨"烦死了，烦死了！"一位同事皱皱眉头，不高兴地嘀咕着："本来心情好好的，被你一吵也烦了。"

其实，小琪性格开朗外向，工作认真负责，虽说牢骚满腹，该做的事情，则一点也不曾含糊。设备维护、办公用品购买、交通讯费、买机票、订客房……小琪整天忙得晕头转向，恨不得长出八只手来。再加上为人热情，中午懒得下楼吃饭的人还请她帮忙叫外卖。

刚交完电话费，财务部的小李来领胶水，小琪不高兴地说："昨天不是刚来过吗？怎么就你事情多，今儿这个、明儿那个的？"抽屉开得噼里啪啦，翻出一个胶棒，往桌子上一扔："以后东西一起领！"小李有些尴尬，又不好说什么，忙陪笑脸："你看你，每次找人家报销都叫亲爱的，一有点事求你，脸马上就长了。"

大家正笑着呢，销售部的王娜风风火火地冲进来，原来复印机卡纸了。小琪脸上立刻晴转多云，不耐烦地挥挥手："知道了，烦死了！和你说一百遍了，先填保修单。"单子一甩："填一下，我去看看。"小琪边往外走边嘟囔："综合部的人都死光了，什么事情都找我！"对桌的小张气坏了："这叫什么话啊？我招你惹你了？"

态度虽然不好，可整个公司的正常运转真是离不开小琪。虽然有时候被她抢白得下不来台，也没有人说什么。怎么说呢？应该做的，她不是都尽心尽力做好了吗？可是，那些"讨厌""烦死了""不是说过了吗"……实在是让人不舒服。特别是同一办公室的人，小琪一叫，他们头都大了。"拜托，你不知道什么叫情绪污染吗？"这是大家的一致反应。

年末时，公司民意选举先进工作者，大家虽然都觉得这种活动老套可笑，暗地里却都希望自己能够榜上有名。奖金倒是小事，谁不希望自己的工作得到肯定呢？领导们认为，先进非小琪莫属，可一看投票结果，50多份选票，小琪只得12张。

有人私下说："小琪是不错，就是嘴巴太厉害了。"

小琪很委屈："我累死累活的，却没有人体谅……"

什么叫费力不讨好？像小琪这样，工作都替别人做到家了，却为逞一时之快，牢骚满腹，结果前功尽弃。当今社会，竞争愈演愈烈，我们不可能一直在竞争中处于绝对优势，更不可能捧得一份铁饭碗，"存在"固然未必"合理"，但抱怨只能令我们碌碌无为。将不满藏在心中，矫正心态，积极地去应对那些令你怨气横生的人和事，这才是聪明女人该做的事。

所谓"冷语伤人"，说者无心，听者有意。女人切记，很多事我们既然做了，就心甘情愿些吧，抱怨总是无济于事的，相反，它还会埋没你的功劳。

女人还是少一点抱怨为好，毕竟抱怨真的解决不了什么，感到不公时不妨想想张国荣的《沉默是金》中的那几句歌词——"是非有公理慎言莫冒犯别人，遇上冷风雨休太认真，自信满心里休理会讽刺与质问，冥冥中都早注定你富或贫，是错永不对真永是真，任你怎说安守我本分，始终相信沉默是金。笑骂由人洒脱地做人，少年人洒脱地做人，继续行洒脱地做人。"

事实上，我们偶尔唠叨两句倒也无妨，但切记要有个度。

❀ **说好各种即席发言**

即席发言对于每个人来说既是一种机会，又是一种挑战。它是对每位办公室成员的考验。如果你是一位巧辞令、善言谈的"老手"，是不成问题的，但如果你是一位缺乏辞令、害怕在众人面前讲话的"新手"，那也不必紧张、回避，敢于拿出你的全部热情和胆量来，针对不同场合、对象说出能完全表达你的思想、意见或真情实感的精彩语言来。

即席发言通常分以下四种情况：

（1）被人发问时的即席发言

被人发问时的即席发言，通常是在会议上、法庭上或学术性的讨论、答辩会上，它大多是被动式的发言。这种发言受发问内容或发问主题的限定。因此，就发言范围来讲是容易把握的。这种答复式的发言，应问一答一，问二答二，将所需回答的问题，做条理清楚、内容完整而又是非曲直分明地阐述就可以了。如果是被人质疑，那就将"疑点"所在，做出符合事实和理由充分的回答，如果是法庭上的答辩，就将所涉及问题的时间、地点、在场人、事实的经过等加以阐明，或陈述你的申辩理由；如是学术上的答辩或解释，那你就将你的观点或研究成果，用科学的方法加以论述或阐明，倘若遇到深奥艰涩难懂的问题，可用浅显易懂的形象性的语言加以说明……这样，你便能将你所答的问题说得明明白白了。

（2）必须加以说明的即席发言

这种即席发言，通常是一个问题、一件事情在被人误解、曲解，群众或听众不甚明白或不明真相时的一种解释性发言，这种即席发言既可以是指出、纠正他人问题的事实真相，以达到澄清事实的目的，也可以是为自己或世人作辩白。一是和盘托出事实，以明真相，用事实来说明问题；二是要在道理上充分地加以阐述或说明，要抓住问题或事实的实质，切忌使用"描绘""夸张"之类发挥性言辞，否则会适得其反，把本该容易说明的问题，搞得复杂化了，致使听众反感。

（3）"灵感"勃发时的即席发言

什么是"灵感勃发"呢？就是指触景生情、由二连三或见鸟思鸽的联想、遐想。这种情况，常在讨论会、酒席间、聚会上碰到。由一位讲演者或谈话者的一席话或一句话而发生联想、勾起情思；或见到一位老同学、老同事、老部下或老上级时所勾起的回忆；或是因酒兴奋，情思奔流，话语的闸门开启等情况下而发等。这种"灵感"涌流式的讲话，通常要视场合、情景而定，应以幽默、趣事，欢乐的内容、语调和气氛为宜。要把握简洁、得体、高雅、乐趣这样四个要素。切忌酒后失言，不要讲那种扫兴话或长篇大论的废话、赘话。

（4）被邀请时的即席发言

被人邀请的发言，一是应该谦逊；二是应该讲出与众有益的话来；三是应该充分估计听众的客观要求，说出受人欢迎的话来；四是要简短、干练。

"谦逊"，就是对主人(单位、团体)说些适当的谦卑语言。如感谢主人的热情好客，赞扬主人的成绩、善举、为人风格和精神品德等。

"说出于听众有益的话来"，就是讲话的内容能使听众获得思想上的启蒙和知识上的启迪；要注意讲演者的自我形象和美的感染力，不仅要以理服人，还要以情感人，以"楷模"形象出现在讲坛上。

"充分估计听众的客观要求"，就是说听众需要面包，你就不要去描绘天堂如何美好；听众需要安抚，你就不要去激怒听众；面对需要"疏导"的一帮青年人，你就不要去"堵塞"或横加干涉。

"要简洁，不要空饶舌"，大凡一句话能讲完的就不要用两句话、三句话甚至喋喋不休的空话、大话和废话。做到了上述四点，如果再能艺术地发挥一下讲演技巧，那你的邀请发言就会成功了。

俗话说："有备无患。"只要你对即席发言在心理和内容上有所准备，在发言时辅以各种技巧，自然可以引起别人的共鸣。

❀ 别做社交中的"霉女"

女人是最靓丽的一道风景线，她们美丽、优雅、可亲，然而一些女人到了社交场合就变成了"霉女"，她们的种种举动让人叹为观止，继而敬而远之。这实在是一件令人惋惜的事，因此，作为女人，应该注意自己的风度与仪态，不要在社交场合上给人留下不好的印象。

让我们看看，哪些是各式社交场合上优雅女性不应有的举动：

1.不要与同伴耳语

在众目睽睽下与同伴耳语是很不礼貌的事。耳语可被视为不信任在场人士所采取的防范措施，要是你在社交场合总是耳语，不但会招惹别人的注视，而且会令人对你的教养表示怀疑。

2.不要放声大笑

另一种令人觉得你没有教养的行为就是失声大笑。即使你听到什么闻所未闻的趣事，在社交活动中，也得保持仪态，顶多报以一个灿烂笑容即止。

3.不要口若悬河

在宴会中若有男士向你攀谈，你必须保持落落大方的态度，简单回答几句即可。切忌慌乱不迭地向人"报告"自己的身世，或向对方详加打探"祖宗十八代"，要不然就会把人家吓跑，又或被视作长舌妇了。

4.不要跟人说长道短

饶舌的女人肯定不是有风度教养的社交人物。就算你穿得珠光宝气，一身雍容华贵，若在社交场合说长道短、揭人隐私，必定会惹人反感。再者，这种场合的"听众"虽是陌生者居多，但所谓"坏事传千里"，只怕你不礼貌不道德的形象从此传扬开去，别人自然对你"敬而远之"。此时用笑容可掬的亲切态度，去周旋当时的环境、人物，并不是虚伪的表现。

5.不要严肃木讷

在社交场合中滔滔不绝、谈个不休固然不好，但面对陌生人就俨如哑巴也不可取。其实，面对初次相识的陌生人，你也可以由交谈几句无关紧要的话开始，待引起对方及自己谈话的兴趣时，便可自然地谈笑风生。若老坐着三缄其口，一脸肃穆的表情，跟欢愉的宴会气氛便格格不入了。

6.不要在众人面前化妆

在大庭广众下施脂粉、涂口红都是很不礼貌的事。要是你需要修补脸上的妆容，必须到洗手间或附近的化妆间去。

7.不要忸怩羞怯

在社交场合中，假如发觉有人经常注视你——特别是男士，你也要表现得从容镇静。如果对方是从前跟你有过一面之缘的人，你可以自然地跟他打个招呼，但不可过分热情，又或过分冷淡，免得有失风度。若对方跟你素未谋面，你也不要太过忸怩忐忑，又或怒视对方，有技巧地离开他的视线范围是最明智的做法。

8.保持笑脸

不单在服务业提倡礼貌、微笑服务，各行各业的工作人员对客户、业务伙伴或生活伴侣都要礼貌周全，保持可掬的笑容。的确，不论是微笑，还是快乐的笑、傻笑、哈哈大笑……笑总是给别人舒适的感觉的。而"笑"也正好是女孩子获取别人喜欢的重要法宝。

纵然你不是那类天生喜欢笑的女人，在社会上活动也不能过分吝惜笑容。尽管工作令你很疲劳，又或连续加班，忙得天昏地暗，见到别人也还是要展现可爱的笑容。

9.教养与礼貌是你的"武器"

如何使陌生人也觉得你可爱?礼貌是不可或缺的要素。在这个生活紧张的社会里，日常看到女子失态的真实例子极多。如乘搭地铁、火车或巴士时，争先恐后地挤入车厢，还要跟别人争座位，更不堪的是，坐下后还要露出沾沾自喜的神色!又如在酒楼餐厅、公共电话亭，老是拿着电话听筒不肯放下，任其有多少人在排队等候，她也视若无睹!这是一种令人难以接受的失态，须知这类没有教养的行动，会叫别人在心里暗骂你自私无理。

女人是美丽优雅，气质上令人愉悦、令人乐于接近的，因此请注意你在各种社交场合的表现，别做出与自身不相称的行为，而毁了自己的形象。

❀ 与异性交往应有底线

女性交往中的男人通常都是由同学或者客户发展成为朋友的，那么，男女之间是不是真的没有纯洁的友谊呢?

女性朋友在社交中经常能遇到对自己有好感的男性，置之不理吧，两个人还有业务往来，关系不应该闹得太僵。如何把握这个度才既不会伤害别人，也不会引起不必要的误会呢？

不少男士在和某个女性交往一段时间后就觉得"我们俩这么好，无话不说，我又时时刻刻关心爱护你，跟我谈恋爱应该是早晚的事"；可是女方却不会这么想，她们总觉得一旦两个人做了那种把"窗户纸给捅破的事"，今后就没有办法在工作或生活中再面对对方了，而且这种关系必定会伤及无辜。

应该说这种边缘的交往绝非医治心灵创伤的灵丹妙药、填补感情空虚的救命稻草、报答对方帮助的无价礼物。所以，男人切忌迈过这道门槛，女人则应该谨慎把握两性交往的分寸，不要给对方留下幻想的空间。因此，在社交活动中和男性交往要注意以下几个事项：

1.不宜过分亲昵

过分亲昵不仅会使自己显得太轻佻、引起人们的反感，而且还容易造成不必要的误会，即使是已经确定关系的恋人最好也不要随意流露热情和过早地亲昵。

2.不宜过分冷淡

因为冷淡会伤害男方的自尊心，也会使人觉得你高傲无礼、孤芳自赏。

3.不必过分拘谨

在和男性的交往中，要该说就说，该笑就笑，需要握手就握手，需要并肩就并肩，忸怩作态反而使人生厌；反之，过分随便也不好，男女毕竟有别，有些话题只能在同性之间交谈，有些玩笑不宜在异性面前开，这都是要注意的。

4.不要饶舌

故意卖弄自己见多识广而滔滔不绝地讲个不停，或在争辩中强词夺理不服输，都是不讨人喜欢的；当然，也不要太沉默，总是缄口不语，或只是"噢"、"啊"，哪怕你此时面带微笑，也容易使人扫兴。

5.不可太严肃

太严肃叫人不敢接近、望而生畏，但也不可太轻薄。幽默感是讨人喜欢的，而故意出洋相，就适得其反了。

男女交往一定要掌握好分寸，这全靠你自己去细心体会与把握了！

第六章

职场礼仪：

端庄细致能得上下欢喜

很多女性认为，在职场拼搏，只要有能力就足矣，其他的都可以忽略。事实上，这种想法大错特错。诚然，能力是我们行走职场的最佳保障，但要知道，个人形象对于我们的职场成功也具有不可忽视的影响。别再质疑，你想成功，那么就千万别把职场上的形象与礼仪当成小事。

❀ 白领丽人日常职业形象礼仪

对于职场女性而言，保持良好的形象非常重要，这俨然已经成为职业竞争中不可忽视的一大因素，而要保持良好的职业形象，那么我们就不能不注意自己形象礼仪。大体上说，职业女性需要做好以下8个方面：

1.服饰端庄：不要穿得太薄、太透、太露，衣服上不要沾有脱落的头发、头屑、保持整体的干净整洁，衣服的表面无明显的内衣轮廓痕迹。裙子不能太长，更不能太短；不能太宽、太松，更不能太紧；裙缝位要正。

2.头发要保持干净整洁，显露自然光泽，不要使用过多的发胶；发型要设计的大方得体、高雅、干练，刘海不应遮住眼睛。

3.化淡妆：眼睛不要描得太黑，粉不要大厚，唇以浅红为佳。

4.指甲要精心处理，不能太长，更不能太怪、太艳。

5.鞋要保持洁净，款式力求大方简洁，不要穿装饰过多、色彩复杂，或跟部太高太尖的鞋子，避免走路时发出过大的声响。

5.不要佩戴太夸张、太突出的饰品，走动力求做到饰品安静无声。

6.应保证丝袜无钩丝、无破洞、无修补痕迹，皮包中应随时放置一双备用丝袜。

7.衣服口袋中只应放置一些小而薄物品，避免使衣装轮廓走样。

8.公司标志需佩戴在要求的位置上，私人饰品不可与之争夺外界的注意力。

✿ 白领丽人职业装色彩搭配

职业女装穿着的环境主要以办公区域为主，这里空间有限，从心理学上讲，人们都希望能够获得更多的私人空间，所以，职业女装最佳的色彩选择应是低纯度色，这不仅会减轻拥挤感，也会在心理上拉近你与同事之间的距离。

那么，下面我们就为大家介绍几种低纯度色彩的衣物搭配：

1.白色

事实上，白色可以与任何色彩搭配，不过要搭配得优雅精致，也着实需要我们花点心思。一般来说：

白色下装配条纹式淡黄上衣，是非常柔和、非常有品味的色彩组合；象牙白长裤，配纯白衬衫，外着淡紫色职业西装，也是一种很不错的选择；象牙白长裤与淡色休闲衫配穿，也不错；白色褶折裙配淡粉红色毛衣，会给人以优雅温柔的感觉。

2.黑色

黑色也是个百搭百配的色彩，将黑色与各种色彩巧妙搭配，都会别具风韵。譬如说，一条米色纯棉的休闲裤，配上一件黑色印花T恤，一双浅色的休闲鞋，会让你看上去风采迷人。

3.蓝色

蓝色也同样很容易与其他色彩搭配。无论是近似于黑色的蓝，还是深蓝，均是如此，而且，蓝色还具不错的缩身效果。

在一些正式场合，黑蓝色合体外套，搭配白衬衣，会给人以庄重而又不失浪漫的感觉。

修身蓝色外套搭配蓝色的及膝裙子，再配以白衬衣、白袜子、白鞋，会让你的职场形象看起来轻盈秀丽。

蓝色上衣搭配细条纹灰色长裤，会塑造出一种素雅的职业形象。

4.米色

不要以为米色就穿不出严谨的味道，其实这并不难，比如，我们可以选一件浅米色的高领短袖上衣，再配上一条黑色的精致西裤，脚上踏一双黑色尖头中跟皮鞋，那就是活脱脱的职业女性形象——含蓄而优雅，明朗却不耀眼。

5.褐色

夏季，褐色上衣搭配褐色格子长裤；冬季，褐色厚毛衣搭配褐色棉布裙，通过二者的质感差异，可以表现出成熟女性特有的优雅风韵。

❀ 汇报工作礼仪

作为上司，由于他所处的特殊位置，其本身就会有一种优越感。毫无疑问，每个上司都很看重下属对待自己的态度，他们自始至终都在捕捉一种东西——尊重。而对于他们来说，判断下属是否尊重自己的一个很重要的参考标准，就是下属在汇报工作时所表现出来的一言一行、一举一动，而一旦他认定下属的某些行为是对自己的不敬，他就会利用自己手中的条件来捍卫自己的"尊严"。所以说，作为职业女性，我们在汇报工作时一定要表现出该有的礼仪与尊重，我们必须谨记以下几点。

白领女性要注意汇报工作的礼仪

1.要养成严谨的时间观念，不要过早抵达，更不要迟到。

2.敲门力度要轻，得到上司允许后方可进门；切不可冒冒失失，破门而入，即便是门开着，也应在外面轻轻敲门，以适当的方式告诉上司自己来了。

3.汇报时一定要注意仪表、姿态，要做到稳重端庄，落落大方，彬彬有礼。

4.不要越级汇报，这是职场上的大忌。

5.汇报的内容要真实，不可报喜不报忧，甚至歪曲或隐瞒事实真相。

6.汇报时要吐字清晰，语调、语速、音量要掌握好，要言简意赅、条理清晰。

7.即便上司不拘小节，仍要以礼相待，不要大大咧咧。

8.汇报结束后，如果上司谈兴犹在，不要急于走开，不要表现出不耐烦的体态语言，应在上司表示谈话结束后，再向上司告辞。

❀ 与上司说话的忌讳

在职场上，上司就是主宰我们命运的那个人，一句话说不好，就有可能因此丢掉饭碗，所以与上司说话，姐妹们一定要慎之再慎。其实，与上司对话的忌讳也是有一定规律可循的，在这里我们为大家总结出来，希望能够帮助姐妹们避开那"看不见的枪口"。

1.不要轻视上司

一个人能够成为管理阶层，自然有他过人之处。作为下属，我们应该学习欣赏上司，而不应养成轻视上司的习惯。

"你当年没有我的帮助，哪会有今天？"

"你若不是夫凭妻贵，能升得这么快吗？"

"你这辈子就是运气好！"

……

这样的语言，不但对工作没有丝毫帮助，还会阻碍我们向上的发展。要知道，不论他是靠什么升的级，好歹他今天也是你的上司，你最好能三缄其口。

撇开人格不谈，单就公事而论，上司必有下属可以学习的地方。例如沉着、遇事冷静、富有冒险精神或公私分明等，总会有你可学之处，问题是你能否放下对抗之心去欣赏别人而已。

如你能欣赏上司，他自会在日常交往中察觉到，这就如他能在言谈中知道你对他的不敬一样。当上司因为你的欣赏感到快乐时，你的好日子也就不远了。

2.别直言其非

小丽最近很不开心，她在开会时指出了上司的错误，事后被召去痛斥一顿。她觉得自己是出于对公司的关心，才会直言谏议的，不料反受到指责，她一时间很难想得通。

这位姐妹的出发点无疑是好的，但她却不懂选择场合，忽略了"计巧"的使用。

任何人都不想当众被指出错误，更何况他是你的上司？众目睽睽之下，你竟然把他的错误抖出来，叫他的面子往哪放？况且你是他的下属，这样做岂不是说他不如你？也难怪他责难于你。

而且，即使只有你与上司两人，也不宜直接指出他的错误。要知道，上司的自尊心最重要，你要指出他的错误时，需要懂得避重就轻，要婉转而清晰地传达本意。

举个简单的例子。假如上司写的英文信件中有某个字母用错了，致使整个意思歪曲，做秘书的我们可以婉转地询问上司，表示自己不明白这个字的解释，请他指点，待他说明以后，可以问他那个字母是否与另一个(正确的用法)相同，此时上司应能心领神会。

其实，只要我们能时常记住自己的身份，便不难避免直说其非的错误发生。

3.有损自己的话坚决不说

与上司聊天尤其是闲聊时，我们往往在上司的"随意"面前放松警惕，说出一些本来不该说、平常不敢说的话，其结果会很快反应在上司对你的认识和任用上。

所以与上司打交道时，我们必须时刻小心才是。当上司问你任何一个问题时，迅速转动大脑：他提问的真正"目的"何在？然后针对他的"目的"，具体地回答，切不可问什么都如实回答。

4.不可贸然向上司进言

中国古代法家代表人物韩非认为，部属不能随便向上司进言。他的论断虽有些偏激，但反映了进言宜慎重这个真理。韩非列举了进言者的十种危险，不妨参考一下：

（1）君主秘密策划的事，不知情者贸然进言就会有危险。

（2）君主表里不一的事，谁把这个情况说破，谁就会有危险。

（3）在进言被采纳的情况下，如果进言的内容被他人得到了，进言的人就要受到泄密的怀疑。

（4）为官资历尚深，还没得到君主信任时，如果把自己的才能全显露出来，那么，即使谋划成功，也不会受赏；如果谋划失败，反而受怀疑。

（5）揭露君主的过失，用道德理论加以指责，那是危险的。

（6）君主用他人的意见获得成功，并把这个成功归于自己，知道这个秘密的人会有危险。

（7）强制君主从事自己能力以上的事，这样的事会让君主难堪，这个进言者会有危险。

（8）如果君主谈论人的品格，又别有所指，接着再谈论平庸的人，并有煽动之意，幕僚们就要有所警惕。

（9）赞扬君主宠爱的人，如果你想接近他，就会受到怀疑；指责君主厌恶的人，如果是试探，你也会受到怀疑。

（10）在向君主进言时，只说大话，毫无针对性，当仔细讨论时，就会让人反感；如果发言过于小心，就会被认为是愚笨；如果高谈阔论自己的计划，就会被斥为信口开河。

在企业组织中，上下级之间的关系最容易混淆；常有冲犯而不自知。年轻气盛的姐妹，有时只为突显、膨胀自己的角色，往往不知礼貌，动辄直呼长官名字，这些没大没小的幼稚行径，都是办公室里的忌讳。

上级有事召见时，切忌推三阻四、耍"派头"，给人"装模作样"且又成不了大事的印象。

交谈对象若为上级主管，不可省略对他的职称，必须冠以"某某科长"、"某某主任"等尊谓；即在平辈间，也不可疏于礼貌，应以"先生"、"小姐"或以"某科长"、"某主任"等称呼，如此才可算作恰当。

总之姐妹们记住，上司作为一个特定的群体，可以说主宰着我们事业的生杀大权，因而在与上司打交道时，我们一定要多留心眼，慎之、再慎之，尽量将话说圆，绝不要他烦哪口你偏喂哪口，横着脑袋硬往墙上撞。

别对企业管理乱发意见

或许女人天性就爱说，所以我们时常可以看见这样一种女人，她们以自己的一知半解，对企业说三道四，去挑剔领导的管理方式，表面看来像个专家，实际上只是个“半瓶醋”。

企业管理是一种艺术，各人有各人的表现方式，任何理论、任何法则，都不是一成不变的。企业的性质、员工的教育程度、领导的个性、社会的背景等，都是影响管理的重要因素。如果我们忽略了这些因素，只以自己在书本上所学的东西，或是听了几次管理专家的讲演，就把它们当作模式，去衡量领导的管理是否合乎现代标准，这无疑是不切合实际的看法。

有很多学工商管理的姐妹，一进入工商界之后，往往会感到领导的管理跟现代的管理思想相去甚远。因此，她们难免怀疑，这样的“土包子”领导，为什么能经营这样大的企业?

这种怀疑其实并没有什么不对，但是，如果你是基于不平的心理、不服气的念头来看这一问题，你除了更加不服气外，可能一无所获；如果你能深一层去体会，找出这些领导凭什么东西在管理他们的企业，相信你一定会获益匪浅。

不管是过去的管理方式也好，或是现代的管理方式也好，统统都是离不开人性的。而人性有多方面的适应性和附着性，其变化的因素往往是非常微妙的，难以捉摸的。不是人生阅历丰富、通达人情世故的女人，是不容易抓到要害的。

今天，有很多女性企业管理者都是白手起家，一生所经历的困苦艰难，不计其数，这种磨炼，使她们通达了世事，使她们深深认识到人性的微妙所在。因此，虽然她们没有读过多少书，但对各类型的人事管理，却有其独到之处。她们能使能力强过她们的人惟命是从，她们能使学问大过她们的人心悦诚服，她们能使调皮捣蛋的人甘心为她们效劳，她们能使那些恃才傲物的人对自己谦恭驯服。这些能力就是她们成功的资本，而且不是书本上能够学得到的，也不是管理专家能够望其项背的。她们有自成的一套管理模式，虽然没有什么章法，但却非常实用。

当然，这些不讲求管理章法的领导，并不是完全不懂得现代管理，只是她们把现代的管理理论和法则吸收之后，融入了她们自己的模式里，变成了她们自己的管理理论和法则，使现代管理变了型。她们只是把有的部分强化了，把有的部分去掉了而已。

这种变型的管理，当然使崇尚现代管理思潮的青年女性看不顺眼，认为是阻碍企业进步的绊脚石。因此，她们瞧不起领导的成就，认为人家的成功是时代创造出来的，完全是靠机遇。

有了这种不满的心理，有很多姐妹，特别是受教育程度较高的姐妹，就会对公司的制度、经营方式等等，常发牢骚、常进行批评和指责，并且认定企业之所以落伍，完全是缺乏现代管理所致。

我们年纪轻、理想高，看不惯的事情自然很多，这并不是严重的问题。然而，如果只喜欢发高论批评别人，而自己不知道脚踏实地的去体验工作，不能深入了解企业的环境，只一个劲地唱高调，这问题就严重了。

诚然，我们的企业管理有很多待改进的地方，可是谁来改进呢?自然是寄望于我们企业界的新生代，如果你在公司里连个优秀的员工都算不上，一旦你将来负起管理责任成为领导，你能为我们企业界改进些什么呢?

一切的改进，都是去掉一些旧的，换上一些新的和优良的，如果你觉得领导那一套不合时宜，你就要先问问自己，将来有朝一日你当了领导、当了管理人，能拿出一些什么新的办法来?这些新办法是否符合实际的需要?

要知道，理论与实际的管理往往是不完全一致的，如果你不能在工作中体会到实际的管理需要些什么，一切的改进都是空谈。这就是为什么有些管理专家自己开公司，反而不成功的道理。

俗语说："不当家不知柴米贵。"同样的道理："不当领导，不知生意难。"

身为领导者，既要处心积虑地设法开展业务赚钱，又要顾及到员工的工作情绪，使他们在他的决策下，协力一致地去完成目标，生意好了，领导固然赚了钱，员工也不会吃亏;可是生意做垮了，员工可以拍拍屁股走人，领导则要负起一切不幸的后果。

如果你能了解这一点，自然可以心平气和。你的意见，领导采纳了固然好(这时你的意见已变成领导的意见，万一失败了，错误的后果也要由领导去承担)，即使不采纳，你也用不着怄气，领导比你更关心企业的发展，他不采纳，必定有他不采纳的更好的理由。

如果热心过了头，认为领导不采纳你的意见，生意就没有希望了，不是对领导生出轻视之心，就是公开批评领导判断力太差。这种女人，真是比领导还厉害，可是，她们没有想一想，如果领导听她的，失败的后果由谁来负呢?也许她会拍胸脯说："错了我负责!"小的错误你当然可以负责，如果关系到企业存亡的大错误，你能负什么责任呢?生意垮了，照样还是领导倒霉。

因此，身为下属，我们一定要守住自己的本分，对企业发展的意见不怕多，创新的设想也不怕多，但你千万不能把自己的意见当作金丹妙方，非强迫领导吃下去不可。你有义务为你服务的企业贡献自己的一己之见，但领导也有绝对的权力决定采纳与否。

一个有发展潜力的职场丽人，她的守则是：在工作中默默地去体验，记取那些别人失败的教训，记取那些别人成功的因素，把自己锻炼成一个成熟的企业人才。这样，领导才会重视你。

❀ 要给领导留面子

中国人是最爱面子的，就中国的传统而言，在公共场合，一定不能有损他人的面子，否则就是故意发出挑战。所以在公共场合，我们一定要注意给别人面子，对一般人是这样，对领导更要这样做。

在领导的眼里，如果自己的下属在公开场合使自己下不了台、丢了面子，那么这个下属肯定是对自己抱有成见或敌意，甚至有可能是有组织、有预谋的公开发难，正如一位心理学家所说的那样："人们都喜欢喜欢他的人，人们都不喜欢不喜欢他的人。"这样，在公开场合不给领导留面子的结果便是，领导要么给予以牙还牙的还击，通过行使职权来找回面子，要么便怀恨在心，以秋后算账的方式慢慢报复。

这种结果，自然是下属在提出批评和意见时所不愿看到的，也违背了他的初衷。他大概忘记了，无论是领导，还是他本人，都是中国人，都生活在充满人情、十分讲究人际关系和谐的同一个社会中。

领导十分注意自己在公开场合，特别是在其他领导或者众多下属在场的时候的形象。这绝不仅仅是因为有个文化的潜意识在作祟，更是在于领导从行使权力的角度出发，维护自己权威的需要。这种需要因受到公开的检验而变得更加强烈，甚至是不可或缺。

如果下级的意见使领导感到难堪，即使他是出于善意的愿望，即使他的确是"对事不对人"，但其结果却必然是一样的：使领导的威信受到了损害，自尊受到了伤害。

威信受到损害，便会使权力的行使效力受到损失。它影响到领导在今后决策、执行、监督等各个方面的决定权和影响力，因为人们不禁要问，他说的是否都对呢?是否会产生应有的效果……这样，下级在执行中便多了几分疑虑。这必然会降低领导权力的有效性，因为服从越多，权力的效果就会越好。行使权力必须要以有效的服从为前提；没有服从，权力就会空有其名。

自尊受到伤害，是最伤人感情的，因为它触动了人最为敏感的那根神经，挫伤了"人之所以为人"的信条。在公开场合丢面子，这说明领导正在失去对下级的有效控制，于是，人们不禁对他个人的能力乃至人格都产生了怀疑。因此，无论是谁，身处此境，最先的反应肯定是怒火中烧，而不是理智地对意见内容进行合理性的分析。那么，此后的一系列举动肯定都是很情绪化的。即使他很有面子、很得体地将这件事掩饰过去，情感上的愤怒依然是存在的，这个阴影将会把你美好的印象浸没，使你在后来饱尝麻烦，悔恨不已。

因此，当一位领导在众人面前受到下属的伤害，丢了面子，即使当场不便发作，日后也会有所忌恨，甚至予以报复。因为如果他不这样做的话，可能还会有其他人会当庭责难，使他下不了台。"杀一儆百"、"杀鸡给猴看"的道理正是缘于此处啊！

吴丽茹是个很有前途的女青年，能力出众，工作认真，备受领导器重，进公司不过一年就当上了业务部主管，如此看来，吴丽茹一定会步步晋升，前途无量。然而就在这个时候，吴丽茹却犯了一个致命的错误：经理陪着从深圳赶过来的老总到业务部视察，老总对业务部这半年的表现很满意，鼓励大家再接再厉，并说大家有什么意见尽管提。吴丽茹没客气，张嘴就来了一句："总经理，您不能光说不做啊!几个月之前就说给我们加提成，可到现在也还没兑现呢!"老总愣了一下，然后连说："好，好，回去我再研究一下!"然后匆匆离开了业务部。后来听说老总出门后就恨恨地说了一句："那人是谁啊? 怎么这么不懂进退!"不用说，吴丽茹在这家公司自然是前程无"亮"了。吴丽茹错就错在不该不分场合乱提意见，而且还偏偏提了一个让老总下不来台的意见，惹恼老总的后果就是大好前程付诸东流，一个月后，吴丽茹就被迫离职了。吴丽茹的遭遇颇具代表性，这其中的经验与教训，为人下属者都应当三思并引以为戒。

所以，白领丽人在公共场合给领导提意见时，一定要注意给领导留足面子。

留面子，首先表明你对领导是善意的，是出于对领导的关心和爱护，是为了帮助领导做好工作。这样，他才愿意理智地分析你的看法。

留面子，还表明你是尊重领导的，你依旧服从他的权威，你的意见并不是代表你在指责他，相反，你是在为他的工作着想。

留面子，其实就等于给自己留下了充分的余地，我们可利用这个余地同领导在私下里进行更为深入的交流和探讨。同时这个余地还表明，我们只是行使了一定的建议权，而领导仍保有最终决断的权威。留有余地，还会使我们能够做到进退自如，一旦提出的意见并不确切或恰当，还有替自己找回面子的余地。

当然，我们讲，公开场合提意见要注意领导的面子，并不是鼓励下属"见风使舵"，做"老好人"。我们是非常赞成对领导多提建设性的宝贵意见的，同时也对直言不讳、敢犯龙颜者表示深深的敬意，我们的着眼点只是在于，提意见要注意场合、分寸，要讲究方式、方法。

如果只注重提意见的初衷和意见的合理性，而不去考虑它的实际效果，这样的劝谏只能给职业女性带来灾祸。我们衷心地劝戒每一位女性朋友，一定要在公开场合给领导留面子。

❀ 低调处事，和谐相处

现代生活中，妥协已成为人们交往中不可缺少的润滑剂，发挥着越来越重要的作用。在市场上，买家与卖家经过讨价还价，最终以双方的妥协而成交；在国际冲突中，冲突双方各自作出让步，才迎来和平共处的共赢局面。

然而，在一些女性的眼中，妥协似乎是软弱和不坚定的表现，似乎只有毫不妥协，方能显出巾帼英雄的本色。

但是，这种非此即彼的思维方式，实际上是认定人与人之间的关系是征服与被征服的关系，没有任何妥协的余地。在现实生活中，人与人之间的关系逐渐由依赖与被依赖的关系，转向相互依赖关系。以市场经济下所形成的买方市场为例，买家与卖家的关系变为相互依赖，使得讨价还价流行开来。在这种情况下，如果不肯做出任何妥协，那么只能失去自身的生存与发展的机会，成为最终的失败者。

柳传志曾送给他的接班人杨元庆一句话：要学会妥协。现代竞争思维认为，"善于"妥协不是一味地忍让和无原则地妥协，而是意味着对对方利益的尊重，意味着将对方的利益看得和自身利益同样重要。在个人权利日趋平等的现代生活中，人与人之间的尊重是相互的，只有尊重他人，才能获得他人的尊重。因此，善于妥协就会赢得别人更多的尊重，成为生活中的智者和强者。

因为不懂得妥协，才导致职场和市场中的残酷竞争、两败俱伤，才导致永无休止的巴勒斯坦地区的血腥屠杀。社会是在竞争中发展进步的，也是在妥协中和谐共赢的。我们甚至可以这么说，妥协至少与竞争一样符合生活的本质。

人与人妥协，彼此的日子都有了节日的味道。

学会妥协，收获友谊，维护尊严，获得尊重，赢得双赢。当你同别人发生矛盾并相持不下时，你就应该学会妥协。这并不表示你失去了应有的尊严，相反，你在化解矛盾的同时又在别人心中埋下了你宽容与大度的种子，别人不仅会欣然接受，而且还会在心中对你产生敬佩与尊重之情。让别人过得好，自己也能过得快乐。学会妥协，世界会因你而美丽！

在职场中，女性要想实现双赢的局面，首先就是要与对手和平共处。

曾经有人说，人的本质是一切社会关系的总和。从人性的角度看，大多数人都有个性自主、被尊重、被赞美、交友和群体归属感等高层次需求。同事之间在考虑上述特性的同时，还应牢记：双方是几乎平等的个体。在处理同事关系时，以下做法值得借鉴：

忌向对方采用指令性强的言词和行为，多用建议性、协商性的言词和行为。

忌自作主张，替别人做决定，哪怕是针尖大的事，多让别人感到是他自己在决策，哪怕结果与自己预料的相同。

古语云：礼多人不怪。只要别人出于好意，即使结果不如预期的那样，也要用"谢谢"代替责备。

不要吝于肯定别人，公开场合少发一点过激的指责，即使对方有过错或者方法欠佳，也可以用建议代替指责，使人保全自尊或"面子"。

学会谢绝别人并宽容地对待别人的拒绝。先感谢或道歉，后婉言谢绝。被拒绝时，也应坦然；每个人都是自主和独立的，不可能完全"同步"。

给予越多，获得越多。一般而言：主动帮助他人，大都会在自己陷入困境时获得帮助。

既有合作又有竞争，很多人往往在竞争面前损伤了过去的良好关系，因此要设法营造公开竞争的氛围，公开化和透明度越高，就越能取得他人的信服、谅解和支持。

作为润滑剂，善意的小玩笑和游戏以及轻松的闲聊能使同事之间的关系变得相对融洽。

❀ 礼尚往来，有应有酬

职场上的应酬，是一门人情练达的学问，它可以拉近距离、联系感情。同事间的应酬有很多：小张结婚、大李生子、赵姐升迁、小童生日……你一定要积极一点，帮人凑份子、请客、送礼，因为应酬是最能联系感情的办法，善于交际的人一定会抓住这类机会大做文章。

一位同事生日，有人提议大家去庆贺，你也乐意前行，可是去了以后发现，这么多的人，偏偏来为他贺岁，他们为什么不在你生日的时候也来热闹一番?这就是问题所在，这说明你的应酬还不到位，你的人际关系还有欠佳的地方。要扭转这种内心的失落，你不妨积极主动一些，多找一些借口，在应酬中学会应酬。

比如你新领到一笔奖金，又适逢生日，你可以采取积极的策略，向你所在部门的同事说："今天是我的生日，想请大家吃顿晚饭，敬请光临，记住了，别带礼物。"在这种情形下，不管同事们过去和你的关系如何，这一次都会乐意去捧场的，你也一定会给他们留下一个比较好的印象。

雯雯上班已经快半个月了，与同事的关系却还停留在"淡如水"的阶段，看着其他同事彼此间亲亲热热，雯雯真是又羡慕又无奈。这天是周五，行政部的王小姐大声宣布："明天我生日，我请大家吃饭，愿意来的呢，明天下午3点，在公司门口会合!"大家听了都非常高兴，叽叽喳喳议论个不停，当然，雯雯依旧是被冷落的那一个。"去不去呢?人家又没邀请我!"下班后雯雯一直在考虑这个问题，最后一咬牙，还是决定去。第二天，她准时来到公司门口，当她把准备好的礼物送给王小姐时，她明显愣了一下，但马上就笑开了，并对雯雯表示了热情的欢迎。那一天她们玩得非常尽兴，雯雯还两次登台献艺，办公室里的尴尬气氛就这样打开了，雯雯也成功地融入了这个集体。

如果没有参加这次应酬，雯雯可能还得在办公室的"北极地带"继续徘徊，可见应酬确实是联络感情的最好办法，吃喝笑闹间，双方的距离就被拉近了。

重视应酬，一定要入乡随俗。如果你所在的公司中，升职者有宴请同事的习惯，你一定不要破例，你不请，就会落下一个"小气"的名声。如果人家都没有请过，而你却独开先例，同事们还会以为你太招摇，所以，要按约定俗成来办。这是请与不请、当请则请的问题。

重视应酬，还有一个别人邀请，你去与不去的问题。人家发出了邀请，不答应是不妥的，可是答应以后，一定要三思而后行。

对于深交的同事，有求必应，关系密切，无论何种场面，都能应酬自如。

浅交之人，去也只是应酬，礼尚往来，最好反过来再请别人，从而把关系推向深入。

能去的尽量去，不能去的就千万不能勉强。比如同事间的送旧迎新，由于工作的调动，要分离了，可以去送行；来新人了可以去欢迎。欢送老同事，数年来工作中建立了一定的情谊，去一下合情合理；欢迎新同事就大可不必去凑这个热闹，来日方长，还愁没有见面的机会吗？

重视应酬，不能不送礼，同事之间的礼尚往来，是建立感情、加深关系的物质纽带。

同事在某一件事上帮了你的忙，你事后觉得盛情难却，选了一份礼品登门致谢，既还了人情，又加深了感情。同事间的婚嫁庆典，根据平日的交情，送去一份贺礼，既添了喜庆的气氛，又巩固了自己的人缘。像这种情况，送礼时要留意轻重之分，一般情况下，礼到了就行了，千万不要买过于贵重的礼品。

同事间送礼，讲究的是礼尚往来，今天你送给我，我明天再送给你，所以，不论怎样的礼品，应来者不拒，一概收下。他来送礼，你执意不收，岂不叫人没有面子？倘若你估计到送礼者别有图谋，推辞有困难，不能硬把礼品"推"出去，可将礼品暂时收下，然后找一个适当的借口，再回送相同价值的礼品。实在不能收受的礼物，除婉言拒收外，还要有诚恳的道谢。而收受那些非常礼之中的大礼，在可能影响工作大局和令你无法坚持原则的情况下，你硬要撕破脸面不收，也比你日后落个受贿嫌疑强。这叫做"君子爱礼，收之有道"。

应酬，是处理好同事关系的法宝之一。嫌应酬麻烦而躲避它的人，会被人说成是不懂得人情世故。处理好应酬的人必定会受到同事的欢迎。

❀ 摆正竞争的心态

职场女性经常处在竞争环境中，是否具有健康的竞争心理，对女性的事业发展有着重要的影响。

首先，我们要在竞争中培养欣赏别人的气度。当对手胜利时，真诚地祝福他们，真心地为他们喝彩，同时在失败中反思和奋起。"天外有天，人外有人"，只看到自身的优点是不够的，要学会用欣赏的眼光去看待别人，找出自己的不足，尽可能赶超对手。

其次，在竞争中保持心理稳定，避免情绪大起大落。有竞争，就有强弱之分，弱者必须承受得住失败的打击。在这次竞争中失败了，并不表示在将来的竞争中也注定会失败；在这方面的竞争中失败了，并不说明你事事不如人。要克服自卑心理，选好努力的方向，绝不能自暴自弃。

再其次，树立"人人都有成功的机会"这一观念。人的一生中充满了竞争，竞争促进了社会的前进，所以每个人都应以乐观向上的态度投入竞争。竞争之中保持良好的合作，成功之后不忘提携幼弱，切不可为争一日之长短而做出有失品德的事情。职场上的竞争与做人是不矛盾的，良好的品格修养只会让竞争更有利于人的全面发展。

有这样一个故事：那是一个暖洋洋的春天的中午，希拉里和爸爸在郊区公园散步。在那儿，她看见一个很滑稽的老太太。天气那么暖和，她却紧裹着一件厚厚的羊绒大衣，脖子上围着一条毛皮围巾，仿佛天上正下着鹅毛大雪。她轻轻地拽了一下爸爸的胳膊说："爸爸，你看那位老太太的样子多可笑呀。"

当时爸爸的表情显得特别的严肃。他沉默了一会儿说："希拉里，我突然发现你缺少一种本领，你不会欣赏别人。这证明你在与别人的交往中少了一份真诚和友善。"

当时她觉得爸爸有些小题大做了，就很不服气地问爸爸："你难道不觉得那位老太太的样子很可笑吗？"

爸爸说："和你相反，我很欣赏那位老太太。"她听了以后惊讶极了。

爸爸接着说："那位老太太穿着大衣，围着围巾，也许是生病初愈，身体还不太舒服。但你看她的表情，她注视着树枝上一朵清香、漂亮的丁香花，表情是那么的生动，你不认为很可爱吗？她渴望春天，喜欢美好的大自然。我觉得这老太太令人感动！"

这时，她仔细地看了一下，那位老太太确实像爸爸说的那样，眼睛中闪动着某种渴望，荡漾在她脸上的笑容掩饰不住她内心的喜悦。

爸爸领着她走到那位老太太面前，微笑着说："夫人，您欣赏春天时的神情真的令人感动，您使这春天变得更美好了！"

那位老太太似乎很激动："谢谢，谢谢您！先生。"她说着，便从提包里取出一小袋甜饼递给了希拉里，"你真漂亮……"

事后，爸爸对希拉里说："一定要学会真诚地欣赏别人，因为每个人都有值得我们欣赏的优点。当你这样做了，你就会获得很多的朋友。"这个小故事推而广之，还可以这样看：你喜欢别人，别人也就喜欢你；你欣赏别人，别人也就欣赏你；你帮助别人，也就是帮助自己。与人方便，其实就是给自己方便。古语云："欲将取之，必先予之"，"汝爱人，人恒爱之。"就是这个道理。

有人在一个生活圈子里做过这样的游戏，让每个人写出最有好感的人员名单，同时也写出最讨厌的人员名单。最后统计发现一个规律：你产生好感的那些人，往往是对你有好感的人；而你所讨厌的人，往往也是讨厌你的人。

人与人之间的关系往往是相互的，与人为善，也是与自己为善。当你用欣赏的眼光看别人时，别人也会向你投来欣赏的眼光；当你用鄙视的眼光看别人时，别人也会向你投来鄙视的眼光。盛开的鲜花会引来蜜蜂和彩蝶；而发臭的瓜果蔬菜，只能招来苍蝇和蚊子。

❀ 白领丽人务必自尊自爱

由于性别原因，女性在职场上交往很容易引起别人的误解，所以，为了你的丈夫、子女及亲朋好友，当然更是为了你自己，女性朋友行走职场请一定注意"自重"这个词。

何为自重？就是要我们保持人格上的独立，珍视自己的名誉，不贪慕虚荣、自食其力。在言行举止的表现上，女性尤其应该端庄稳重、落落大方，不要举止轻佻，给人以可乘之机，或是引起上司的误会或是反感。

女性下属应学会自尊。自尊就是要自食其力、不贪慕虚荣、保持人格的独立、爱惜自己的名誉。在外在方面，女性还应注意举止大方得体、言行稳重，不要给别人以可乘之机或引起上司的误解与反感。

要知道，女性一旦失去了做人的原则，放弃了尊严，那她就成了权力的奴隶，这等于是将自己的人格自动降下了几个档次，以物价的尊严来换取那点可怜的物质享受，而且即便是享受，还要看人脸色，求人恩赐。到最后，更是输掉了一切。

曾有一个女大学生，看到同事们穿着高档，下班以后出入各种高档会所，心生艳羡；眼见同事步步高升，而刚入职的自己仅能在那个不起眼的职位上赚一点可怜的生活费，顿感无比失落。于是她决定走捷径达到目的。

她开始有意地接近上司，大献殷勤，暗送秋波，无良的上司看破她的心思，暗示她：只要答应和他在一起，就会提拔她。两个人就这样勾搭成奸。但若要人不知，除非己莫为，时间一久，二人的不正当关系便被揭破，上司的发妻当着众同事的面对女孩大加羞辱，上司也因此而被免职。这个女孩更是名誉扫地、无地自容，在巨大的心理压力下，竟然神经失常。

这是多么可悲的事情！作为一名知识女性，其实她完全可以通过自身的努力完成自己的职业目的，但她被虚荣心所控制，丢失了自尊、没有了自爱，竟然企图以身体来换取生活的安逸，结果自取其辱，这是应该让我们引以为戒的。作为职业女性，我们在与上司相处的过程中，应该具备独立、正确的心态，一定要做到自尊自爱，我们应该做到以下几方面：

1.自食其力，凭本事吃饭

毛主席曾经说过："自己动手，丰衣足食"。自食其力、独立自主，这永远是做人的正道。像寄生虫一样依附于人，你便没了做人的脊梁，而且一旦失去这个靠山，也便无法生存。女人必须明白，靠山山会倒，靠人人会跑，只有靠自己才最可靠的。

2.坚守原则，别为虚荣所惑

女人要有自己的原则，要比男人更懂得洁身自好，不要因为贪慕虚荣而成为权力的奴隶，女人时刻要谨守自尊，它会使得你冷静、平静，淡看繁华一时的物质景象。

3.珍惜名誉

对于女性来说，名誉尤为重要，不管你愿意与否，社会对于女性名誉的要求就是要较男人高很多。事实上，很多女性的悲剧，就是因为一失足而造成的千古恨，名誉扫地，覆水难收。

俗话说："鸟儿爱护自己的羽毛，人爱护自己的荣誉。"职业女性应时刻保持自己的独立性，做到自尊自爱，这是对自己也是对别人最起码的礼仪。

第七章

商务礼仪：

彬彬雅致挥洒知性魅力

商务活动有它约定俗成的规矩，没有规矩便不能成方圆。商务女性要有起码的礼仪知识，没有知识，便无以成大事。千万别小看这些所谓的规矩，你小看它，它就可能给你造成大的损失。

✿ 商务交往的3A原则

所谓商务交往中的"3A原则"，即"布吉林3A原则"，它是由美国著名学者布吉林教授率先提出的。这个原则的主旨是：将自己的友善恰到好处地向别人表达出来。所以说，这是商务女性非常有必要了解的。我们一起去看一下：

1A（accepe）——接受对方：

它主要包含三个方面

1.要待己从严，待人从宽。

2.不可刻薄、嚣张跋扈、自以为是、目中无人。

3.接受的三个要点——一、接受交往对象；二、接受交往对象的风俗习惯；三、接受交往对象的交际礼仪。

打个比方说明一下：沈阳人在与人交谈时，喜欢用"咱爸咱妈"这样的称呼，但事实上就是"我爸我妈"的意思，不要将其视为一种轻薄。

2A（appreciate）——重视对方

有句话说得好"想别人怎样对待你，你首先要怎样对待别人"。你想要对方重视自己，那么首先就要让对方感到受重视，不要让人家备受冷落。

3A（admire）——赞美对方：

在商务交往中，我们应以欣赏的态度肯定对方，要恰到好处地将赞美的作用发挥出来，不要过于夸张，以免适得其反。

打个比方：假如你的交往对象身材很是丰满，可你却一个劲地说她身材好，这在别人看来甚至会是一种讽刺，我们千万不要这样做。

以上便是"布吉林3A原则"的主要内容——接受对方、重视对方、赞美对方，这应该是商务女性待人接物的基本之道。希望能够引起大家足够的重视。

❀ 约见客户的礼仪

我们在约见客户时，一定要弄清"who"、"when"、"where"，即约会对象是谁，约见时间是多少，约见地点在哪。不要认为这只是一件很简单的事，这三个要点往往会决定你推销的成败。

1.确定约见对象

我们必须搞清约见的对象到底是谁，认准有权决定购买的推销对象进行造访，避免把推销努力浪费在那些无关紧要的人身上。在确定自己的拜访对象时，需要分清真正的买主与名义上的买主。

曾有这样一件事：一名推销小姐与某机电公司的购货代理商接洽了半年多时间，但始终未能达成交易，这位小姐感到很纳闷，不知问题出在哪里。反复思忖之后，她怀疑自己是否一直在与一个没有决定权的人士打交道。为了印证自己的猜测，她给这家机电公司的电话总机打了一个匿名电话，询问公司哪一位先生管购买机电订货事宜，最后从侧面了解到把持进货决定权的是公司的总工程师，而不是那个同自己多次交往的购货代理商。

能否准确掌握真正的购买决定者，是推销成功的关键。跟没有购买决定权或无法说服购买决定者的人，不管怎样拉关系、讲交情都无助于推销，充其量只能增进友谊罢了。

2.选择约见时间

在日常工作中，千万不要以为只有上门访问的时候才算推销。不少推销员的计划没有成功，原因并不是设想本身有误，也不是主观努力不够，而是由于选择约见的时机欠佳。特别是在进行未曾约定的推销访问时，由于事先没有通知和预约，很可能对方具有决策权的"真正买主"出差在外或正忙于手头工作。这时我们突然上门，会使对方感到措手不及，也容易使推销活动无功而返。

我们要想掌握推销的最佳时机，一方面要广泛收集信息资料，做到知己又知彼。另一方面要培养自己的职业敏感度，择善而行。下面几种情况，可能就是我们拜访约见客户的最佳时间：

（1）客户刚开张营业，正需要产品或服务的时候；

（2）对方遇有喜庆之事时，如晋升提拔、获得某种奖励等；

（3）客户刚领到工资，或增加工资级别，心情愉快的时候；

（4）节假日之际或厂庆纪念、大楼奠基之际；

（5）客户遇到暂时困难，急需帮助的时候；

（6）客户对原先的产品有意见，对你的竞争对手最不满意的时候；

（7）下雨、下雪的时候。在通常情况下，人们不愿在暴风雨、严寒、酷暑、大雪冰封的时候前往拜访，但许多经验表明，这种时候正是推销员上门访问的绝好时机，因为推销员在这样的情况下上门推销访问，常常会让客户心存感激。

由于访问的准客户、访问目的、访问方式及访问地点不同，最适合的访问时间也不同。若不能确定准确的访问时间，不仅不能达到预期的目的，而且还会令人厌烦。推销员确定访问时间时，应注意如下事项：

（1）根据被访问对象的特点来选择最佳访问时间，尽量考虑被访者的作息时间和活动规律，最好由被访者来确定或由被访者主动安排约见的时间。我们应设身处地为客户着想，尊重对方意愿，共同商定约会时间。

（2）根据访问目的来选择最佳访问时间。尽量使访问时间有利于达到访问目的。不同的访问对象，应该约定不同的访问时间。即使是访问同一个对象，访问的目的不同，访问的时间也有所不同。如访问目的是推销产品，就应选择客户对推销产品有需求时进行约见；如访问目的是市场调查，则应选择市场行情变动较大时约见被访者；如访问目的是收取货款，就应选择被访者银行账户里有款时约见被访者。

（3）根据访问地点和路线来选择最佳访问时间。我们在约见被访者时，需要使访问时间与访问地点和访问路线保持一致，要充分考虑访问地点、路线以及交通工具、气候等因素的影响，确保约见时间准确可靠，尽量使双方都方便、满意。

（4）尊重访问对象的意愿，充分留有余地。在约定访问时间时，我们应该把困难留给自己，把方便让给客户。应考虑到各种难以预见的意外因素的影响，约定时间必须留有一定的余地。除非你有充足的把握和周密的安排，我们不应该连续约定几个不同的访问被访者，以免一旦前面的会谈延长使后面的约会落空。

总之，我们应该加快自己的推销节奏，选择有利时机约见被访者，讲究推销信用，准时赴约，合理安排和利用推销访问时间，提高推销访问的效率。

3.确定约会地点

在与推销对象接触的过程中，选择一个合适的约见地点，就如同选择一个合适的约见时间一样重要。从日常生活的大量实践来看，可供我们选择的约见地点有客户的家庭、办公室、公共场所、社交场合等。约见地点各异对推销结果也会产生不同的影响，为了提高成交率，我们应学会选择效果最佳的地点约见客户，从"方便客户、利于推销"的原则出发择定约见的合适场所。

（1）家庭。在大多数情况下，可选择对方的家庭作为拜访地点。其中以挨家挨户的闯见式推销最为常见，推销的产品通常为日常生活用品。推销专家认为，如果推销宣传的对象是个人或家庭，拜访地点无疑以对方的居住地点最为适宜。有时，我们去拜访某法人单位或团体组织的有关人士，选择对方的家庭作为上门拜访的地点，也常常能收到较好的促销效果。当然，在拜访时如有与拜访对象有良好交情的第三者或者是亲属在场相伴，带上与拜访对象有常年交往的人士的介绍信函，在这些条件下，选择对方的家庭作为拜见地点，要比在对方办公室更有利于营造良好的交谈气氛。但是，如果没有这些条件相伴，我们突然去某公司负责人家里上门推销访问，十有八九会让对方产生反感和戒备心理，拒你于大门之外。

（2）办公室。当我们向某个公司、集体组织或法人团体推销产品时，一般是往对方的办公室、写字间里跑，这几乎成为一种最普遍的拜访形式。特别是在工作时间，他们始终待在办公室里，处理公务、联系业务，而在其他时间里推销员不容易找到他们。选择办公室作为约见地点，推销双方拥有足够的时间来讨论问题，反复商议促使推销成功。当然，与客户的家庭相比，选择办公室作为拜访地点易受外界干扰，办公室人多事杂，电话铃声响个不停，拜访者也许不止你一个人，或许还有许多意想不到的事发生，所以选择办公室作为造访地点，我们应当设法争取约访对象对自己的注意和兴趣，变被动为主动，争取达成交易。同时，如果对方委托助手与你见面，你还必须赢得这些助手们的信任与合作，通过这些人来影响"真正的买主"做出购买决定。

（3）社交场合。一位推销学专家和公关学教授曾说过这样的话：

"最好的推销场所，也许不在客户的家庭或办公室里，如果在午餐会上、网球场边或高尔夫球场上，对方对你的建议更容易接受，而且戒备心理也比平时淡薄得多。"我们看到，国外许多推销项目常常不是在家里或办公室谈成的，而是在气氛轻松的社交场所，如酒吧、咖啡馆、周末沙龙、生日聚会、网球场等敲定的。对于某些不喜欢社交，又不愿在办公室或家里会见推销人员的客户来说，公园、电影院、茶室等公共场所，也是比较理想的交谈地点。

约见真正的决策者，把握合适的约见时机，根据约见对象选择好约见地点，如果你能做好以上工作，那么你的推销就已经成功了一半。

❀ 胸牌的佩戴礼仪

一些商务女性可能产生过这样的疑问——自己的胸牌是戴在左边合适还是戴在右边合适呢？

其实一般来说，胸牌大多佩戴在自己的左胸前，无论中外大抵如此。形成这种习惯可能是因为：

1.大多数人都是右手更灵活一些，用右手将胸牌挂在自己的左胸前，这样在操作时显然要更方便、容易一些。

2.人的心脏位于左边部位，这样佩戴应该更容易受到别人的关注。

而在中国，自古以来便有"左为尊"的礼仪习惯；

当然，在国外，也有一些国家的礼仪是将将胸牌戴在右边，理由如下：

1.商务握手时，人的右侧身体会略微前倾，所以将胸牌戴在右胸，对方会更容易看清。

2.人的阅读习惯是从左至右，而看别人时则是先从自己的左边、对方的右边开始，所以将胸牌佩戴在右边，也比较容易让对方看清。

由此可见，佩戴胸牌，最重要的是根据对方的习惯、以让对方更容易看清为原则，至于左右还在其次。假如我们的工作装采用的是不对称设计，那么，我们的胸牌就应当戴在能够平衡视觉重心的一边。另外需要强调的是，你必须与你的同事保持一致，无论左右，一个公司中的所有工作人员，必须保持这种一致性。

❀ 公关接待准备事宜

假如你是一名公关，在接到接待通知后，就应该开始着手进行准备工作。这是一个非常重要的环节，我们必须加以注意。一般来说，一名优秀的公关人员，绝不会忽视一下几个方面的准备：

1.对客人基本情况要有所了解

你不知道客人的单位、姓名、性别、民族、职业、级别、人数等，那么准备工作就无从谈起。另外，你还要了解客人此行的目的及意愿，要了解客人到达的时间、日程上的安排等，并将这些情况反馈给你的上司，并积极协助上司做好迎接准备。

2.对接待规格要做到心中有数

安排接待人员，应以身份对等为原则。即，较重要的客人，应由公司安排身份相当、专业对口的人士出面迎送；而普通客人，由公关部派懂礼仪、有礼貌、言谈流利的人员接待即可。

3.接待环境一定要布置好

良好的环境对于客人而言就是一种礼节和尊重。一般而言，接待室的环境应满足以下条件：整洁明亮、幽雅安静，基本的配置应包括沙发、茶几、衣架、电话，以方便客人使用。室内可以根据客人喜好摆放一些装饰品，如花卉盆景、书法字画等，以增加雅致的气氛。当然，别忘了在显眼的地方放几份报纸和公司的宣传材料，供客人翻阅。

4.做好迎接事宜

请公司行政部门按时安排迎接车辆；提前为客人准备好餐饭；如果对所迎接的客人不甚熟悉，那么有必要准备一块迎客牌，上书"欢迎×××先生或××女士"并在下方表明自己公司的名称；如果迎接的客人比较重要，还可以准备一些鲜花。

❀ 商务陪同礼仪

作为一名商务女性，接待、陪同客户或许是我们经常要承担的工作，倘若行为失当，有所差池，不但是对我们自身形象的损害，更重要的是，公司很可能会因为我们的失误蒙受损失。所以，千万不要轻视了陪同这种"小事"。那么，在陪同的过程中，我们究竟应该注意哪些礼仪呢？大家一起去看一下：

乘车时，基本的礼仪是，我们应先行一步打开车门，等客人坐稳以后，再轻轻关上车门。如果我们是主陪人员，那么应与客人同坐在司机后方第一排位置上，客人居右，我们居左，如果我们只是随行人员，则应坐在司机身旁。车停以后，我们应先下车去为客人开车门，再请客人下车。

如果接待的是两位客人，我们应先拉开后排右侧车门，请地位高者上车，再快速从车尾绕到车左侧打开车门，请另一位客人上车。切记，只开一侧车门让两人依此进入，是很失礼的行为。

这里有一点必须强调一下，无论什么原因，都不要让客人坐在司机身边的位置上，尤其是接待港澳台或外国客人时，更应注意这一点。否则，很可能引起客人的大不满，造成接待的失败。

在步行时，我们一般应该走在客人的左侧，这是一种尊重的表现。另外，如果我们作为主陪，那么应该与客人并排同行；但如果只是随行人员，则应走在客人和主陪人员的后方。

在我们担当引导工作时，位置以处于客人左前方两步远为宜，步速应保持与客人一致，当需要转弯时，应以手示意并加以提示。

在乘坐电梯时，如果电梯内有操作工，应请客人先行进入，如若没有，我们应该先客人一步进去操作，到达目的地时，同样要请客人先行。

送客人进入休息室时，如果门向外开，要请客人先进，如果门向内开，我们应先行进入，扶住门，然后再请客人进入。

✿ 商务餐就是商业谈判桌

对一名商务女性来说，应酬是必不可少的，应酬越多，说明你的事业越成功。如果你不会应酬，那在一定程度上可以说不是一个成功的商务女性，应酬可以带来客户对你的信任。我们对于应酬应有正确的认识，不要只把应酬看作是吃吃喝喝，然后等着回报。其实应酬是一个沟通的过程，对工作起到辅助的作用，通过与客户在工作以外的环境相互沟通，加深了解。一顿成功的饭局，能够让客户更了解你，更信任你，这样在工作和生活的角度客户都对你产生了信赖。

当今社会，商务午餐已经演化成为一种经常性、被广泛接受的商务行为。许多业务的达成、人脉资源的建立往往都是从餐桌上开始的。一次成功的商务宴会有助于建立新的商业关系，也能成为友谊与关系的坚固基石。正是因为商务餐有着如此巨大的作用，所以如何吃好这样一顿看似简单的商务餐，就成了一门大学问。对一些细节的忽视，往往可能会让自己的努力或者机会从手边无形中溜走，所以合适地应对商务午餐，也成为了个人职业发展的必备技能之一。

1.选择好作陪人员

由于吃饭的目的不同，所要参加的人员自然不一样。作陪人员对一次成功的商务宴会有着重要的影响。很多谈判者在请客户吃饭时，对作陪的人员不加选择，结果由于作陪的人不会说话，或者很会说话，一顿饭吃完了，业务没谈成，到让自己的朋友和客户成了朋友。

2.懂得礼貌，安排好坐位

商务宴会要更加重视礼仪。这一点很多年轻女性都不很在意，在请客户吃饭时，坐位的安排没有长序，无形中得罪了客户还不知道。如果参加宴会的人员中有政府官员或者长辈时，这时候一定要按顺序安排。进入餐厅后，直对门口的位置是主宾位，主宾位的右手是次宾位以此类推，主宾位的左手边是主陪位，一般这次参加宴会的主方级别最高的落座，以此类推。根据吃饭的性质，我们可以做适当的调整，但大体不要违反礼貌原则。

3.吃中谈，谈中吃，一切为了达成目的

很多商务人士之所以会在饭局中失败，那是因为他缺乏随机应变的能力。如是要解决合同的未尽事宜或者要公关，先要倾听客户的意见，再根据情况做适当的洽谈。不要只顾洽谈而忘了吃饭，吃饭喝酒这时是谈判和公关的润滑剂。当有冷场时，就以喝酒来活跃气氛。

其实，商业午餐点餐的最高指导原则就是——跟着对方走，换句话说，就是对方做什么、你按照辅助的原则来做。虽然"有些人活着是为了吃，有些人吃是为了活着"，但无论如何，你都必须考虑到客户的状况。千万不要让客户觉得他的选择是错的，或是夸耀你的选择有多好，尽量让这类事情船过水无痕，这样才能更好地维持与对方的关系。

如果对方坚持由你来点菜，这时就相对比较麻烦，但还是有一些原则可以遵循：在点菜的时候，每一道菜最好询问一下对方的意见，同时也可以询问服务员，或者让服务员来推荐，这样有利于了解菜品的口味和特点，避免尴尬的局面发生。

结账时，不要让客人看到账单的金额，也不要面着客人的面议论价格

和对账单提出异议。此外，商务餐中要注意东西方人的差别。东方人有饭后用牙签的习惯，但西方人没有。所以与外国客户一起就餐时，你需要暂时抛弃这个习惯。

总之，请客吃饭对于所有商场人士来说都是一种学问，是你谈判取得成功的重要手段。但同时，这也是一把双刃剑，用好了，无往而不利，用不好也会影响谈判的结果，得罪客户。所以，面对商务宴会，需要你打起十二分精神，一切以达成商业目的为重，努力和客户沟通好感情，以情动人的同时，运用自己的智慧征服对方。

🌸 政务宴会要注重礼仪

政务宴会的参加者多为政府官员，有的时候还包括一些社会名流。这样的场合一定要保持严谨，我们需要在宴会前做好充足的准备。亲友聚餐、商务会谈，都可以融进个人的特色，但是在政务宴会中，最好还是中规中矩，遵守礼仪，表现得落落大方。

参加政务宴会一定要重视政务礼仪，它既是继承和弘扬民族礼仪文化传统的产物，也是中国与世界接轨的一个良好的契机。政务宴会的礼仪作为政务礼仪的一个重要方面，不仅是公务人员应该熟知于心的，对于一些经常和政府官员打交道的商界精英来说，也需要了解一些，以备不患。

1.称呼要得体

政务场合可以使用以下五种称呼方式：称呼行政职务；称呼技术

职称；称呼职业名称；称呼通行尊称；称呼对方姓名。这些称呼方式在政务场合是被广泛接受的，需要注意的是，以下四种错误称呼，都是公务员平日不宜采用的：庸俗的称呼；他人的绰号；地域性称呼；简化性称呼。

此外，还有初次会面中的不适当称呼：

无称呼——没有称呼，就直接跟对方开始谈话是非常失礼的行为。

不适当的俗称——有些称呼不适宜正式政务。"兄弟"、"哥们"等称呼，显得档次不高，缺乏修养。

不适当的简称——"南航"是南方航空公司还是南京航空航天大学。

地方性称呼——北京人称人师傅(出家人)，山东人称人伙计(打工仔)。这种地方性称呼在政务宴会场合都是不合适的。

2.言谈要把握分寸

"一言可以兴邦，一言可以丧邦"，这句话说明了语言的重要性。宋代柳宗元有一句名言："言而无实，罪也。"柳公把那些空穴来风的话，也就是不负责任的话视为犯罪，真可谓谨记箴言。凡夫俗子也好，商人官员也罢，长于"说"并没有什么不好，关键是要实事求是，言谈举止把握好分寸，管好自己的嘴，唯其如此，你才会在交际场合表现出成熟稳重的一面。

生活中，我们可能经常遇到这样的情景：别人无意说出的话，本来是没有什么恶意，但你可能觉得受到了莫大的伤害。即使你自己知道对方只是无意或口误，但你还是疙疙瘩瘩的。推己及人，有时自己无意说出了一句话，可能就会触犯到对方的"禁忌"，所谓言者无心、听者有意。

为了避免这种情况的发生，在政务场合一定要谨言慎行，说每一句话之前都要三思再三思，想想有没有可能冒犯对方，话里面有没有什么歧义。虽然看起来，这种办法让人觉得备受拘束，但是比起说错话得罪人，这又算得了什么?

3.帮助别人体面地下台阶

在职场上和日常的社会交往中，你不妨学一点给人下台阶的技巧。人人都爱面子，你能适时地为陷入尴尬境地的对方提供一个适当的台阶，不仅能使你获得对方的好感，而且也有助于你建立良好的职场和社交形象。政务宴会的参与者一般都是达官显贵，你要是帮助别人消除尴尬，对自己是大有好处的。

为什么在政务宴会场合要特别注意为对方留面子、注意给对方"下台阶"呢?这是因为政务宴请是一个隆重的场合，表现得体能够给自己带来正效应。所以，每个人都展现在众人面前，因此都格外注意自己的社交形象和自己所代表团体的形象。在这种心态支配下，他如果因为一个小错误而下不来台，内心的焦急和懊恼是可想而知的。而此时，你伸出援助之手，你为他提供了"台阶"，使他保住了面子，维护了自尊心，他会对你产生更强烈的好感。

政务场合是一般人很少有机会参与的，如果你有幸参与到这样的宴会，一定要注意遵守政务宴会礼仪，管住自己的嘴，为个人也为自己的团体争得好印象。

✿ 售后服务的九大误区

我们已经一再强调了售后服务的重要性，但很多朋友在售后服务上还是存在一些误区，她们也常常因此失去了许多客户，这是非常可惜的。

生意谈妥之后，我们往往因松了一大口气而忽略了后面的服务工作，倘若你只想做一锤子买卖，这种做法没有问题，如果想要拥有长期往来的客户，服务工作做不好，在接了一个订单后，客户就会像断了线的风筝，不知去向。

对于有出货期限以及分批出货的商品，我们亦应与公司各有关部门保持紧密联系，追踪工作进行状况，这样才能避免造成双方的摩擦与客户对商品的抱怨。作为商务女性，我们无论什么时候都要对客户负责到底。

美国有一家快递公司突然发现冒出了一个报价超低的竞争对手，老客户纷纷被新公司所吸引，并要求快递公司降价。快递公司经过计算，认为如果按照竞争对手的价格降价的话，无法快捷准确地送货。于是，他们向客户说明情况，表示低价收费无法提供令人满意的服务。客户反复考虑后，还是与新公司签了合同。老牌快递公司丢了不少业务，但他们不为一时的得失所动，静待变化。果然不出所料，新公司低于成本的收费使之难以兑现他们的承诺，送货经常出现问题。过一段时间后，老客户们回过头来，又与老牌快递公司进行合作了。

可见，光有好的推销，没有好的服务是留不住客户的。为了让大家更直观地看到自己在售后服务上所犯的错误，我们总结出了9种常见的错误，供朋友们参考一下。

1.过度热情会吓走客户

对客户过度热情，频繁地打电话给客户，或者到客户家里做长时间的拜访，对客户的私人生活也表现出极大的兴趣，却从不考虑对方的感受如何。以为只有这样才能和客户建立和谐的客情关系。

实际上，过度的热情反而会把客户吓走。他会觉得你干扰了他的正常生活，甚至侵犯了他的隐私，引起他的不快。

良好的客户服务需要用令客户感到舒服的方式进行。即在向客户表示真诚和热情的同时，又要与客户保持合理的距离。切勿让客户感到你在死缠烂打。

2.过分的投入不是服务

不要以为好的服务就是多请客，多送礼，和客户吃吃喝喝，玩玩乐乐。其实，好的服务不一定非要投入高成本或迎合客户不良趣味。物质上的投入固然会给客户满足感，但过分的投入也会给我们带来沉重的压力，客户反而会把你看成是只知吃喝的人。

一份轻巧的礼品、一次细微的关怀、一句及时的问候就能让客户感受到你的体贴和真诚，从而给其留下深刻的印象。

3.服务不是低声下气

为了顺利地卖出产品，在推销中将自己的姿态降得很低，对客户曲意逢迎。即使客户提出无理要求都忍气吞声，唯唯诺诺，使客户得寸进尺，甚至轻视你。

实际上，这种行为不仅无法得到客户的尊重，而且会严重损害我们的专业形象，令客户对其所提供的产品和服务的信任大打折扣。

优秀的推销员是凭热忱的服务态度、专业的产品知识、出众的销售技巧来赢得客户的尊重和信任的。

4.没有投诉并不意味服务良好

一些朋友以为只要客户购买产品后，不抱怨也不投诉，就意味着客户对自己的服务很满意，可以高枕无忧了。

实际上，超过88%的不满意客户会保持沉默，他们不会投诉，也不会找你解决问题，因此，你也就失去了留住他们的机会。他们中有54%的人会把对产品的不满告诉自己的朋友。

因此在产品销售出去后，我们要主动与客户适时地联系，询问产品使用效果如何、对服务的满意度如何等等。一旦发现客户不满意，就要立即采取补救措施。

5.不尊重客户是服务的大忌

对客户不尊敬，自认为自己是专业人才，对产品了如指掌，不仔细聆听客户的意见。常常打断客户的谈话，把自己的猜测或判断或意见强加给客户。

这种表现只会让客户对你和你的公司产生反感，甚至逆反心理，其后果就是失去这个客户。要知道，这个世界上没人认为自己是笨蛋。客户也有自己的主见和选择权，他们需要得到的是你的建议和参考。

6.别把你的爱好强加给客户

有些朋友认为在服务中满腔热情、尽心尽力就是最好的客户服务了。这种服务热情和积极性是值得赞赏的。但是，服务不是仅仅有一腔热情就足够的。每个人的性格和处事方式都不尽相同，客户也是一样。如果你只以自己喜欢的方式去对待客户，有可能造成客户不快。只有辨别不同类型的客户，尊重不同客户的个体差异，并按照客户喜欢的方式来服务，才会最终赢得客户的心。

7.完结的是交易不是服务

把精力更多地放在销售上没错，但如果认为钱货两清后交易就完成了，该寻觅下一位客户了，从而对售后服务漫不经心，则是错误的。

现在是服务制胜的年代，轻视售后服务只会造成客户流失。一名优秀的商务推销小姐，其客户流失率一般在15%左右；至于服务不良的推销人，其流失率则较高。失去了忠诚的客户群，就意味着失去了生意的基础。销售与服务是相辅相成的，细致入微的服务对扩大你的客源有着极大的促进作用，它有助于你同客户建立起长久稳定的互惠互利的关系。尤其是行销年代，更是必须注重服务，否则，客户就会离你而去。

8．"喜新厌旧"是自讨苦吃

有些朋友以为老客户是熟客，关系稳定，不会有流失的危险，不需要花太多的时间在他们身上。其实，把大部分时间和精力都花在寻找新客户身上，忽略了对老客户的周到服务是一件很危险的事。

开拓新客户固然重要，但是，如果因此而丢掉了老客户，可就得不偿失了。现代市场千变万化，客户每天都会受到五花八门的市场信息的刺激。如果你忽视了对老客户的照顾，他便极有可能被其他品牌所吸引。一旦老客户选择了离开，再让他回心转意就要花费很大的力气了。

据调查，维护老客户的费用是开发新客户的15%～20%左右。所以，孰轻孰重，你自会判断。

另外有一点要记住：当环境好的时候，适合开发新客户；环境恶化或竞争激烈的时候，维护老客户则更为重要。

9．许下承诺就要兑现

有些朋友为了把产品卖出去，对客户许下种种承诺，如告诉客户使用产品不满意可以无条件地退货或给予众多的礼品、赠品等。当客户满怀希望地等待我们兑现承诺时，我们却发现其承诺不符合公司的规定和制度，不能兑现其承诺，由此失信于客户。

做出承诺之前一定要考虑清楚，你是否能够做到。客户会对你的承诺有很高的期望。客户对你的期望越高，一旦不能兑现时，他的失望也就越大。客户对你失去信任之时，就是你失去客户之日。

作为商务女性，我们的信誉是建立在信守承诺的基础之上的。如当客户提及退货时，首先自己应该清楚公司的退货制度，并向客户做出清晰的说明。

另外，我们经常犯的错误还有：夸大广告投放力度，随便承诺客户促销礼品，给客户不切实际的返利等等，这些都要严加注意。

处理不好售后服务的人，绝对无法成为商务精英，只有重视并解决好售后服务的诸多问题，我们才能赢得客户的心。

第八章

餐宴仪范：

樱桃小口吃出公主风范

有道是：民以食为天。吃，每个女人都会，但未必每个女人都能吃出优雅、吃出体面。别忽略这小小的细节，事实上，很多人恰恰可以在餐前餐后看出你的内涵与修养。

❀ 赴宴要有淑女风范

　　宴会场合中，女性们竭力表现出自己最好的一面，谁都不想输给别人。宴会中宾客很多，女宾们大都穿上华丽的新衣，而且容光焕发，你当然不应例外。也许你不喜欢穿的太过耀眼，不喜欢受人关注，但也要坚持一定的原则，最低限度也应该使自己的外表比平时更为美观一些，这也是社交上的一种礼貌，并不只是为了表现自己。

1.宴会服装

　　女性的宴会服装采用丝、丝绒、雪纺纱、缎之类轻软而富于光泽的衣料，这样的衣料能够显衬出女性高雅窈窕的身姿。晚宴服最好用黑、白、红、蓝、黄等纯色，因为纯色能更好展现女性身段且容易给人以端庄之感。

　　宴会着装的款式应高雅得体，显示出女人的身体优势。肩膀和颈部漂亮的可露出双肩。胸部丰满的可穿低胸或中空样式，腿修长的可穿开中、高叉或短裙。袜子宜透明，或选择印花丝袜。鞋应选用丝或缎面、鹿皮面质料的高跟鞋，这样走起路来才会有姿有色，款款生恣。

　　手袋应和鞋同样质感，最好配套，大小不超过两个手掌宽度。手拿式最优雅。手袋里的东西不可太多，只宜放些小型的女性随身用品。

　　在进行服饰颜色选择之前，不妨问一下自己：你或你的伴侣是这次邀宴的主客吗?客人多不多?宴会上的人来自哪个阶层?宴会目的何在?自己是否要帮忙招呼客人?

选择服装颜色时，首先要注意和背景相配。比如，会场的墙壁、地板的颜色等。在背景深、浓的情况下，若是穿着类似的颜色，就会被它遮住你的风采。

其次，是加强主色。主服色彩过多，在光彩照人的众多宾客中会让人眼花缭乱，因此套装或色彩单纯的洋装、长礼服较为适宜，能给人比较深刻的印象。

第三，在服装的重点部位添加闪烁耀眼的效果，例如袖圈、下摆缀上闪亮的珠片，或是戴上金、银宝石等发饰或首饰，尤以胸前的饰物最为醒目，会随着角度的变化闪闪发光，将强调效果发挥到极致。

另外，黑紫、黑蓝、黑绿的组合能予人华丽、时髦的印象，很适合晚宴穿着，而上由于其独具的神秘感，更能使人备受瞩目。

2.宴会化妆

（1）彻底地沐浴一番，把从头到脚的污垢都洗去，给自己全身舒爽的感觉。沐浴后，用护肤品涂在手臂、腿和颈部上，轻轻地擦匀，然后躺在床上养养神，因为你当然不愿在宴会时使人发觉你面带疲倦。

（2）化妆要浓淡适中。如果你有一张漂亮的脸孔，那么淡淡的修饰一下，更能显示出你的秀丽和高雅的气质。有一点需要注意，一切化妆程序都应该在家里完成，因为在公共场合当着别人的面化妆是不礼貌的。

（3）合理的使用香水。香水的气息最能表现品位。白天选用香味较甜较浓的香水，夜晚选用香味优雅的香水。香水应喷在人体脉搏跳动部位，如耳后、前胸、手、脚、手肘弯或腿膝后。手掌间如用些微香水后再和人握手会更富有女人味。

（4）打扮完毕后，别忘了对着镜子照一照，你穿上准备好的衣服以后，在全身镜前面照一照，看看还有没有什么不妥的地方。检查完毕后，也可以让周围的人看看自己有什么遗忘之处。

想要在宴会上光彩照人，成为宾客关注的焦点吗？那么请重视你的仪表仪容，把自己最完美的一面展现出来。

✿ 拒绝邀请要有技术含量

饭局宴请中，我们必须面对许多选择，但是记住鱼和熊掌不能兼得。在我们面对纷繁的邀请时，要做出两全的决定，这样在交际生活中才会得心应手。

活跃于交际场合的女性，难免派对邀约不断，在面对各种各样的邀约，其中有的值得你去参加，有的却对你没有什么价值。对有价值的邀约，我们可以选择接受，这样双方皆大欢喜。但是你出于各种原因，对一些邀请不能接受，又不好直说"不去"、"不参加"，怕伤害对方的自尊心。如何既能够透露内心的真实想法，又不愿表达得太直露，以免刺激对方，这就需要学会拒绝的艺术了。拒绝的方式不得当，不但会显得你很没礼貌，还会伤害邀请你的人。拒绝宴请邀约的技巧有以下几个原则：

1.学会倾听

耐心倾听对方的邀请与要求。即使在对方述讲中途就已经知道必须加以拒绝，也要听人把话讲完。即表达对其尊重，也可更加确切地了解其请求的主要含义。

2.理由明确

作出拒绝时，必须指出拒绝的理由，真诚的并且符合逻辑的拒绝理由有助于维持原有的关系。

3.对事不对人

一定要让对方知道你拒绝的是他的请求，而不是他本身。这时候就要注意自己的表达了，千万不要让对方产生误会。

4.直接对话

千万不可通过第三方加以拒绝，通过第三方拒绝，只会显示自己懦弱的心态，并且非常缺乏诚意。

5.真诚相待

把不得不拒绝的理由以诚恳的态度讲明，直到对方了解你是无可奈何，这才是最成功的拒绝。

成功地拒绝他人的不实之请可以节省自己的时间与精力，还可以免除由不情愿行为所带来的心理压力。关键在于：拒绝前必须将对方的利益放在考虑之内，才能做到两全。委婉拒绝邀请可以采取以下几种方法。

1.彬彬有礼法

当别人邀请你赴宴，而你又不愿去时，可以彬彬有礼地说："我很感谢您的盛情。不过已经有人约了我，所以我今天就没有福气享受您的美意了。"

2.不说理由法

在有些场合对某些人说明拒绝的理由，有可能会节外生枝，事与愿违。为减少麻烦，可以不说理由。如遇到推销的人又来邀请你去参加会议，你就可以明确表态："实在对不起，我恐怕帮不上您这个忙。"如果他继续纠缠，就再重复一遍，他就会知难而退。

3.答非所问法

把对方提出的问题，用与之不相符的内容来回答。比如你表示自己另有安排，因此不能接受别人的邀请。而对方一定要打破沙锅问到底，而你确实不方便透露具体信息。这时候就可以采用顾左右而言他的方法。

4.妥协应付法

当你表示拒绝后，对方还一再纠缠，你就可以采取妥协应付的方法："等我有时间了，一定会参加你们的活动。"

委婉拒绝的方法远不止上面这几种，你尽可以采用各种各样的方法，只是一定要记住，无论用哪种方法，都不要损伤他人的自尊心。

❀ 小小细节看出素质

现在流行这样一句话：细节决定成败。不仅职场上如此，生活中也要注意细节，比如说饮食细节。吃中餐很有讲究的，尤其是正式的场合，规矩很多。中餐非常重视礼节，几千年来已形成了一套传统，其中表现伦理美、形式美的一些规律，一直沿用到现在。从何时举筷、何时落筷到何时离席等等细节，都不能掉以轻心，大而化之，而应该注意每一个细节。

1.上桌后不要先拿筷，应等主人邀请、主宾动筷时再拿筷。筷子不要伸得太长，更不要在菜盘里翻找自己喜欢的菜肴，应先将转台上自己想吃的菜转到自己眼前，再从容取菜。

2.已经咬过的菜不要放回盘子里，应将其吃完。冷盘菜、海味、虾、蒸鱼等需要蘸调料的食物可自由调味，但切记勿将咬过的食物再放进调料盘中调蘸。

3.主人向客人介绍自家做的拿手菜或名厨做的菜，请大家趁热品尝时，不得争抢，应首先礼让邻座客人后，再伸筷取食。

4.好的吃相是食物就口，不可将口就食物。食物带汁，不能匆忙送入口，否则汤汁滴在桌布上，极为不雅。

5.餐桌上不要有敲碗筷、咬筷等不雅动作。

6.当其他客人还没吃完时，不要独自先离席。在宴会餐桌，进餐速度快慢不要依个人习惯，而应适应宴会的节奏，等大家都吃完，主人起身，主宾离席时再致谢退席。

7.饭吃完了就不能再夹菜吃。

8.吃饭吐骨头或皮的时候不可以直接吐在桌子上，要吐在手里然后放在桌子上，而且不能堆得到处都是，要放在自己碗旁边，等吃好饭后收在自己碗里。

9.不可以用筷子指着别人，尤其是用筷子指着别人说话。

10.遇有意外，如不慎将酒、水、汤计溅到他人衣服，表示歉意即可，不必恐慌赔罪，反使对方难为情。

11.如欲取用摆在同桌其他客人面前之调味品，应请邻座客人帮忙传递，不可伸手横越，长驱取物。

12.如系主人亲自烹调食物，勿忘予主人赞赏。

13.食毕，餐具务必摆放整齐，不可凌乱放置。餐巾亦应折好，放在桌上。

14.主食进行中，不宜抽烟，如需抽烟，必须先征得邻座的同意。

15.如餐具坠地，可请侍者拾起。

16.进餐的速度，宜与男女主人同步，不宜太快，亦不宜太慢。

18.餐桌上不能谈悲戚之事，否则会破坏欢愉的气氛。

大家千万不要忽视这些小小的细节，因为从这些小动作中是可以看出一个女人的素质的。因此，我们在吃饭的同时注意自己的言行举止，表现出有良好的餐桌礼仪。

❀ 西方饮食文化略解

世界文明发展至今，不仅中国有着丰富的饮食文化，西方文明也孕育出了自己独特的饮食文化。正所谓一方水土养一方人，在"吃饭"这个问题我们就能看出来了。

　　餐饮产品由于地域特征、气候环境、风俗习惯等因素的影响，会出现在原料、口味、烹调方法、饮食习惯上的不同程度的差异。正是因为这些差异，餐饮产品具有了强烈的地域性。中西文化之间的差异造就了中西饮食文化的差异。

法国人的饮食口味

　　作为举世皆知的世界三大烹饪王国之一，法国人十分讲究饮食。在西餐之中，法国菜可以说是最讲究的。法国人用餐时，两手允许放在餐桌上，但却不许将两肘支在桌子上，在放下刀叉时，他们习惯于将其一半放在碟子上，一半放在餐桌上。法国人讲究吃，而且舍得花钱去吃。法国人不爱吃无鳞鱼，也不爱吃辣味的菜肴。他们一般都喜欢吃略带生口、鲜嫩的美味佳肴。法国人一般都乐于喝生水(自来水)，不习惯喝开水。

　　法国人在饮食嗜好上有如下特点：

　　1.火候：注重烹调火候，讲究菜肴的鲜嫩，强调菜肴的质量。

　　2.口味：一般喜肥、浓、鲜、嫩，偏爱酸、甜、咸味。

　　3.食品：主食为米饭或面粉，爱吃点心；副食爱吃肥嫩猪肉、羊肉、牛肉，喜食鱼、虾、鸡、鸡蛋及各种肠子和新鲜蔬菜，偶尔也愿品尝些新奇的食物，如蜗牛、蚯蚓、马兰等；喜用丁香、胡椒、香菜、大蒜、番茄汁等作调料。

　　4.制法：对煎、炸、烧、烤、炒等烹调方法制作的菜肴偏爱。

　　5.菜谱：很欣赏红烧鳜鱼、宫保肉丁、脆皮炸鸡、炒虾球、银芽鸡丝、菠萝火鸡、拔丝苹果等风味菜肴。

　　6.水酒：对酒嗜好，尤其爱饮葡萄酒、玫瑰酒、香槟酒等，一般不能喝或不会喝酒的人也常喝些啤酒；通常他们惯用的饮料还有矿泉水、苏打水、橘子汁以及红茶或咖啡等。

　　7.果品：法国人爱吃水果，尤其对菠萝格外偏爱，苹果、葡萄、猕猴桃等也是他们爱吃的品种；干果喜欢葡萄干、糖炒栗子等。

英国人的饮食口味

在衣食住行中，英国人最不讲究的就是食。对于英国人来说，"吃的饱"和"吃的好"似乎是一个概念，以至于被法国人取笑是为了生存才吃饭的民族，一点都不过分。因为不重视，也不讲究，所以英国有汽车文化，有戏剧文化，有足球文化，却没有饮食文化。即便如此，英国人还是专一地恪守着他们的单一而传统的饮食习惯。

1.炸鱼薯条

"Fishandchip"大概是唯一的地道英国食品，也是英国人最常吃的快餐食品之一，可称得上是"国粹"，其地位相当于咱们的"烤鸭"。通常鱼条店会提供盐、胡椒粉、茄汁什么的给你自己去调味，英国人对其钟爱之深恰如中国人热爱龙虾鲍鱼一般，是没有理由没有原因的。

2.穿外衣的马铃薯

"Jacketpotato"，正确的解释其实是带皮烤的马铃薯，但我总觉得叫它"穿外衣的马铃薯"仿佛更加亲切可爱。制作方法非常简单，就是把一个巨型的烧烤专用土豆扔进烤箱烤熟后，中间切十字刀，然后把奶油挤在中间，再洒点盐、胡椒粉什么的就算大功告成。

3.夹馅面包

"Sandwich"，毫无疑问是英国人的发明创造，如今更是被发扬光大，用以夹馅的面包除了传统的切片方包外，还有各种长的、圆的、白的、黑的面包可供选择，夹的馅更是千奇百怪，无所不有，只要能想到的，都可以当成馅料，甚至还包括土豆泥、意大利粉，就差没把面包也当成馅夹到面包里去了。

4. 甜品

西方人没有不爱甜品的。通常晚饭吃到最后，已经很饱，但还可以再来点甜品，如苹果馅饼、巧克力蛋糕什么的，让人怀疑他们好像都有两个胃，一个是用来装饭食，一个是用来放甜品的。家庭主妇们似乎个个都有一手做甜品的绝活，在节假日的时候拿出来宴客，在教堂举行慈善午餐的时候，便拿出来给大家分享，参加者只需捐助一点善款即可享受到那香喷喷的新鲜出炉的糕点。

美国人的饮食口味

美国人对饮食要求并不高，只要营养、快捷。美国菜是在英国菜的基础上发展起来的，继承了英式菜简单、清淡的特点，口味咸中带甜。美国人喜欢铁扒类的菜肴，一般对辣味不感兴趣，常用水果作为配料与菜肴一起烹制，美国人还喜欢吃各种新鲜蔬菜和各式水果。

德国人的饮食口味

德国人是十分讲究饮食的。在肉类方面，德国人最爱吃猪肉，其次才能轮到牛肉。以猪肉制成的各种香肠，令德国人百吃不厌。德国人在用餐时，有以下几条特殊的规矩：其一，吃鱼用的刀叉不得用来吃肉或奶酪。其二，若同时饮用啤酒与葡萄酒，宜先饮啤酒，后饮葡萄酒，否则被视为有损健康。其三，食盘中不宜堆积过多的食物。其四，不得用餐巾扇风。其五，忌吃核桃。

加拿大人的饮食口味

加拿大人对法式菜肴比较偏爱，并以面包、牛肉、鸡肉、土豆、西红柿等物为日常之食。从总体上讲他们以肉食为主，特别爱吃奶酪和黄油。加拿大人重视晚餐。他们有邀请亲朋好友到自己家中共进晚餐的习惯。受到这种邀请应当理解为是主人主动显示友好之意。

俄罗斯人的饮食口味

俄式菜肴口味较重，喜欢用油，制作方法较为简单。口味以酸、甜、辣、咸为主，酸黄瓜、酸白菜往往是饭店或家庭餐桌上的必备食品。俄式菜肴在西餐中影响较大，一些地处寒带的北欧国家和中欧南斯拉夫民族人们日常生活习惯与俄罗斯人相似。俄式菜肴的名菜有：什锦冷盘、鱼子酱、酸黄瓜汤、冷苹果汤、鱼肉包子、黄油鸡卷等。

俄罗斯人用餐之时，俄罗斯人多用刀叉。他们忌讳用餐发出声响，并且不能用匙直接饮茶，或让其直立于杯中。通常，他们吃饭时只用盘子，而不用碗。参加俄罗斯人的宴请时，宜对其菜肴加以称道，并且尽量多吃一些，俄罗斯人将手放在喉部，一般表示已经吃饱。

东欧人的饮食口味

东欧国家人的饮食习惯：大体相似。在饮食禁忌方面，东欧人主要不吃酸黄瓜和清蒸的菜肴。东欧人在人际交往中非常喜欢请客吃饭。在宴请客人时，东欧人有不少的讲究。一是忌讳就餐者是单数。他们认定此乃不吉之兆。二是在吃整只的鸡、鸭、鹅时，东欧人通常讲究要由在座的最为年轻的女主人亲手操刀将其分割开来，然后逐一分到每位客人的食盘之中。三是不论饭菜是否合自己的口味，客人都要争取多吃一点，并要对主人的款待表示谢意。四是口中含着食物讲话，在东欧人看来，是很粗鲁的。

❀ 西餐点菜里有窍门

西餐在菜单的安排上与中餐有很大不同，尤其是中餐是各道菜共享，而西餐则是各吃各自的，因此中餐只需要有一位很会点菜的人就可以让大家都品尝到美味的菜肴；而西餐则是自己点自己，较为繁琐。更让人头痛的是不会点菜往往让人十分尴尬，并且难以品尝到西餐的精髓。如果我们想换换口味，而对西餐不了解的话，点菜的时候未免有些尴尬了，所以熟悉点西餐的顺序是一个非常重要的功课。

在菜单的安排上，西餐有其独自的特点。以举办宴会上，中餐宴会除近10种冷菜外，还要有热菜6～8种，再加上点心和水果，显得十分丰富。而西餐虽然看着有6、7道，似乎很繁琐，但每道一般只有一种，对许多人来说，点西餐菜还是比较陌生的。以下是西餐上菜的顺序，以供准备吃西餐的朋友作为点菜参考。

1.头盘也成为开胃品，一般有冷盘和热头盘之分，常见的品种有鱼子酱、鹅肝酱、熏鲑鱼、鸡尾杯，还有奶油鸡酥盒、焗蜗牛等。

2.西餐中的汤大致可分为清汤、奶油汤、蔬菜汤和冷汤等4类。品种有牛尾清汤、各式奶油汤、海鲜汤、意式蔬菜汤、俄式罗宋汤、法式葱头汤等。

3.西餐的副菜通常是水产类菜肴与蛋类、面包类、酥盒类菜肴。西餐吃鱼类菜肴讲究使用专用的调味汁，品种有鞑靼汁、荷兰汁、酒店汁、白奶油汁，大主教汁，美国汁和水手鱼汁等。

4.西餐的主菜以肉、禽类菜肴为主。其中最有代表性的是牛肉或牛排，肉类菜肴配用的调味汁主要有西班牙汁、浓烧汁精、蘑菇汁、白尼丝汁等。禽类菜肴的原料取自鸡、鸭、鹅。最多的是鸡，可煮、可炸、可烤、可焖，主要的调味汁有咖喱汁、奶油汁等。

5.西餐中的蔬菜类菜肴可以安排在肉类菜肴之后，也可以与肉类菜肴同时上桌，另外蔬菜也可拌成沙拉。与主菜同时搭配的沙拉，称为生蔬菜沙拉，一般用生菜、番茄、黄瓜，芦笋等制作。还有一类是用鱼、肉、蛋类制作的，一般不加味汁。

6.西餐的甜品是主菜后食用的，可以算作是第六道菜。从真正意义上讲，它包括所有主菜后的食物，如布丁、冰激凌、奶酪、水果等。

7.西餐的最后一道是上饮料，咖啡或茶。饮咖啡一般要加糖和淡奶油。茶一般要加香桃片和糖。

了解了西餐菜单的顺序以及品种，我们就可以针对实际情况进行点餐了。需要注意的一点是，中餐讲究热闹，西餐讲究礼仪，在西餐中一定要注意礼仪周全，不要闹笑话。在以后的章节中，我们会具体讲解如何优雅地吃西餐。

❀ 五彩缤纷的西餐食物该如何下口？

在大多数情况下，我们只用筷子、刀叉作为餐具就足够了。然而一些比较特殊的菜肴还是要求我们使用些特殊餐具，特别是还要掌握好正确的进餐方式。如果我们没掌握它们的吃法或忽略了了需要注意的地方，那么就难免在餐桌上有失体统，甚至成为他人的笑料。另外，复杂是相对而言的，只要掌握要领，难者亦易矣。以下举几个例子来说明。

1.简单实用的洗手碗

在食用特殊菜肴的过程中，大都少不了洗手碗这一辅助工具。那么，在什么情况下应预备洗手碗呢？简而言之：需要动手的地方就要预备。例如：吃鸡时取出骨头，橄榄核要用手从嘴中取出。当然，如有人能用叉子或勺子从嘴中取出更为典雅，但从实用角度来看，用手更方便，更实际，更易被人接受。下面将要叙述的菜肴大多数都需要准备洗手碗。

用什么碗根据不同情况，有时可直接用尺寸合适的碗，有时也可以用深盘；质地可以是玻璃，也可用不锈钢或瓷器。洗手碗底下放置一个托盘，两者之间要垫上一块餐巾纸。

一般情况下洗手碗中放入的洗手水是温水或热水。液体占容器的三分之二即可，为了便于洗掉油腻的剩物，里面可放入一片柠檬。一般应每人面前配置一个，而且应在需洗手那道菜上来之前就放在桌上备用。

2.吃鱼有讲究

西餐中很大一部分的鱼类餐是鱼片、鱼块或鱼条。因为这样做对于食用者来讲非常省事方便。在西方国家，很多人看到带有鱼刺的鱼时，都下意识地带有敬而远之的心理。因为从嘴里把鱼刺吐出来不是件容易事，不少人对此很发怵。尽管如此，西餐里还是有许多名菜是整条鱼端上饭桌的，例如汤汁鱼、香煎鱼等，还是受到许多美食家的欣赏。那么，我们如何来对付它们呢？在餐厅进餐时，作为客人来讲，你可以选择：服务员为你来办，把整条鱼弄成鱼片；当然你也可以自己来处理，一边欣赏整理，一边自我享受（剩物盘作为放鱼皮、鱼鳍和鱼刺等剩物的容器一定在用餐之前就准备就绪）。具体来讲有以下两个步骤：

一左手拿叉，用叉按住整条鱼，用刀把鱼鳍取下，放入剩物盘。用鱼刀把鱼皮从头部到鱼尾取下，然后用鱼刀把头部和尾部轻轻切一下，注意不可让头部和尾部脱离整个鱼。取下上面的整片鱼肉，放在盘中。有时放在同一个盘里，有时放在另一个盘里，这要根据需要和当时情况。

二把鱼刺取下，与头部和尾部一同放入剩物盘里。用刀把下面的鱼肉向旁边推开，用此方法把鱼皮和鱼肉剥离。鱼皮放入剩物盘，鱼肉放在刚才取下的那片鱼肉旁边，以待享用。有些人还取下鱼鳃处的一小块，认为这是最有价值的一块鱼肉。这里还需要提示的是：与许多东方人不同，西方人一般不吃鱼皮。

鱼子

鱼子在所有的菜肴里属于价格最昂贵的。有红鱼子、黑鱼子两种。黑鱼子还要贵于红鱼子。必备餐具除鱼子勺以外，普通刀叉也应预备。

食用方法食用这道菜应采取"少而精"的原则。将一小盘或一小盒鱼子放在碎冰上。客人用鱼子勺取出抹在面包上食用。配餐面包常用Bli。is（一种荞麦面制成的小饼片），同酸奶油汁一同食用。还可加上以下几种辅料食用：煮鸡蛋、鸡蛋黄或熟鸡蛋清切成小块，分开放入小碗里。另外，还可备些洋葱末、柠檬块、吐司、黄油。

鱼汤

鱼汤这是法国南部很有名的一道汤菜。必备餐具鱼叉、鱼刀、勺。辅助餐具洗手碗、废物盘。

食用方法汤盛在大汤盘或大号深碗里食用。汤里有鱼、蔬菜及其他海味，用勺喝汤，用鱼叉取出扇贝肉等，用鱼刀来切割大块鱼和蔬菜等。搭配的主食一般是白长棍面包。各种海味必须用手从盘中取出，所以，一定要预备洗手碗和剩物盘。

3.好吃不易吃的大龙虾

龙虾经常在套餐里客串主角，它不但属于稀有贵重菜肴，而且颜色漂亮美观。龙虾的烹饪方式很多，摆在盘里的一般是整只或半只，有时也事先将壳剥去，仅用虾肉。当然，如果只是虾肉的话，用刀叉来进餐还是很省事的，但如果是带壳的话，我们如何对付它呢？

必备餐具普通刀叉、虾钳和虾叉，有时还要放上一把勺子，用来饮用虾汁。辅助餐具废物盘，来放置那些皮或壳。洗手碗，因为这道菜总不免要用手，为了避免用油乎乎的手去端酒杯、拿叉刀等，所以洗手碗是不可缺少的。食用方法用左手握住虾头，用右手把虾身拧下来。用虾钳顺边把壳剪开，可剪开一边，另一边用手掰开即可。把虾肉轻轻取出，如有虾肉还在里面的话，可用叉子取出。

4.洋蓟

在进这道菜时，餐具都是当做辅助工具使用，因为，大部分时间是用手来吃的。辅助餐具洗手碗、废物盘。

食用方法用左手握住整个洋蓟，右手一片一片取下，底部的肉处沾过汁后，直接放入口中，用嘴把肉挤出食用。剩下的叶子放入废物盘中。

特别要注意的是：用嘴嘬出洋蓟肉时，尽量不要出声音。所有的叶片吃过后，要清洗一下双手，以便使用刀叉。用刀叉把底部的须子切下之后，洋蓟用刀叉食用即可。

这道菜一般配有调味汁，可用奶油类的汁，例如蛋黄酱，也可用清汁，例如酸酱油（辣酱油）。

5.芦笋

这道菜的吃法上也充分体现了时代在变，人们的进餐方式也在变化。大部分人如今用刀叉切后食用。这种方法已被大家公认为通用的方法了。必备餐具刀叉。

食用方法以前的吃法大家不妨也应有个了解。用右手握住芦笋的大头，左手用叉扎住芦笋的上部，从头部至大头一口一口咬下，不要用刀来切。如以传统方式——用手食用的话，一定要预备洗手碗。

6.牡蛎

西餐里的这道菜一般是生吃。必备餐具牡蛎刀、牡蛎叉。辅助餐具：洗手碗、废物盘。

食用方法在饭店或餐厅食用这道菜时，是已经打开的；在家里食用，则要自己打开。使用的工具是：牡蛎刀和一块布。手握住布，按在牡蛎上，用刀子撬开壳。

一般用柠檬、胡椒、辣椒汁作为调味品倒在上面，味道很鲜美。

用牡蛎叉把肉取出来食用。这时，必须使劲连汁一起嗍出来，当然这样一来要出些声音，但这道菜属于"特赦"，准许出声。

7.意大利面条

这是一道既被小客人又被成年人喜爱的美食，所以，如搭配的调味汁美味可口，人人都会感到这道菜吃起来既亲切又愉快。必备餐具叉。根据情况还要准备勺和刀。

食用方法一般意式面条是放在深盘子里食用的，欧洲人一般使用勺和叉，而美国人通常还要加上刀。意大利人的吃法：只用叉，右手握叉，用叉尖卷起来吃。另外一种普遍的吃法：左手握勺，右手握叉，叉尖取少许面条，在勺子里把面条卷成球形，用勺子把面条送入口中食用。

8.水果

饭后或甜点之后食用些水果，即清凉爽口，又有助于消化。但水果的种类繁多，根据形状大小、有皮无皮、果汁多寡而在食用方法上各有讲究。必备餐具刀、叉、勺。一般在中号盘中（根据水果的不同）放置刀叉、叉勺或只是一把勺。

辅助餐具洗手碗。在用手吃水果的情况下，一般都要预备洗手碗。洗手碗的水温不必是热的，由于水果不含油腻，里面不必放柠檬。废物盘：如果是整个水果的话，一定会有些剩物，所以，应预备盘子。

食用方法如果是果盘，一般是经过加工、可即食的。用公用的叉勺取到自己盘中，用叉食用。如果水果块较大，应使用刀将其切成合适的小块，再用叉送入口中。

如是整个水果，吃起来较复杂，因为牵扯到剥皮、取籽的问题。具体讲来：西瓜和哈密瓜用勺吃；如体积较小，可以切成两半，以一半为一份食用。左手扶住瓜皮，右手握勺，从右边开始刮起。这样，避免把瓜弄得七零八落、十分狼藉而有失体面。西瓜籽应用勺从口中取出，放入旁边的盘中或废物碗里，不要随便吐在外边。用刀叉吃：如果西瓜或哈密瓜已经切成一牙一牙的话，那么应使用刀叉来吃。从果盘里取出一牙后，用刀先把果肉同瓜皮分开，然后再把瓜肉切成大小合适的块状，用叉送入口中。注意：为避免吐子，可以用叉在食用前把瓜子拨掉。

柚子一般分瓣而食。用一种特殊的柚子刀（弧形带叉的刀勺），它能很方便地把柚子肉同皮分割。由于柚子稍带苦味，很多人喜欢撒些糖来食用，味道极佳。猕猴桃切成两半，用咖啡勺刮出果肉食用。芒果顺着长的一边用刀切成长条形状（可不削皮），直接用刀叉食用。苹果、梨等带核水果食用方法有几种。有人不削皮，整个食用；也有人削皮后整个地吃。讲究一点的吃法是把苹果切成几瓣，然后用刀削皮，去掉籽，用刀叉切成合适的块状后食用，也可用手来食用。

9.奶酪火锅

奶酪火锅是瑞士一道很有名的民族菜肴。随着人们对饮食不断广泛的了解，越来越多的人也开始对这种火锅产生浓厚的兴趣。

必备餐具食用奶酪火锅要使用特殊餐具奶酪火锅叉。这种专用餐具比一般餐叉要长出很多，有三个齿。较常见的是木头叉柄，也有用其他金属或烧瓷等，因为柄要接触火锅边，所以首先一定要考虑耐高温。此外，还要准备普通餐叉。

食用方法火锅叉扎住面包后在火锅里沾上奶酪，然后面包同奶酪一同取出。火锅叉不可直接入口，应用餐叉把奶酪面包从火锅叉上取下，用餐叉送入口中。一方面，从火锅里取出的火锅叉滚烫，不宜放入口中。另外，如将火锅叉放入口中，再用它扎面包放入火锅，很不卫生。

还有其他食用方法也可一试：面包块在放入火锅之前，在樱桃烧酒里沾一下，味道更加醇香。当然，这要根据各自的不同口味而自己选择。如果有人不能承受过多的刺激，那么就不要去尝试了。

注意：食用奶酪火锅的面包有讲究，面包块一定要切成大小合适的正方块，以裹上奶酪后能刚好放入口中为宜。面包块一般用（法式）白面包棍切成。搭配的酒水一般干白葡萄酒最为适宜，如果再喝上一杯红茶就更为理想，因为红茶能帮助更好地消化。

❀ 点菜要遵循四原则

之所以说点菜是个技术活，因为你需要了解宾客的个人喜好，有的爱吃辣的，有的爱吃甜的，老年人喜欢清淡，小孩子喜欢新鲜；你需要根据饭局的档次点够品级的菜，科长的话是什么档次，局长的话又是什么档次；你还需要提防点的菜超出了预算……看来，点菜还真不是一般人能够轻松胜任的。

如果时间允许，你应该等大多数客人到齐之后，将菜单供客人传阅，并请他们来点菜。当然，如果是宴请，你需要注意控制预算，因此最好事前多做饭前功课，选择合适档次的请客地点是比较重要的，这样客人也能大大领会你的预算。况且一般来说，如果是你来买单，客人也不太好意思点菜，都会让你来作主。

如果你是赴宴者，即使主人一再谦让，你也应该知道，你不该在点菜时太过主动，而是要让主人来点菜。如果对方盛情要求，你可以点一个不太贵、又不是大家忌口的菜，同时不要忘记征询一下桌上人的意见，特别是问一下"有没有哪些是不吃的？"或是"比较喜欢吃什么？"这样一句话看起来不怎么重要，其实能够让大家感觉被照顾到了。

尽管点菜看起来纷繁复杂，但这也不是说你肯定搞不定点菜这一步，点菜作为饭局中的一个程序，还是有一定的规律可循的。点菜时，可根据以下四个规则：

一看人员组成

一般来说，人均一菜是比较通用的规则。如果是男士较多的餐会可适当加量。

二看菜肴组合

一般来说，一桌菜最好是有荤有素，有冷有热，尽量做到全面。如果桌上男士多，可多点些荤食，如果女士较多，则可多点几道清淡的蔬菜。

三看宴请的重要程度

若是普通的商务宴请，平均一道菜在50元到80元左右可以接受。如果这次宴请的对象是比较关键人物，那么则要点上几个够份量的菜，例如龙虾、刀鱼、鲥鱼，再要上规格一点，则是鲍鱼、翅粉等。

四是不要当面砍价

点菜时不应该问服务员菜肴的价格，或是讨价还价，这样会让你在客人面前显得有点小家子气，而且客人也会觉得不自在。如果怕超支，应该提前和饭店的服务人员沟通，或者私下沟通，万不可把砍价搬到台面上来。

✿ 谨慎对待7种谈客

在饭局中，人与人之间语言上的交流是必不可少的，特别是在交际场合交谈的过程中，谈话技巧就显得尤为重要。但是，有些谈客却令人厌烦，想躲避但又躲避不了，不躲避又像坐在针毡上面一样。如果处在这样的情景当中，你会如何去应对呢？

1.遇到"探人隐私"之类者

每个人都会有自己的隐私，在每个人的内心深处，都有着一块不希望被他人侵犯的领地，尤其是在宴会这种场合中。但是在宴会中，偏偏有些人，或者出于猎奇，或者出于其他目的，上来就问你"收入多少？""夫妻感情如何？"等让人顿生厌恶的话题。这种人虽然伶牙利齿，巧舌如簧，可是却不知道谈话的要领忌讳。在宴会中，如果双方不是很熟悉，打听这些事情，是缺乏礼貌的表现。

对待探人隐私者，最好的办法就是答非所问。如果他问你"谁是你晋级的后台"，你就说"全托你的福"；如果他问你"奖金多少"，你就说"不比别人多"。总而言之，对于对方的提问，不是不答，但答非所问。如此类的话，不仅不会得罪对方，同时还不会让对方达到自己的目的。

2.遇到"唉声叹气"之类者

人生在世，不如意事情十之八九会发生。在宴会场合，有些天生悲观的人，常常会将他们的不幸、苦恼与忧虑作为谈话的主要部分。他们会不停地大诉苦水，接而连三地唉声叹气，使交谈的人们听也不是，不听也不是。如果进行仔细分析一番唉声叹气者所说的不如意之事，就会知道，这些事其实非常普通，并非如此的凄惨，但是唉声叹气的那类人却将自己的境遇说得十分严重。

在唉声叹气者的心里，他们并非认为自己的能力差、抱负小，与此相反，在他们的内心里强烈地希望别人肯定他有着了不起的天赋、有着不寻常的能力。同他们在一起交流，需要恰当地肯定他的特长，赞美他的功绩，给他注入蓬勃发展的活力。如此进行下去，他们就会对你十分亲切，同时还会对你感激不尽。

3.遇到"道人是非"之类者

很多人喜欢传播小道消息，饭局成了他们大显身手的好时机，但是不要以为把他人是非告诉你的人便是你的朋友。道人是非者，既然在你面前说他人的坏处，自然也会在他人面前，说你的坏处。他们乐于道人是非，是妒心过盛的原因，他们心里就会常常巴不得他人越来越倒霉，越来越困窘。聪明的人同这种类型的人交谈的时候，是决对不会推心而置腹的。

远离这种人的办法，就是对于他所说的任何是非话题都做出冷淡的反应，从而就会让他知道"错"而退。对于这种人，不要得罪。对他说的他人是非，又不能赞同。与其言语交流，哼哼哈哈，实在是一种应付的好办法。因为"哼"、"哈"是一种让人感觉十分模糊的语言，不仅会让道人是非者感受到你的成熟，同时还会使他觉得这类话题没有什么办法再与之交流下去，从而便由此而中止了谈话，或者使谈话朝着健康而积极的方向发展。

4.遇到"喋喋不休"之类者

宴会中我们不仅需要跟一个人交流，更需要兼顾众人。但是在饭局中，你常常会遇到那种长篇大论跟你说个没完没了的人。有些人说得多，可是却说不好。他们会一口气谈论整整一个上午，他们会在一个上午谈遍古今中外。他们不但谈天文地理，也谈男女情事。他们激情活跃，谈起话来表情丰富；他们滔滔不绝，从来不会感觉到累。

遇到喋喋不休者，不仅不会伤及到对方的感情，同时又会让对方用少说的方法巧妙提问。一是根据他说的话题提问一些难题。例如"导弹的燃料分子式是什么？""《红楼梦》这本书里一共提到多少男的，多少女的？"等等，让他不知道如何进行回答。这么一来，他就可以少说几句，你也可以多说几句啦。二是提问一些与当前话题无关的问题。比如"打扰一下，现在几点了？""你的眼镜好看，请问你戴上去感觉舒服吗？"等等，如此一来，对方就会感到有点惊愕，从而便停顿下来，这样就使你腾出更多的时间来做一些重要的事。

5.遇到"自我炫耀"之类者

自我炫耀的人通常是个自卑者，还是个自负者。这种人通常外强中干，其"吹牛"的目的只不过是为了引起大家对他的关注，以满足自己的虚荣心。在宴会中，这种胡乱吹嘘给人一种巧言令色、华而不实的感觉。与他们在一起交流，正确的方法就是巧妙地用一些幽默风趣的话语进行回答。他嘴上说成"2"，其实，在内心还是以为是"1"的，对他说的大话，你不能加以肯定，肯定了他会以为你是个不可信赖的人；对于他说的大话，你又不能加以驳斥，一旦你驳斥他，他就会认为你是个不可亲之人。

6.遇到"嚣嚣好斗"之类者

就在你谈得兴高采烈的时候，很有可能会进来一位杠子头或者别有用心的人，对你横挑鼻子竖挑眼，一时间使其好端端的交谈气氛充满火药味。这类人许多都是认为自己高人一等，长你一筹，无所不能，无事不晓，他自己用真理的化身自居，不论现在所存在的问题是西瓜之大，还是芝麻之小，他都会用一种誓死捍卫真理的气概与你针锋相对，气势咄咄而又逼人。对于这类人一旦对你怀有一丁点的成见，就会处处与你唱对台戏。我们在遭遇到这类情况的时候，就会非常容易地使你陷入到顶撞式的辩论漩涡当中。

要想冲出漩涡，就必须要使出自己的一股强劲。这股强劲就是要做到使自己的每一句话都成为颠扑不破的真理，并且还是个简单的真理，如此一来对方也就没有什么办法再对你进行攻击了。再过不了多长时间，"憋得难受"的对方就会主动"告退"。

7.遇到"俗不可耐"之类者

有一些人为了展现给他人一个完美的印象，便让自己的话语里堆满华丽词藻，乱用一些专业性质的术语，从而显得矫揉造作，华而不实；有些人日常说话粗鲁而不雅观，废话连篇，一味单调，啰里啰嗦，某句话能够重复十几遍，某件事一般问八、九次；有些人说话无波澜，无起伏，从而没有摇曳多姿的神态，没有引人入胜的话题，令人感到十分厌倦，所有的这些都是俗不可耐的表现。他们许多都是知识面窄、社交力差的一些人，他们在自己人生经历当中，常常因为如此而经常受到他人的讥笑，心中也便有了某种自卑的感觉。他们热切地希望提高自己的知识水平、社交能力。

与俗不可耐者进行交流，要进行适当的指教。说出一两句正确的做法、注意的有关事项，从而满足他们的需求，可是又不能过多地进行指教，免得伤了他们的自尊心，进而触及到他们的自卑痛处。

在宴会中，使人感到厌烦的谈客不尽是以上的这七种，上面所有的交流方法也不能只靠单纯的照搬。可是有一项必需要肯定，就是一个人的言谈再令你反感，你也应该努力保持自己的良好交际形象。

第九章

礼尚之家：

相敬如宾营造温馨家庭

常见女人抱怨家中争吵不断，似乎要把家人数落个遍，但不知大家有没有想过：一个巴掌拍得响吗？诚然，或许你的家人真的有错，但我们为何不能表现得更有涵养、更有包容心一些呢？要知道，相敬如宾才能永葆温馨，家庭和睦才能万事兴盛。

我们唠叨不断，老公心烦意乱

唠叨是女人最爱犯的一个毛病，她们每天似乎都有很多事情需要抱怨，但细细想来却都是一些鸡毛蒜皮的小事。作为一个女人，我们应该知道这个世界上没有任何一个男人愿意每天和一个怨妇待在一起。如果你爱他，就从现在开始多给他一些安宁吧，也许过不了多久你就会发现，原来没有唠叨的婚姻也可以过得如此快乐完美。

作为男人，他们可以不害怕困难，可以不害怕危险，但是他们一定会害怕自己回家以后老婆那无休止的唠叨。就那么简单的几件事，说个没完没了，越扯越离谱。这还不算完，事情说完了还要找一大堆陈芝麻烂谷子的旧账，然后越说越起劲儿，这不得不让身边的人由紧皱眉头到捂住耳朵，又由捂住耳朵到暴跳如雷。总而言之，那对于他们来说绝对是一种从精神到身体的摧残，使他们一时间不知道自己该做什么，不该做什么，怎么待着都是烦躁。女人的叨叨，就好像是《西游记》里唐僧的紧箍咒，而那个时候的男人显然就已经成为了孙悟空，一切美好的事物，就在这无休止的唠叨中黯然失色，本应该温馨舒适的家却成了男人不敢回又必须回的地方。细细想来，女人这又何苦呢？要知道任何人的忍耐都是有极限的，有些时候，别看男人什么也没说，但这并不代表着他的内心就不会有任何的反感。有句话说得好："不在沉默中死去，就在沉默中爆发。"我们还是不要用无休止的唠叨去促进男人的爆发吧！因为那对我们真的没有一点好处，它不但会让我们对彼此产生更多的不满，还会影响到自己整个婚姻生活的健康与幸福。

最近钟灵秀和丈夫正在闹离婚，主要原因竟然是丈夫在外面有了别的女人，这对钟灵秀无疑是一个沉痛的打击。于是她找到了心理咨询师，一进门就哭诉心中的苦闷："想当初，他就是一个从穷乡僻壤里出来的乡下人。是我父亲托关系把他从农村调进了城市，又给他钱跟人合伙办厂。现在日子好过了，他的尾巴却翘上了天，和别的女人厮混在一起，根本就不在乎我的感受，比陈世美还薄情寡义。想和我离婚，让他做梦去吧!他不让我幸福，那就谁也别想好过。"

听了钟灵秀的抱怨，心理咨询师对她说："钟女士，你看，你还这么年轻、漂亮，完全可以再找一个更理想的人成为你终生的伴侣，为什么一定要抓住一个像陈世美一样，甚至'比陈世美还陈世美的'男人呢？"

"哼!我才不会让他的阴谋得逞，他就是想和我离婚，没门!他把我都耽误到这把年纪了，又有谁还会来爱我?我不会和他离婚的，他永远也别想和那个女人结婚!"钟灵秀气得声音都有点颤了，直喘气，恨不得一口将丈夫吞到肚子里去。"如果你不情愿离婚，那你就应当采取建设性的方法来处理你们婚姻中出现的问题，还有你个人心灵的痛苦。光靠吵架和对抗是解决不了问题的。"心理咨询师希望从钟灵秀的反应中寻找到更多可以帮助她的线索。"不对，你说的不对，我不想和他吵架，而是他不愿意和那个女人断绝关系，直到现在他还经常往那个女人那里钻，你说我能不生气吗!"欧阳芳满脸的怨气，没有一点儿从自己身上找原因的意思。

为了客观、全面地了解钟灵秀与丈夫之间冲突真相，心理咨询师亲自登门拜访，找到了她的丈夫。没想到坐在对面的这个男人，是一个随和、善良、谦逊并且通情达理的人。丈夫坦率地告诉心理咨询师，他的确有外遇，而他寻找外遇的理由不是因为好色，也不是出于情感方面的贪欲，而是想找一个安静的女人和她在一起度过一段宁静的时光，哪怕只有短短的几小时。

"难道你们从未发生过性行为吗?"心理咨询师直言不讳地问道。

"发生过，不过我认为这是很自然的事情，这是不重要的。我最需要的是她能给我的生命制造出一种安详和宁静。你知道这种宁静对我来说实在是太重要，太难得了!她很文静，不爱讲话，她的语气非常柔和，从不会伤人，也不会让你烦恼。我发现我真正需要的就是这种女人。"钟灵秀的丈夫说这些话时明显充满了深情。"那么你想离开你太太的主要原因是什么?"心理咨询师继续提问道。"唉!这个女人呀……怎么说她呢?我知道她心里是有我的，但是我要想说她的缺点能说一箩筐:自私，喜欢逞强，一点儿都听不进其他人不同的意见。这些我都可以忍受，但我最受不了的是她一天到晚不管大事小事，总是没完没了地唠叨。有时候我觉得我的头都要炸了，每天过这种烦躁的生活我实在受不了了。"这个男人脸上显现出少有的无奈。

　　心理咨询师将丈夫的话收录在电脑里，放给钟灵秀听之后，她原本一肚子的抱怨化为了短暂的沉默，她这才意识到，原来丈夫是被自己的唠叨赶跑的。

　　看了上面的这个例子，相信作为一个女人，你一定在内心感慨良多。也许你以前从没有注意过，小小的唠叨竟然能给两个人之间的婚姻带来这么大的杀伤力。卡耐基曾经在他的著作《人性的弱点》中这样写道:"唠叨是爱情的坟墓。"作为一个精明的女人，我们应该时时刻刻用这句话警醒自己，尽管我们真的在心中对自己的老公有所不满，尽管我们真的很想好好地抱怨一番，但是关键时刻，还是让我们管好自己的嘴吧!我们没有必要用那些不经过大脑的唠叨伤害对方的心，更没有必要因为一些鸡毛蒜皮的小事，就一股脑将存在心里的那些旧账统统搬上来好好地算上一次。婚姻是需要宽容忍让的，更何况有的时候你的老公并不是那么糟糕，他只是希望自己能有一个地方静静地待一会儿。如果你不能让家成为他可以停靠的温馨港湾，那就等于成心把他往外面赶，那么所造成的后果往往是让你难以接受和想象的。

　　女人要想把握好自己的幸福，首先就要管好自己的嘴，千万不要让祸从口出，更不要用无休止的唠叨毁掉了你和爱人之间的感情，让他成为一个不爱回家的男人。毕竟有一个美满幸福的家，女人才能实现自己的完美。从现在开始，就让家的氛围里多几分宁静，少几分唠叨吧!相信它一定会让你在他的面前多一些女人味道，少几分消极看法。

❀ 对他温柔一点，家会更幸福一点

作为一个女人，你可以不是很漂亮，你可以不是很有钱，但是你绝对不能不温柔。温柔是女人最具代表性的特质，也是女人的一笔宝贵的财富。拥有了它女人会看上去更可爱、更完美、更有魅力。作为一个女人，我们绝对不能在时光的流逝中丧失了自己的温柔，因为它是促成我们家庭和谐的宝贵元素，也是我们成就爱情的可靠保证。总而言之一句话，要想拥有婚姻的美满，对老公一定要温柔，只有做到温柔，两个人的感情才能更长久地延续下去。

女人天生向往安定，希望把自己相守终生的那个男人牢牢地抓在手里。然而想做到这一点，仅仅靠蛮力是绝对办不到的，因为过度的生猛只会让男人心生畏惧，对你敬而远之。其实能不能和自己的老公相处和谐是对女人情商的一种严峻考验。要知道男人是一个私密性很强的动物，他们从来不轻易"谈心"，女人要想让老公向自己敞开心扉，那么就一定要有自己的制胜法宝才行。人们常说："女人是用来疼的，男人是用来了解的。"要想和自己的老公成为无话不谈的朋友，首先就要学会温柔，只有做到了温柔友善，以柔克刚，才能慢慢敲开对方的心门，并最终成为这扇门之后的主人。

婚姻生活需要双方彼此保持密切的沟通，而沟通也是要讲求策略的，如果爱情也有三十六计，那温柔就是女人的一个必备绝招。作为一个女人，不管你正在经历怎样的婚姻生活，温柔都是自己的一项有力的武器。如今这个时代，什么都是充满悬念的，婚姻也是如此，女人要想在这场争斗中抢占上风，就要用自己温柔的糖衣炮弹将对方炸得晕头转向，手握柔弱的利剑，让他彻彻底底地拜倒在自己的石榴裙下，只有这样，我们才能从婚姻中得到更多的幸福，才能让自己脚下的这双爱情婚鞋，更合尺寸，穿得更踏实、更舒服。

何晓伟和展鹏结婚不到半年，却天天为了周末在哪度过吵架。"凭什么啊，凭什么又要到你家去吃饭啊，各吃各的有什么不可以的?"何晓伟一脸委屈地向老公发问道。"就因为咱俩老不回家吃饭，我妈刚才在电话里把我骂了个半死。不过说句实话，我妈也不是傻瓜，咱俩老这么躲着她，她一定会看出来的。"展鹏惨惨地对何晓伟哀求道。"看出来就看出来呗，有什么大不了的?"何晓伟开始犯起小嘀咕来。"我们老到你家那边吃饭，我家那边肯定会有意见的，上周不是刚刚去过你家了吗?一个多星期没见，我妈肯定想我了。好老婆，今晚就到我家去吃饭吧，咱们明天再去陪你爸妈行吗?我今天晚上要是不回家吃饭，我就死定了。"展鹏苦苦地哀求着。"不行!要回你自己回吧!我得回去陪我妈!说真的，我一见你妈就犯憷，那么多要求我可受不了，真让人害怕。""怕什么啊，有我呢，她又不会吃了你，最多训你几句而已。你就应该多向我学习学习，脸皮厚一些就没事了，我妈怎么骂，我一耳朵听一耳朵冒，要不然早被气死了。"展鹏用恳切的目光央求着何晓伟。

"哎呀，算了，听你的，回家吧，臭老公，怎么这么烦人啊。"见老公如此为难，何晓伟实在是不忍心了，只得用娇滴滴的声音温柔地答应了。"啊，老婆大人，你实在是太好了，太通情达理了，爱死你了，明天就是再忙我也一定跟你一块儿回你家吃饭。"展鹏激动地称赞着自己的老婆。"你才知道我好啊?娶了我你就是中大奖了，那是你几辈子修来的福气。""那是当然了，你是我这辈子最大的幸福。""不行，你今天欺负我了，作为偿还，你必须亲亲我、抱抱我才行呢!"话说到这里，何晓伟开始跟老公撒起娇来，这招用在展鹏身上的确很受用，他赶快把小娇妻抱在怀里，亲吻着她的脸颊，抚摸着她的头发。

第二天一大早，何晓伟和展鹏两口子就去了娘家，展鹏因为妻子温柔贤惠识大体，买了很多礼物给老岳父、老岳母，结果可以说是皆大欢喜。

后来展鹏也常常在外人面前夸奖自己的老婆善解人意，自己能找到这样柔美的老婆真是太幸福了。

如果说温柔是女人的绝密武器，那么哪个男人不愿意倒在这样幸福的利器之下呢？但是很多女人却总是忽视了温柔的力量，她们虽然每天为家里忙里忙外，为身边的丈夫左右操劳，但却脾气暴躁，总是一副粗俗的大嗓门，每天不是吆喝孩子，就是和老公大吵大嚷。用男人的话说："真的不像个女人，找不到温柔的感觉。"就这样老公的心离自己越来越远了，而她却一肚子的委屈，整天怨天怨地，却不知道为什么自己为了这个家付出了那么多，到头来却落得这个下场。她们每天都在抱怨丈夫对自己不忠诚，却不知道这样的下场是她们自己造成的。其实女人不单单要勤劳持家，还要会与丈夫相互欣赏，相互取悦，因为男人需要的不是一个保姆，也不是一个管家婆，而是一个知冷知热、知轻知重、温柔体贴的好妻子。

男人需要温柔，女人也同样需要温柔，有的时候婚姻就像一杯白开水，如果你愿意往里面加点糖进去，它就是甜的，如果你愿意放点醋进去，它就是酸的。女人的温柔对于男人来说就是一块甜甜的糖，只有将它静静融化在两个人的婚姻生活中，爱意才会随着这杯水的温度渐渐升华，营造出美满而温馨的气氛。总而言之，爱需要女人的温柔作为原料，今后的日子，对老公还是温柔点吧，只有这样，你们才能永远生活在属于自己的暖暖爱巢里，才能让彼此之间的那份感情长长久久地延续下去。

❀ 8句会毁掉你幸福的话

女性朋友们不知是否有所注意，导致夫妻吵架的最主要原因就是口舌之争，也就是说摩擦大都是因为说话不谨慎引起的。下面就是最容易挑起矛盾的几句话，仔细回忆一下你是否常常将其挂在嘴边？

1."嫁你算倒霉了，整天为钱操心！"

一个丈夫兴致勃勃地对妻子说："刚发了薪水，我们去吃大餐！"他绝对是出于好意，但是太太听了却心里有气："你赚多少钱啦！有资格享受么？嫁了你，这日子就从没自在过，成天为钱操心！"丈夫无端被数落，十分没趣。

丈夫挥金如土的确令当家者心惊肉跳，但做妻子的切忌大吵大闹，更不能在朋友面前当众数落丈夫，这是对丈夫的基本尊重。你可以心平气和地跟他讨论家庭开支，甚至列出他每月的零用钱数量。

一对夫妇要共同生活数十年，要令婚姻永远幸福，一定要好好地深入对方的灵魂，使双方有更深入的了解。双方相处，如一只鸟儿身上的翅膀，像一辆车子下面的两个大小均等的轮子，并肩向前，缺一不可。

然而，你在态度严肃、措词坚定的同时，切勿破口大骂对方，或没完没了地数落你对他的不满，因为这样会严重伤害你们之间的感情，也会深深打击他的自尊心。

2."我知道你就会这样说。"

有很多话本身并非责难，除非你用的是含沙射影的语气。当你面带挖苦地说"我知道你就会这样说"时，无异于是在用另一种方式骂你的先生是个"笨蛋、蠢人"。美国西雅图葛特曼研究院创建者、《婚姻美满的7条准则》一书的作者、哲学博士约翰·葛特曼认为：轻蔑会加快婚姻的崩溃。离婚最明显的征兆之一往往是无论你丈夫说什么，你都不屑一顾。

较为明智的表达既真诚地考虑到了他的感受，又表明你希望能为解决问题做些什么。对生活中彼此每一点细微之处都试着去体会和沟通，你们的婚姻才会更为牢固。葛特曼建议道："比如他加班要很晚才能回家，那么不妨把他最爱看的电视节目录下来。只有对彼此的目标、焦虑和希望真正有所了解，当要决定重大事件以及出现分歧时，你们才能够更为妥善地共同对待。"

3. "你令我简直快疯了。"

你得明确是什么在影响着你的情绪，奥尔森博士认为，笼统地否定一切只会令婚姻关系愈加紧张，"特别是解释清楚你生气的理由"极为重要。

你需要强调他的行为带给你的感受，但不要列出一大堆的抱怨和委屈清单。记住：一次只指出一个问题，诸如，"当我想跟你说话而你只顾自己看电视时，真的叫我很难受"。

越早说出自己当时的感受越好。奥尔森博士解释说，"你令我简直快疯了"这句话意味着你的情绪经过长时间的压抑之后已经上升到了一个过激的水平。

4. "这事你一直就没做对过。"

责备你的另一半的行为不当，你往往会指出做这件事正确和错误的方法。虽然看上去你的方法可能最好，可事实上它常常是带有你主观偏见的。葛特曼博士指出："责难会使夫妻感情疏远。"家庭中两个人要做到相互平等。葛特曼博士举例说，当需要做家务活时，男人们必须抛掉让自己很舒服的想法；而女人也得放弃控制男人完成这件事的过程。"显然，做他的顾问比对他指手画脚效果要好得多。"

不要吝啬对他的感激和肯定之词，这会令他乐于继续坚持下去。幸福的夫妻往往建立在彼此欣赏的基础上，他们会常常互相赞美，哪怕是日常生活中最细枝末节的地方，他们也不会忘记说声谢谢。

5. "为什么你总是不听我说?"

说你的伴侣总是不听你的，不仅是责备而且还夸大了怨气。毕竟，即使是最不虚心的人对你所说的话也会在意的。美国西雅图华盛顿大学社会学教授、《爱在平等间：如何真正让婚姻平等》一书的作者、哲学博士佩伯·施沃兹指出：使用"总是"或者"从不"这样的字眼，你的丈夫"此刻就不可能和你进行正常的交谈"。同时，这种全盘否定的说法还会把问题的责任全部推到他的身上，而让自己脱离了所有干系。

而以"这对我真的很重要"这句话作为开场，则会为你打开一扇进行建设性对话的大门。施沃兹认为："它会令你有机会说出被他拒绝的话而且提出解决问题的建议。"

在表述你的观点时要冷静。丹佛大学心理学教授、《为婚姻而战：避免离婚并让爱情持久的法则》一书的作者、哲学博士赫沃德·玛克曼认为，通常妻子对丈夫最大的抱怨是他们完全不和你说什么；而丈夫们最一致的看法却是说得太多会引起争执。因此他建议：如果你想让你的丈夫不仅听你说而且更多地和你交流，就要始终做到心平气和。

6. "说得对，我正是要离开你！"

威胁听上去好像很引人注意，但它们往往很危险，而且不给进一步的交谈留一点余地。施沃兹博士解释说："你的丈夫可能会对你说'再见'或者讥讽你不过是做做样子，而这两种结果都是对你的一种羞辱。"

就算你确实怒气冲天一走了之，你们的关系也不会就此结束，尤其还要牵涉到孩子的问题。

把那些一触即发的冲动放在心里，毕竟你"并不真的想要离开"。在这种情况下，只要夫妻间的关系还没有破裂，说出真实的感受有助于接触到问题的根本。不过，对于大多数婚姻而言，动不动就用离开来进行威胁只能随着时间的推移而变成现实。葛特曼解释说："这就有点像自杀，总是威胁要离婚的人将自己未来的道路一点点逼进绝境。"

7. "没什么不对。有什么让你觉得不对的?"

回避问题只会让事情更糟。伤口总是会化脓的，你的痛苦会将你们的关系抛向更为混乱的境地，并逐渐深化。

首先，承认有不对劲的地方，即使你并不准备立即谈论此事。这样做有助于消除紧张气氛，并使你们两人处于寻求解决之道的同一条路径上。然后，计划好大家坐下来慎重地谈论双方的问题。

在上床之前解决问题是明智之举。但玛克曼博士指出，如果双方对某些问题存在严重冲突，那么"在上床前硬要将这些烦心事弄出个所以然就并不恰当"。他建议，暂时将怨气放在一边，直到你找到能够处理问题的时间。在你感到不那么疲惫和劳累的时候，会更容易发现解决问题的方案。

婚姻中难免有摩擦，但彼此一定要学会选择一种温和、不伤感情的言辞来表达自己的意见，一触即发之际，是火上浇油，还是春风化雨，女人，就取决于你的一句话。

有这样一种有趣的说法，说是恋爱时，因为女人说得少男人说得多，所以恋爱给人的感觉就非常美妙；而结婚后恰恰相反，女人说得多男人说得少，所以吵架不断。细思之，似乎有几分道理。女人们常犯这样的错误——只顾自己说，不管男人爱听与否，偶尔难免"恶语伤人"、祸从口出。女人需要记住，婚姻是种经营，你千万不要只知动嘴，不知动脑。

❀ 想要相扶到老，就要相互包容

当一个女人挽着她心爱的男人走向了红地毯，就代表着两个人从此愿意互相爱慕，相互包容，相互理解，相互忍让。这听起来很浪漫，但做起来真的不是一件容易的事情。由于两个人之前分属于两个不同的家庭，从来没有一起生活过，所以在家庭的琐事上难免会产生摩擦。老人们经常劝慰我们："炒菜做饭，哪有勺子不碰锅沿的？"家真的不是一个讲理的地方，它需要我们用自己全部的感情去经营，只有这样，两个人才能在彼此的磨合中找到默契，只有我们原谅了彼此生活中的那些不尽人意的小差错，才能让彼此之间的那份感情更稳固、更踏实。其实，只要我们用自己的爱去体谅对方，感化对方，又有谁不愿意为自己所爱的人改变自己呢？生活本身就不是一件应该较真的事情，非要用争吵评判出谁对谁错又有什么意义呢？

家不是讲理的地方，而是讲情的地方。其实，有时候两口子吵架也不是什么大事，它也许也是一种彼此交流的方式，将彼此的不快统统说出来，宣泄一下心中的不满，也没有什么不好。但是吵完了，还是要踏踏实实地过好眼前的日子。如果得理不饶人，非要争出个你上我下，你输我赢，那真的很没意思。夫妻之间需要的是相互的包容和忍让。当你用自己的真心和真爱去影响对方，改变自己，那么对方也一定会有所反映，有所回馈。其实真正的爱情，是需要你用嘴巴去沟通，用耳朵去聆听的。夫妻之间的相亲相爱，相濡以沫也是需要用时间去培养、去适应的，有的时候彼此都往后退一步，那么生活一定会营造得更加和睦、更加温馨幸福。不信你看：

格格和肖嘉辉认识已经有两年的时间了，两个人相处得还不错，于是在2009年的春天他们走进了婚姻的殿堂，过上了自己幸福滋润的小日子。

刚开始的时候生活还比较和谐，但慢慢地两个人都发现了对方的很多毛病。格格每天起来就习惯坐在大衣柜面前"相面"，一会儿看看这件衣服，一会儿试试那件衣服，然后还要画上一小时的妆。对于做饭炒菜这样的事情她总是躲得远远的，嘴上还振振有词："这么脏，我可不干。"肖嘉辉呢？回来以后就把袜子、衣服到处乱扔，然后慵懒地躺在床上，什么也不干，而且还有一个让格格难以忍受的坏习惯，就是他上完厕所以后经常忘记冲马桶。就这样，两个人经常为一点鸡毛蒜皮的小事吵架。肖嘉辉抱怨格格就知道臭美，自己回家连一口热乎饭都吃不上，格格怪罪肖嘉辉不讲卫生，把家里弄得到处都是脏兮兮的。两个人经常争得谁也不让着谁，都觉得自己有理，时间一长感情也就越来越不好了。

一次肖嘉辉和格格又吵架了，两个人仍旧是互不相让，弄得肖嘉辉一气之下出去找朋友喝闷酒，格格一个人在家里对镜哭泣。万般无奈之下，她拨通了妈妈的电话诉苦，听了格格一连串的抱怨，妈妈劝慰她说："孩子，家不是一个讲理的地方，你们需要的是彼此适应，相互改造。有句老话说得好，过日子哪有勺子不碰着锅沿儿的？当初我和你爸爸结婚的时候也没少吵架，但慢慢就彼此适应了。你们现在年轻，还是经历的太少，你们要学会彼此宽容和忍耐，才能安安生生地过日子。既然你已经嫁给了他，就要学会适应他，不要总过分地去与他争吵，时间一长会影响你们之间的感情……"听了妈妈的一番教诲，格格也耐心想了好几天，父母之所以能一起度过大半辈子，相扶到老，主要就在于他们彼此的包容和理解，妈妈说得很对，家真的不是一个讲理的地方。

就这样，格格开始学着适应肖嘉辉的一些习惯，肖嘉辉看到老婆不再和自己争吵，也自觉地开始发生改变，不再把衣服、袜子到处扔了，也知道冲厕所了，每天回来还能吃上媳妇做的饭，两个人过得越来越和谐，争吵也慢慢减少了。

人们常说"家家都有本难念的经"，作为一个女人，你也许觉得保持家庭和睦关系真的不是一件容易的事情，夫妻之间要想避免口舌之战，需要我们拥有很宽宏的气度。这真的是一门很高深的学问，需要我们用自己的一生去学习、去实践。然而令我们困惑的是，随着结婚年限地增长，很多女人反而越来越感受不到家庭的温暖和夫妻之间的温情，还有的夫妻更是难以逃脱婚姻"七年之痒"的魔咒，让期望中的夫妻恩爱和家庭幸福逐渐变成了不堪重负的精神枷锁。

那么我们应该怎样去解决这样的问题呢？其实，答案也很简单，那就是将自己的感情和爱全部融入到婚姻生活中去。尽管对方的一些行为我们并不是很认同，但也要学着适度地装装傻，有些事情点到为止，给对方留足情面。老人们不是常这样对我们说吗？"结婚之前睁大眼，结婚以后就要学会睁一只眼闭一只眼。"女人，要想拥有幸福的婚姻生活，就一定要掌握睁一只眼闭一只眼的生活哲学。当我们将谁对谁错统统抛开，用微笑和宽容去接纳对方，理解对方，你就一定能够发现，原来生活还是很美好的，自己的爱人也并不是完全一无是处，整个婚姻也会在彼此改变中变得更加温馨、更有味道。

❀ 做丈夫忠诚的支持者

当自己的老公遇到挫折的时候；当他遇到了两难的选择，内心在作挣扎的时候；当他要向事业的更高峰进军的时候……你是否在背后支持着他？

可以说男人并不是时时刻刻都如人们想象的那样坚强，在他刚刚经历了挫败或在艰苦的环境中挣扎的时候，他也需要有一个忠实的信徒来支持他、鼓励他，这点对于身为妻子的你尤为值得注意。

有时男人就是个孩子，无论外表怎样坚强，他的内心都是柔软脆弱的，需要你的安慰抚摸，需要你温柔肯定的言语。

可是，当他带着期望回家，迎接他的却是妻子皱着眉头的脸和不停的唠叨与埋怨："王姐的老公都升职了，你什么时候……"当他带了一束玫瑰回家，妻子却漫不经心地丢在一边，开始谈论阿芳新买的钻戒多么漂亮；当女人不再感激男人的付出，甚至有些鄙视他的心意时，男人还会渴望回家，还会觉得家是温暖的港湾吗？不难想象，其后果是严重的。

现代社会，竞争和压力无处不在。男人为了事业、为了家庭拼命打拼，再多的苦和累，他们都默默地承受；再多的委屈和辛酸，他们也深埋心底。他们唯一的渴望就是在拖着疲惫的步伐回到家里的时候，老婆真诚地对自己说一声："你辛苦了。"这会让他感到温暖和幸福，让他的疲劳消失殆尽。当男人低落时,当男人的事业不如意时，他的心情难免会烦躁，那证明他是一个有责任感的男人，这时你的奚落会让他觉得很没面子，也会觉得你看不起他，很影响你们之间的感情，当你安慰他的时候，一定要把握好这个度，不宜多说，但也不要默默地一言不发。

很简单的一句话："老公，你是最棒的。咱不着急，失去你那是他们的损失。"表达的是你对他的理解和尊重，还有对他深深的爱和浓浓的情。换来的是老公的东山再起和对你更依赖的爱。

聪明的女人会由衷地支持与崇拜自己的老公，并相信他是世界上最棒的！

❀ 婚姻需要礼让

爱情的成功与否其实暗含着很多原因。我们要有付出的能力、理解的能力、宽容的能力和自我承担的能力。付出才能得到回报，理解和宽容才能营造爱情继续生长的环境，自我承担才不致使爱情成为萎靡不振的祸首。

在日常的生活中给对方多一些理解，在细节中给予对方更多的关心和体贴，不动辄揪住"鸡毛蒜皮"的小事不放，你会发现生活更美好了，家庭更和睦了。例如，婆家来人，妻子疏忽，忘了给客人沏茶。丈夫大声呵斥起来："你这样不懂规矩，是不是看不起他们？你看不起他们，就是看不起我……"这时，我们做妻子的决不能采取"以牙还牙"的顶撞态度，而应有"宰相肚里能撑船"的气量，暂且不去计较丈夫的话说得难听或是否符合事实，而要多想丈夫平时对自己的好，过后再找机会向丈夫说明原因，并指出他在来人面前奚落自己是不对的，这样就可避免一场不愉快的"冲突"。

一次，夫妻二人决定坐下来好好谈谈。

妻子说："你有多久没有回家吃晚饭了？"

丈夫说："你有多久没有起床做早饭了？"

妻子说："你不回家陪我吃晚饭，我有多寂寞啊。"

丈夫说："你不给我做早饭吃，你知道上午工作时我多没有精神。上司已经批评我好几回了。"

"早饭你可以自己弄的啊，每天回来那么晚吵我睡觉，我怎么能起得来。你可以不回来陪我吃晚饭，我就可以不给你做早饭。"妻子不高兴地说。

"你知道我一天上班有多辛苦，压力有多大。一个晚饭，自己吃怎么了，难道你还是孩子，要我喂你不成？"丈夫也没有好气地说。

妻子抱怨说："你总是喝得烂醉而归，有多久没有给我买花，多久没有帮我做家务了。"

丈夫也不甘示弱地说："你知道你做的饭有多难吃，洗的衣服也不是很干净，花钱像流水，有多久没有去看我的父母了……"

就这样，夫妻二人你一句我一句地互不相让，最后竟翻出了结婚证要去离婚。

在去街道办事处的路上，他们遇见了一对老夫妇正相互搀扶慢慢走着，老妇人不时掏出手帕给老公公擦额头上的汗，老公公怕老妇人累，自己提着一大兜菜。这对年轻夫妇看到这个情景，想起了结婚时的誓言："执子之手，与子携老。休戚与共，相互包容。"可是现在竟然……

于是他们开始互相检讨。丈夫说："亲爱的，我真的很想回家陪你吃饭，可是我实在工作太忙，常常应酬，并不是忽略你啊。"

妻子不好意思地说："老公，我也不对，不应该那么小气，你在外工作挣钱不容易，早上我不应该赖床不起的。"

"早饭我可以自己热，每天回家那么晚一定吵你睡不好觉，你应该多睡会儿的。"丈夫忙说，"刚才在家我不应该那么凶地和你说话，我知道自己身上有很多毛病……"

妻子也忙检讨自己……

就这样，这场离婚风波平息了。从这之后，夫妻俩变得互敬互爱，彼此宽容忍让，更多地为对方着想，恩恩爱爱。其实，导致婚姻失败、爱情终结的常常都不是什么大事，而是一些日常琐碎小事中的摩擦。

相互理解才能让彼此互相交流、融洽，相互理解才能让感情维系长久。埋怨只能让彼此疏远，让爱情更早地被葬送。但宽容也是有原则的，并不是一味地忍让，而是不要斤斤计较，付出就索取回报。要常常换位思考一下，不要把自己的想法强加于人，要给予对方解释的机会。

有时候婚姻的另一方，一不小心撒了谎，大可不必刻意去揭穿他，更不用和他拼命，就算你洞悉一切，你仍然可以傻傻地笑着说，我只是担心你。潜台词就是我知道，但我不打算计较。特别是有第三方在场的时候，你给他留足了面子，他一定会心存感激，感激你的包容和护佑，会把你当成同盟，当成分享秘密的另一方，这种垂手可得的甜蜜，何必推辞掉？

白头偕老不是一句空泛的誓言，而是融入我们每一天的生活细节里的行动。白头偕老不仅仅需要爱情的支撑，更需要彼此的理解和礼让，而这理解正体现在日常生活中。

❀ 能忍终有益，家和万事兴

《说文解字》上说"忍，能也"。忍，确实是有能力、有雅量、有修养的表现，它是积极的，主动的，高姿态的。人人都懂得这个理，何愁家庭不和谐幸福？

有一老翁，有子媳各三，但一家相处融洽，终年不见狼烟。一日闲聊时，老翁谈起与媳妇的相处之道。他举例说，一次大媳妇煮点心，先盛一碗给他，并半征询半内疚道："刚才我好像放多了盐，不知您会不会觉得咸了点？"阿翁吃了一口，即答："不会！不会！恰到好处呢！"此后的一次，三媳妇煮点心时也给他送去一碗，说："我一向吃得较为清淡，不知您口感如何？"阿翁喝了一口汤，忙答："很好很好，正合我的口味。"结果自然是皆大欢喜。

忍让是通向幸福的钥匙。家庭中的矛盾、分歧很少有原则性的分歧。这时能以"忍"字为先，装些糊涂，表示谦让，矛盾也就烟消云散了。不然的话，就会激化矛盾。其实，是咸是淡，好吃难吃，都不重要，重要的是人与人相处时那种和乐的气氛。请看下面的故事：

魏太太把满满一桌饭菜凉了又热，热了又凉，那可全都是魏先生爱吃的。然而魏先生早忘了今天是他们结婚五周年的纪念日，而迟迟在外不归。

终于，魏太太听到了钥匙的开门声，这时愤怒的魏太太真想跳起来把魏先生推出去。魏先生的全部兴奋点都在今晚的足球赛上，那精彩的临门一脚仿佛是他射进的一般。魏太太真想在魏先生眉飞色舞的脸上打一拳，然而一个声音告诫她："别这样，亲爱的，再忍耐两分钟。"

两分钟以后的魏太太，怒气不觉降了许多。"丈夫本来就是那种粗心大意的男人，况且这场球赛又是他盼望已久的。"她不停地安慰自己，尔后起身又把饭菜重新热了一遍，并斟上两杯红葡萄酒。兴奋依然的魏先生惊喜地望着丰盛的饭桌："亲爱的，这是为什么？""因为今天是我们的结婚纪念日。"

愣了片刻的魏先生抱住魏太太："宝贝，真对不起，今晚我不该去看球。"

魏太太笑了，她暗自庆幸几分钟前自己压住了火气，没大发雷霆。

忍让，是家庭和谐幸福的一个必不可少的条件。多站在别人的角度想一想，比如，在家里谁说了几句不中听的话，你不妨想到，他可能为别的事心里不痛快，或许他对什么事误会了，或许他天生的直筒子脾气，沾火就爆，过后他会想到自己的不对的，或许是因为他年纪小、想事情不周全，等等。这样就理解了，宽恕了，容忍了，也就不会放到心里去。这才是真正的忍，忍了之后，自己的心里也是坦然的，宽阔的，清爽的，平静的。

试想，如果家庭成员之间因磕磕碰碰、丁丁点点的小事，不知忍让，不去克制，便针扎火爆地发脾气，耍野性，这个家庭还有什么和谐幸福可言呢？我们每个家庭当中，夫妻吵架，都是因为这些提不起来的事引起的。你细细想一下，是不是应该像魏太太那样忍耐两分钟呢？

家，是人生的安乐窝；家，是人生的避风港。一个家庭要想"家和万事兴"，家庭里的成员必须要能相互了解、相互体谅、相互尊重、相互包容。忍让，能让家庭和睦；忍让，使全家相安无事。虽然学会忍让不是一件简单的事，但我们还是要忍让，因为忍让能为我们带来意想不到的收获。

第十章

礼尚往来:

送礼答理尽显蕙质兰心

中国是个讲究礼尚往来的国度,送礼还礼的文化源远流长。国人很看重这个,当然你也很有必要懂得,不然,别人不但会认为你不懂礼数,甚至会殃及你的父母,认为你的家庭涵养不够。

❀ 送礼有哪些礼仪需要注意

礼物是人与人之间建立关系的一部门，是维系人与人之间关系的一种纽带。中国人崇尚礼尚往来，这一来一往之中便蕴含了无数美妙。但事实上，送礼也不只是送送那么简单，前提是，你必须知道什么时候、对什么人、该送什么样的礼，这其中有着约定俗成的礼仪，如果说你不甚了了，胡乱地送起来，那么好心反而会得不到什么好的回报。

那么，下面我们就去了解一下送礼过程中的各种不同礼仪常识吧：

1.送礼给病人

一些女士给病人送礼时，喜欢买一些滋补品或者是保健品，事实上这并不是好的选择，因为病人在治疗期间，需要按照医嘱进行治疗、注射，有可能要忌口，再者，这样的阶段也并不适合服用补品。所以说，我们给病人送礼，最好是送一些鲜花或表示祝愿的小盆栽。不过切记，有些花并不适合病人，譬如白色的花。一般而言，以下花卉是我们探病送礼的不错选择：百合、康乃馨、满天星、天堂鸟，等等。

2.送礼给新人

朋友结婚，我们必须表表心意，在这种场合，我们挑选礼物最好要有意义，比如送两位新人99朵玫瑰，寓意天长地久；送一大块结婚蛋糕，表达你的祝福，等等。其实，结婚送礼的讲究颇多，这一点我们会在下文为大家详细介绍一下。

3.送寿星礼物

这一点我们需要分两方面来说。如果你只是给同辈的闺蜜、朋友、同事过生日，那么不必太过拘于形式，太过形式化，反而显得生分。但在给长辈、老人祝寿时，我们则要注意礼数，譬如"钟"一类的礼物千万不要送。总体上说，无论是给平辈还是长辈过生日，一块精致甜美的蛋糕，都是不错的选择。

4.年节送礼

这一点需要视你所在地的习俗而定，不可同日而语，总的来说我们需要记住一点，不要别出心裁，违背了当地的习俗，否则你很难受到欢迎。当然，具体的节日送礼，我们仍会在下文具体介绍，请大家注意关注。

其实送礼这种事情，最大的诀窍就是，根据不同的受礼者，选择不同价值、不同意义的礼品，以迎合受礼者的心理为宜。换而言之，受礼者想要的东西，才是最好的礼品。

❀ 赴宴送礼不得不说的事

国人向来讲究"礼尚往来"，别人给了你热情的款待，按照礼节你应该也有所表示。很多人都会选择送给主人礼品，表达自己的感激之情。合适的礼品能够增进双方的感情，让主人觉得自己的一番热情没有被辜负，客人也会觉得心安理得。

赴宴带去的礼品，要恰当表达出你对主人的情谊，最好是选择自己也希望接受的礼物。如果你送的礼物连自己都不喜欢，人家怎么会喜欢呢？现代社会，礼尚往来很是普遍，礼品送来送去，有可能形成一个循环。所以，送礼物的时候注意不要把去年收到的礼物今年再转送出去，或索性丢弃它，因为送礼的人通常都会留意你有没有使用他所送的礼品。礼品重在合适，表达出自己的新意即可，没必要非得很贵重。如果你比较富有，礼品送礼给一般的朋友也不宜太过于出手阔绰，这有时会引起不必要的尴尬，得到反效果，反而送一些有心思的礼物会更好。

　　送礼重在表心意，所以送礼品时一定要把礼物上的价格标签拿掉，把标签留在礼物上，只会显得你另有所图。你是在向对方传递两个讯息，一个是"我们的情谊值多少钱"，另一个是"看着吧！下次得回同样价格的礼物给我"。相信每一个接受礼物的人都会不喜欢这样的感觉。此外，不论礼物本身价值如何，为了表示自己的重视，礼品最好还是要用包装纸包装起来。送礼品也要为对方做一些实际的考虑，想想接受礼物的人在日常生活中能否应用得上你送的礼物。比如，他家里摆得下这么大幅的画吗？

　　送礼物还要选对时机。经常出现这样的情况，有些人到对方家中拜访时，直到要离开时才想起该送的礼物，结果主人却因为谦逊、客套而不肯接受，此时在门口拖拖拉拉就容易让人觉得好笑。要如何避免这种情形发生？最好的送礼时机是进到大门，寒暄几句就奉上礼物，这样的话，就不会出现对方因为客套不收礼，而双方僵持在门口的情况。如果错过了在门口送礼的时机，也无需紧张，不妨在坐定后，主人倒茶的时候送。不用担心这样会打断原来谈话的兴头，说不定还能增加另一个话题呢！

　　赠送礼品应考虑具体情况和场合。赴宴礼品一般应当面赠送，但有时参加婚礼，场面比较混乱，可以选择事先送去。礼贺节日、赠送年礼，可派人送上门或邮寄。这样也避免了主人和客人之间因为谦虚客套而发生的尴尬。这个时候，随礼品附上送礼人的名片，可以采用手写贺词，装在大小相当的信封中，信封上注明受礼人的姓名，贴在礼品包装皮的上方。送礼还要考虑一些细节，比如当众只给一群人中的某一个人赠礼是不合适的。接受礼品的人会由此产生受贿和受愚弄之感，没有受礼的人则会感觉受到了冷遇。另外，给关系密切的人送礼也不宜在公开场合进行，那样会让人产生误会，觉得你们的关系密切完全是靠物质的东西来支撑的。只有礼轻情义重的特殊礼物，礼品表达特殊情感的礼物，才适宜在大庭广众下赠送。因为这时公众已变成你们真挚友情的见证人。

送礼时还要注意自己的态度、动作和语言表达。平和友善、落落大方的动作并伴有礼节性的语言表达，会让受礼方感觉自己受到了尊重，那样才会乐于接受你的礼物。而那种做贼式的，将礼品悄悄地置于桌下或房某个角落的做法，不仅达不到馈赠的目的，甚至会适得其反。中国人喜欢含蓄和自谦，送礼时自己总会过分谦虚地说"薄礼!薄礼!""只有一点小意思"或"很对不起……"，其实这些说法大可不必。当然也不要走向另一个极端，比如用一种近乎骄傲的口吻说："这是很贵重的东西!"，这样只会招人反感。大大方方自自然然的送礼才是最好的方法。在赠送礼物的同时，应该强调的是自己对受赠一方所怀有的好感与情义，而不是强调礼物的实际价值，所谓"千里送鹅毛，礼轻人意重"就是这个意思。

赴宴送礼这件事，说大不大，说小不小。为了能够礼数周全，还是应该赠送主人一些礼物的，说不定这次赠礼会在以后的社交中会起到意想不到的作用。

✿ 商务送礼的艺术

商务送礼有它的规矩，送给谁、如何送、送什么都有所讲究，绝不能胡乱送。否则，送出了差错，就要为此承担后果了。一般来说，商务送礼有以下几条规则需要我们格外注意：

1.选择的礼物要轻重得当

商务送礼不能送得太轻，太轻，对方可能会因此产生误解，认为你瞧不起他，尤其是对于那些关系不是很亲密的人，更是如此。进一步说，如果你希望达成自己的目的，那么出手就不能太小气。但是，礼我们也不能送得太重，礼太重，彼此又会有了行贿受贿之嫌，尤其是在给上级送礼时，这一点尤应注意。所以说，商务送礼的标准应在对方内接受的尺度内，做到皆大欢喜。

2.送礼间隔的时间要把握好

其实有一点我们一直可能忽略了，事实上，送礼的时间间隔也是有讲究的。你送一次礼便久不登门，这不合适；但频频送礼、频频登门，也不合适。我们看到，有些送礼者经济条件不错，又或者说愿望迫切，有事没事便大包小包地登门拜访，他觉得自己这样很大方，一定会换来对方的好感，可事实上呢，这种做法显得目的性太强，反倒让人看轻你这个人。再者，国人讲究礼尚往来，你总是送礼，人家不能不还礼吧？这反倒给对方添了麻烦。一般来说，我们送礼应该选择节庆日为宜，譬如中秋、新春等传统节日，又或者婚庆、寿诞，等等，如此一来，既不会显得突兀虚套，对方也乐于接受，岂不是两全其美？

3.把握好风俗禁忌

中国地大物博，不同的地方有不同的风俗谨记，假如你要给一位外地客户送礼，那么要实现了解一下对方所在地区的民俗礼节，以免惹出麻烦。曾听过这样一件事，有位女士去看望因病入院的上海客户，她带去了一些苹果以示慰问，谁知惹得对方大怒，因为上海话"苹果"与"病故"的发音颇为相近，在上海看望病人是很忌讳送苹果的，这位女士不知，结果弄得个不欢而散。所以说，对于此我们一定要有所注意。

❀ 送礼要让人能够接受

送礼，是人际交往中的一项重要举措。成功的赠送行为，能够恰到好处地向受赠者表达自己友好、敬重或其他某种特殊的情感，并因此让受赠者产生深刻的印象。

中国自古就是礼仪之邦，传统上很注重礼尚往来。"礼尚往来，来而不往，非礼也"，其影响之深远，至今还备受人们的推崇。因此，送礼也就成了最能表情达意的一种沟通方式。送礼受时间、环境、风俗习惯的制约，也因对象、目的而不同。所以，赠送礼品也是一门艺术。

让送礼人最头疼的事，莫过于对方不愿接受或严词拒绝，或婉言推却，或事后回礼，都令送礼者十分尴尬，赔了夫人又折兵，真够惨的。那么，怎样才能防患于未然，"一"送即中呢？关键在于借口找得好不好，送礼的说道圆不圆，你的聪明才智应该多用在这个方面。下面教你几种送礼的小秘诀：

1.借花献佛

如果你送土特产品，可以说是老家来人捎来的，分一些给对方尝尝鲜，东西不多，自己又没花钱，不是特意买的。请他收下，一般来说受礼者那种因害怕你目的性太强的拒礼心态，就会得到缓和，欣然收下你的礼物。

2.暗度陈仓

如果你送的是酒一类的东西，不妨假借说是别人送你两瓶酒，你自己又不喝，故而转送于他的，这样理由也充分，更能拉近关系了。

3.借马引路

有时你想送礼给人而对方却又与你八竿子拉不上关系，你不妨选送礼者的生诞婚日，邀上几位熟人同去送礼祝贺，那样受礼者便不好拒收了，当事后知道这个主意是你出的时，必然会改变对你的看法，借助大家的力量达到送礼联谊的目的，实为上策。

4.移花接木

张女士有事要托刘大姐去办，想送点礼物疏通一下，又怕刘大姐拒绝，驳了自己的面子。张女士的丈夫碰巧与刘大姐的老公很熟，张女士便用起了老公外交，让丈夫带着礼物去拜访，一举成功，礼也收了，事也办了，两全其美，看来有时直接出击不如迂回行动更能收到奇效。

5.借鸡生蛋

燕燕受上司恩惠颇多，一直想回报，但苦无机会，因为上司是个古板的人。一天，她偶然发现上司红木镜框中镶的字画跟他家里雅致的陈设不太协调，正好，燕燕的叔父是全国小有名气的书法家，自己手头还有他赠送的字画。她马上把字画拿来，主动放到镜框里，上司不但没有反对，反而十分喜爱，送礼的目的也达到了。

以上这些都是商务性的送礼，对于朋友、闺蜜或亲人来说，则无需那么多忌讳。

有的时候，送礼只是一种需要，慎重是最基本的，而价值的大小并不重要，在新邻居的门口留下一瓶葡萄酒，给报童送上一副露指手套——礼物来自于有心人。

🌸 婚庆送礼的讲究

结婚乃人生四喜之一，两个人结婚，同时也就标志着真正地脱离了父母，准备开始独立的幸福生活，此时此刻，作为朋友的我们很有必要为新人们送上一份衷心的祝福。

那么，除了随份子之外，我们该怎样去挑选合适的礼品送给新人呢？这里面的门道我们需要了解一下：

1.礼物要透着喜庆

不用说，结婚是件非常喜庆的事，那么礼品就要合乎这个氛围，无论是颜色还是图案，你所挑选的的礼品都表现出这种气氛，譬如说大红色的四件套、带有龙凤呈祥图案的刺绣、花开并蒂的门帘、窗帘等。当然，你也可以挑选其他物品，比如说手工艺品、日用品等，这些物品可能未必能够表现出婚庆的情调，没关系，你可以从包装上着手进行渲染。譬如说，你可以婚庆用纸进行包装装饰；也可以简单地以一条红绸彩带结成结；更可以题名托意，写上贺词，如"郎才女貌"、"鸾凤和鸣"、"白头偕老"、"相敬如宾"、"佳偶天成"，等等。

2.礼物要选得精致

结婚对于一个人来说有着特殊的意义，作为好友的我们在送祝福时，也应该花些心思，倘若你的能力允许，那么不妨选取一些精美别致，有纪念意义、有保存价值的物品作为礼物。譬如说：富有地方特色的景德镇瓷器、又比如景泰蓝、玉雕，等等。如果新人的层次较高，我们也可以送一些装裱考究的名人字画。但无论选什么礼品，切记量力而行，不要相互攀比，其实送礼这种事情，最重要的是心意。

3.礼物不要犯忌讳

中国人送礼时的讲究和忌讳不少，这就需要我们在送礼前详细了解一下新人的身份、爱好和民族习惯等，免得一番好心再惹出麻烦。打个比方：钟与终谐音，那么在送礼时，你就不能选钟表，以免触人忌讳，惹人不快。再比如：国人送礼讲究好事成双，但广东人对于"4"这个偶数颇为忌讳，因为粤语中的"4"听起来就像是"死"，这是很不吉利的。

❀ 怎样给长辈送礼最合适

无论是民俗节日还是长辈生日，作为晚辈的我们若去长辈家中拜访，两手空空总是很失礼的。不过送什么样的礼品最合适呢？这也是个让人伤脑筋的问题。

其实晚辈给长辈送礼，最要紧的就是表达心意，这里并没有高低贵贱之分，长辈不会太计较你所送礼品的实际价值，只要他感受到了你的真情实意，那么必然会笑颜逐开。基于这个原则，我们给大家提供了几点建议：

1.给长辈送感恩

如今，我们独立了，有了自己的事业，生活也越来越惬意。这个时候，不要忘记曾经照顾过我们、关怀过我们、扶持过我们的长辈。逢年过节，常去长辈家里走动走动，带上一点精心挑选的小礼品，去表达一下自己的感恩之情，长辈们自然乐于接受。

事实上，老人们都爱提及自己年轻时的得意之时，你对此念念不忘，他们也是心花怒放，而你所带来的礼品只是表达感恩之情的附属品，即使不是那么贵重，长辈们也会笑着接纳。

2.给长辈送健康

有这样一句家喻户晓的广告词"今年过节不收礼，收礼只收脑白金"，可见，时下，健康已然成为人们最为关注的话题。长辈们年纪大了，他们对于自身的健康更为重视，其实很多时候，你送那些不实用又价格高昂的礼品，反而会被长辈们埋怨。所以，不妨做个有心人，挑选一些健康的礼品送给长辈，他们更能体会到你的孝心。

3.给长辈送回忆

选一些对于他们那个年代的人来说有纪念意义的礼品，这能够勾起长辈们对于美好往事的回忆，这份礼品的价值显然是无法用物质来衡量的，而且在与长辈聊天时，你最好能多提一些与长辈在一起时发生的趣事，表现一下你的感恩之情。你的这份礼物不知会让长辈们有多开心。

4.给长辈送礼送实用

长辈们开山辟路，阅历丰富，一般都较为排斥那些虚华不实用的东西，而实用性强才是他们的日常追求。所以我们在给长辈选择礼物时，务必要好好参考一下这份礼品的实用价值，这也是很重要的一点。

✿ 涉外送礼那些事

俗话说"外交无小事"，当然我们未必能涉及到关系到国家大计的外交事宜，但也不能在外国友人面前失了东方美人的礼节不是。所以说。关于涉外送礼的那些事，我们还是很有必要了解一下的。

美女们要记得：

1.当你被外国友人邀请，到其家里做客时，无论如何要记得——一定得带点礼物，因为在外国友人看来，空手登门是很不礼貌的行为。

2.你所选择的礼物不一定要有多贵，但包装一定要精美雅致。

3.如果你不能确定外国友人喜欢什么，那么就送最保险的——酒、巧克力或者玩具玩偶。

4.尤其要注意外国友人所在国家的民俗忌讳，譬如不要送拉丁民族友人拆信刀，因为这在他们看来是一种挑衅行为。

那么下面，我们就细说一下一些国外民族的送礼忌讳：

美国

一般而言，美国人是不随便送礼收礼的，如果恰巧他们身边没有东西作为回礼之资，甚至会为此感到难为情。但是在节日、生日、婚礼、探病时，就另当别论了。

美国人送礼最多的日子便是圣诞节，而且美国人送礼与中国人不同，他们不讲究"好事成双"，并且他们认为单数才是吉利的，这一点我们需要有所了解。

较之国人而言，美国人更看重的是礼品的包装，你赠送的礼物并不需要多贵，哪怕只是几颗巧克力，但包装一定要精美，要讲究。

另一方面，美国人在收到礼物以后，一定会马上打开，当着你的面欣赏或是品尝，不要因此大惊小怪，当然，更不要送让彼此感到尴尬的东西。

英国

英国是个讲究外表的民族，送他们礼物不需要一定要多昂贵，事实上，那些高级巧克力、名酒、鲜花都是英国人的钟爱之物。但有一点一定要记着，英国人对印有公司标记的东西普遍反感，所以不要送他们这些，若是你是公司老板，要给英国员工送些福利礼品，那么最好以私人名义。

德国

给德国人送礼要格外注意，包装力求精美雅致，礼品一定要恰当，他们对此尤其在意。譬如，玫瑰花绝不能随便送人，因为在德国，这只能送给情人。

日本

日本也有送礼的习俗，但日本人相互之间往往只送一些对其本人没有什么实际意义的东西，以便他再转送给别人。

日本人很喜欢中国的名酒、中药材、丝绸，对一些中国的品牌服装也有兴趣，不过对于带有狐狸和獾图形的东西则比较排斥，因为在日本人看来，狐狸和獾是贪婪与狡诈的代名词。

另外，送日本普通民众礼物，切忌送十六瓣的菊花，因为在日本，只有皇家徽章才可使用十六瓣菊花。

俄罗斯人

给俄罗斯人送礼要有所注意，一定不能送钱，他们很忌讳这个，认为这是对于本人人格的一种侮辱。一般而言，他们对外国货颇有兴趣，非俄罗斯国家的烟酒、糖果、服饰都可以当做礼品赠送给他们。不过在送花时我们要切记，只能送单不能送双，因为在俄罗斯人看来，双数是非常不吉利的。

荷兰人

荷兰国内喜食生冷食品，所以我们千万不要选择食品类礼物，而且我们所送的东西记得要用纸制品包好。在上楼梯时，如果对方是男性，那么记着，男士在前，我们在后，这一点荷兰与大多数国家正好相反。

阿拉伯人

与阿拉伯人初次见面不要送礼，不然人家会认为你是在行贿。再者，用过的物品和酒不能送阿拉伯人，尤其是不能送给人家的妻子。去阿拉伯人家中做客，我们不要因为喜爱某件东西就时常把玩、盯着不放，不然，主人一定会要你收下这件东西，你若不收，人家会心里鄙视你。

拉丁美洲人

送拉丁美洲人礼物，不可以送刀剪一类的东西，因为这表示绝交。另外，手帕也不能送，因为它与眼泪相关，是被视为不吉利的。

❀ 送花虽好，也不能乱送

如今，送花已经越来越为人们所喜爱，俨然已经成为一种时尚。的确，鲜花是一种高雅的礼品，它象征着美好、吉祥、友谊、祝福，与人交往，送一束花表达心意，不失为一种好的选择。但对于送花的礼仪，你又知道多少呢？

一般而言，送花送时令鲜花最好，绢花次之，但千万不要送塑料做的假花。

在普通场合，比如做客、参加宴会、探病只送一束即可。而在比较重要或是庄重的场合，比如朋友的生意开张、或是参加一些庆祝仪式，则最好是送花篮，以示重视。当然，我们可以自己亲自送去，也可以请花店代送，但记得一定要附上自己的祝福。

送花最重要的是考虑"花卉语言"，所送的鲜花应该恰当地表达你的情谊。

生日送花，如果对方是年轻人，那么我们可以选择火红的石榴花、鲜红的月季花、美丽的象牙花，祝福对方前程锦绣、青春常在；如果对方是长辈或老年人，那么我们应该选择万年青、龟背竹、寿星草，它们的花卉语言是健康长寿；如果是有人诞下宝贝，那么若生的是男孩，我们应送淡蓝色的花，若生的是女孩，我们应送粉红色的花。

婚礼送花或是看望新人，可选择的花有很多，譬如海棠花，它的花卉语是新婚快乐；并蒂莲，它的花卉语是夫妻恩爱，白头偕老；香味月季，它的花卉语是甜蜜永远；牡丹，它的花卉语是家庭繁荣、幸福；五爪龙、常青藤、麦藁组成的花束，它的花卉语是永结同心。

看望长辈时，我们则最好选以下几种花：桃花，它的花卉语是长寿幸福；长春花，它的花卉语是健康长寿；水仙花，它的花卉语是吉祥如意；兰花，它的花卉语是高风亮节；送晚香玉，它的花卉语是壮心不已。

送友人花注重的是勉励，那么我们可以送山茶，它的花卉语是拼搏；送鹤望兰，它的花卉语是胜利；送木棉花，它的花卉语是英雄；送杜鹃花，它的花卉语是鹏程万里；送鸟不宿、红丁香、菟丝子组成的花束，它的花卉语是愿君勤奋，定能成功。

送别亲友或恋人时，可送芍药，它的花卉语是依依惜别；送万年青，它的花卉语是友谊长存；送杨柳花，它的花卉语是难舍难分；送红豆树，它的花卉语是相思与怀念。

参加丧事，菊花及无香味的花是首选择。此外，我们还要了解一下中西差异，在国内，除非参加丧事，否则忌送单一黄色或白色的花，而在欧美国家，白色的花只是一种礼花，无论婚丧嫁娶，均可赠送，并无不妥。送花给欧美人士，以单数为佳，但不能送13枝，因为他们认为这是不吉利的。

事实上，花卉的语言也并非绝对，也有"一语多义"的情况，这就要视不同场合、不同民族、不同国家而定。但不管怎么说，我们在送花时一定要多用点心，送就送得人满心欢喜。让鲜花作为你的使者，恰到好处地表达你的美好心意。

第十一章

外事礼仪：

清泠若水佳人礼通中西

　　别以为外国人的礼仪、禁忌与我们无关，谁又能保证在今后的日子里丝毫不与"洋人"接触？倘若到那时乱了阵脚，丢的不仅是你的脸，更重要的是还有中华民族的风范。所以说，对于外事礼仪，你要懂、要通，要做到面面俱到，才不失为一位优雅从容、清泠若水的佳人。

✿ 外事礼仪禁忌

在参加外事活动时，我们务必要做到尊重国际公众、以礼待人，如此，方能尽显东方佳丽的优雅与修养。不过说起来容易，要做到面面俱到，那么我们首先就要了解一下国外的种种禁忌，以避免失礼于人，丢了大国风范。

数字禁忌

1.在西方，13被人们认为是不吉利的数字，甚至一些人每到13号心里都会犯嘀咕，同时，星期五也是不被看好的，如果是13号又恰逢星期五，那么人们是不会举办任何活动的。我们在接待外国友人时一定要有所注意，房间号、宴会桌号、车牌号等应尽量避免出现这个数字。

2."4"这个字，无论是中文还是日文，都与"死"的发音相近，在日本和朝鲜等一些东方国，这些国家和我国一样，电梯不设四号楼层，没有四号病房和病床，所以这个"4"字在与这些国家的有人交往时，也一定要尽量避免，如果有时非说不可，也可以用"两双"代替。

食品禁忌

1.信仰伊斯兰教的国家和居民不吃猪肉和无鳞鱼。

2.东欧一些国家的人不吃动物内脏，也不喜欢海鲜。

3.叙利亚埃及、伊拉克、黎巴嫩、约旦、也门、苏丹等国家的人，不吃猪肉、海鲜及除肝脏以外的动物内脏。

4.日本人不吃羊肉。

花卉禁忌

1.假如你到欧美居民的家中做客，送花给对方的夫人，这是件令人愉快的事情，但若是换在阿拉伯国家，你就违反了礼仪。

2.国际上有一条通用惯例——忌送黄色的花、菊花、杜鹃花、石竹花给客人，这是很失礼的行为。

3.与德国人交往，你不能送对方郁金香，因为在他们看来，这是没有感情的花。

4.不能送给法国黄色的鲜花，因为他们认为这种颜色的花代表着不忠诚。

5.不能送意大利及南美人士菊花，他们视该花为"妖花"，只能用于吊唁。

6.荷花不要送给日本人，他们认为这是不吉之物，是专门用来祭奠的。

7.不要送绛紫色的花给巴西人，在他们国家这个颜色的花一般用于葬礼。

颜色禁忌

1.在欧美，许多国家均以黑色为葬礼色，这种颜色代表着对死者的吊唁和尊敬，我们在使用时要有所注意。

2.在巴西，棕黄色被视为不吉利的颜色，有凶丧的意味，一定要注意。

3.在日本，人们认为绿色是很不吉利的。

4.在叙利亚，人们同样视黄色为死亡之色。

5在巴基斯坦，黄色是僧侣专用的颜色，不可乱用。

6.在埃及人看来，蓝色代表的是恶魔。

7.在比利时人眼中，蓝色也是一种忌讳的颜色，因为他们在丧事时一般都穿蓝衣服。

8.土耳其人喜欢素色，而认为花色非常不吉利，他们在自己的房间内禁用这种颜色，送其礼物时，我们一定要有所注意。

其他禁忌

1.在佛教国家，你不能像在国内一样，以抚摸小孩的头表示亲昵，那些国家认为人的头部是神圣不可侵犯的头，你摸人家的头，会被视为一种极大的侮辱，尤其是泰国。

2.脚在很多国家被认为是低下的，与外国友人交往，你不能用脚给人指东西，或者把脚伸到别人眼前。

3.如果你嫁给了欧美国家的人，那么不要在婚前试穿礼服，因为他们认为这会导致婚姻破裂。

4.在西方人面前，不要随意用手折柳枝，因为他们认为这是要承受失恋的痛苦。

5.在英美两国，参加丧礼，大庭广众之下节哀便是知礼，不过印度人恰恰相反，你去参加丧礼如不大哭，就会被认为是非常无礼的。

6.去日本，不要穿白色的鞋子进人家的屋子，这是被认为很不吉利的。

7.与中东人相处，不要用左手递东西给他们，这在他们看来是非常不礼貌的表现。

❀ 涉外礼仪基本要求

其实无论国内还是国外，对于礼仪的最基本要求就是"尊重"，这是礼仪之本，也是我们接人待物最重要的原则。作为一个东方优雅女性，无论涉外与否，无论站、坐、吃、谈，还是日常的其他一些活动，你都应该表现出对别人起码的尊重，涉外礼仪的要求则更是如此。

那么，我们在于外国友人接触时，礼仪上应遵守哪些原则呢？这主要有三个方面：

一是要自尊自爱

你都不尊重自己，又让别人拿什么尊重你？这是一个很易懂的道理。这也就是说，你首先要把自己当回事，别人才能拿你当回事。在外国友人面前，起码你要站有站相，坐有坐相，举止要落落大方，别丢人东方女性的风仪。遗憾的是，有些朋友在这方面就粗枝大叶的，譬如往人前一坐，腿便架起来了，或者肩膀也端上了，事实上这在人家看来都是很倨傲的行为，是很失礼的。但凡这样的人，在国际交往中，尤其是在一些比较重要的场合，怎么会得到别人的认可与尊重呢？所以说，我们要得到外国友人的认可，首先就要自尊自爱。

二是要尊重自己的职业

你在国外工作，那么最起码你要爱岗敬业，因为任何国家看重的都是那些有实力、有所长且又忠诚尽职的人，这一点在国内也不例外。你做不到，你对工作应付了事，那么无论是在国内国外，你都得不到尊重。

三是要尊重自己的归属

在涉外交往中，最重要的一点就是要懂得维护你所组织的尊严，大到我们的国家，小到你所在的公司，你都有义务、有责任去维护它的尊严和形象。这也就是说，你不仅要自尊、还要尊重交往对象，更重要的是要尊重自己的归属。倘若能做到以上这三个尊重，那么你的外交礼仪也就不会出现大的差错。

❀ 涉外礼仪礼宾通则

概括地说，当前世界上通用的外事接待规则，主要有以下几个要求：

1.注意形象

在外交活动的，我们的一言一行、一举一动，不仅仅代表着自己，更代表着国家、民族、地区、城市，乃至公司的形象，如果说你对自我形象毫不注意，不加修饰，那么，不但无法获得外国友人的尊重，更是一种失礼行为，而且失掉的是国家礼、民族的礼、城市的礼、公司的礼，所以奉劝那些不修边幅的女性朋友，在这一点上一点要有所注意。

2.不卑不亢

这就要求我们既不要崇洋媚外，在外国友人面前畏惧自卑、低三下四、阿谀献媚，也不要自以为是、骄狂自大。合礼的态度应该是：坦诚正直、豁达乐观、从容不迫、落落大方，这是关系到国格与人格的大是大非问题，一定要谨慎对之。

3.求同存异

所谓求同，就是要我们了解交际对象的所在地的礼仪风俗，不触忌讳，严格遵守国际惯例，与对方达成共识、良好沟通、不失礼数；所谓存异，就是要我们注意"个性"，不要完全没有主见，像得了软骨病一样一味附和对方。

4.入乡随俗

这要从两个方面说。如果我们本身是东道主，那么请尽量做到"主随客便"；如果我们充当的是客人的角色时，那么就请尽量去"客随主便"。还是那句话，要想做好这些，你必须充分了解交往对象所在地的风俗习惯，最大限度甚至是无条件地加以尊重。

5.信守约定

在涉外交往中，我们一定要信守承诺，秀口一张，便不要食言。你所许的承诺一定要兑现，约会必须守时。倘若突然出现了不可抗拒的因素，那么也一定要提前通知对方，如实解释，郑重道歉。

6.把握距离

人际交往距离有四种：第一种小于0.5米，被称之为"亲密距离"，适用于亲人、恋人和至交之间，我们需要注意；第二种在0.米至1.5米之间，被称之为"常规距离"，适用于一般交际应酬；第三种在1.5米到3米之间，被称之为"敬人距离"，适用于会议、演讲、接见等正式场合；第四种叫"公共距离"，距离在3米之外，适用于公共场合与陌生人的接触。当然，这就要求你根据交往对象的身份、你们所出席的场合、彼此之间交情深浅来做选择，务必要做到恰到好处。

7.尊重隐私

在与外国友人接触时，切不要打探人家的年龄、婚姻状况、家庭住址、身体情况、个人经历、政治信仰、收入支出，等等，这在人家看来属于隐私范畴，你去打探，就等于侵犯了人家隐私权。

8.爱护环境

到国外旅游观光或参加其他活动，记得不要毁损自然环境，不要虐待动物，不要损坏公物，不要乱堆乱放私人物品，不要乱扔垃圾，不要随地吐痰，不要大声喧哗，更不要在旅游景点刻上"到此一游"。切记，这关系到国家的体面。

9.以右为尊

在国际交往中，通用的一条准则是"以右为尊"，所以在参加各类正式的、非正式的、商务的、私人的活动时，但凡要确定主次时，只要记得"以右为尊"，一般便不会出现什么大差错。

✿ 了解一下那些国际常用的见面礼节？

1.握手礼

握手礼在大多数国家都适用，它所表达的含义有很多，既可以表示问候，同样也可以表示感谢、祝福、鼓励、安慰等。假如你的外国朋友取得了某些成绩，假如你要给外国下属颁发奖品，假如你要对外国朋友表示祝福，那么都可以以握手来表达自己的心意。

2.鞠躬礼

这种礼节普遍见于日、韩等东方国家，我们在于这些国家有人见面时，可行此礼。不过要记住，鞠躬的角度是有讲究的，它可分为15度、30度和45度三种，显而易见，度数越高，所表达的敬意就越深。原则上，倘若你接待的是多位外国友人，那么向身份最高、规格最高的长者行45度礼；向身份次之者行30度礼；与身份对等的人行15度表示问候即可。

3.拥抱礼

它的标准过程是，两人对面站立，各自举起手臂，将右手搭在对方的左肩上，左手扶住对方的右后腰。首先向左侧拥抱，然后向右侧拥抱，最后再向左侧拥抱。

4.亲吻礼

倘若你是长辈，吻的是晚辈，那么应该吻他的额头；假如你是晚辈，要吻的是长辈，那么吻他的下颌；如果你们是同辈人，那么只相互贴一贴面颊即可。

5.合十礼

主要在东亚、南亚信奉佛教的国家或佛教信徒之间使用。

需要提醒大家的是，欧洲人对礼仪看得非常重，他们与陌生人初次交往，并不习惯行拥抱礼、接吻礼、面颊礼等，所以我们在见到欧洲友人时，还是使用握手礼最为合适。

❁ 掌握西餐中的喝酒礼仪

西餐和中餐有着不同的规矩和礼仪，那么在西餐中我们该如何喝酒呢？下面的一些信息或许对您有用。

酒类服务通常是由服务员负责将少量酒倒入酒杯中，让客人鉴别一下品质是否有误。只须把它当成一种形式，喝一小口并回答GooD。接着，侍者会来倒酒，这时，不要动手去拿酒杯，而应把酒杯放在桌上由侍者去倒。

正确的握标姿势是用手指轻握杯脚。为避免手的温度使酒温增高，应用大拇指、中指和食指握住杯脚，小指放在杯子的底台固定。

喝酒时绝对不能吸着喝，而是倾斜酒杯，像是将酒放在舌头上似的喝。轻轻摇动酒杯让酒与空气接触以增加酒味的醇香，但不要猛烈摇晃杯子。

此外，一饮而尽、边喝边透过酒杯看人、拿着酒杯边说话边喝酒、吃东西时喝酒、口红印在酒杯沿上等，都是失礼的行为。不要用手指擦杯沿上的口红印，用面巾纸擦较好。

正式的西餐宴会上，酒水是主角。酒与菜的搭配也十分严格。一般来讲，吃西餐时，每道不同的菜肴要搭配不同的酒水，吃一道菜便要换上一种酒水。

西餐宴会所上的酒水，一共可以分为餐前酒、佐餐酒、餐后酒三种。它们各自又拥有许多具体种类。

餐前酒别名叫开胃酒。显而易见，它是在开始正式用餐前饮用，或在吃开胃菜时与之搭配的。餐前酒有鸡尾酒、味美思和香槟酒。

佐餐酒又叫餐酒。它是在正式用餐时饮用的酒水。常用的佐餐酒均为葡萄酒，而且大多数是干葡萄酒或是半干葡萄酒。有一条重要的讲究，就是"白酒配白肉，红酒配红肉"。这里所说的白肉，即鱼肉、海鲜、鸡肉，吃它们是需要和白葡萄酒搭配；所说的红肉，即牛肉、羊肉、猪肉。吃这些肉的时候要用红葡萄酒来搭配。这里所说的白酒、红酒都是葡萄酒。

餐后酒指的是用餐之后，用来助消化的酒水。最常见的是利口酒，又叫香酒。最有名的餐后酒，则是有"洋酒之王"的白兰地酒。

不同的酒杯饮不同的酒水。在每位用餐者面前桌面上右边餐刀的上方，会摆着三四只酒水杯。可依次由外侧向内侧使用，也可以"紧跟"女主人的选择。一般香槟杯、红葡萄酒杯、白葡萄酒杯以及水杯，是不可缺少的。

在较为正式的场合，饮用酒水颇为讲究具体的程式。常见的饮酒程式之中，斟酒、祝酒、干杯应用得最多。

斟酒通常，酒水应当在饮用前再斟入酒杯。除主人与侍者外，其他宾客一般不宜自行为他人斟酒。侍者斟酒时要道谢，如果男主人亲自斟酒时，宾客则应该端起酒杯致谢，必要时，还需起身站立，女士则欠身点头为礼。

敬酒敬酒也称祝酒。往往是宴会上不可少的程式。敬酒时，主人一般都会有祝酒词。在他人敬酒或致词时，其他在场者应一律停止用餐或饮酒。

干杯干杯时，需要有人率先提议。提议者应起身站立，右手端起酒杯，或用右手拿起酒杯后，以左手托扶其杯底，面含微笑，真诚地面对他人。在主人提议干杯后，即使你滴酒不沾，也要起身，拿起酒杯装装样子，以示对主人的尊敬。

只饮香槟只喝一半。西餐用来干杯的酒，讲究只用香槟酒，而绝对不可以啤酒或其他葡萄酒滥竽充数。饮香槟干杯时，应饮去杯中一半酒为宜，当然，也要量力而行。

只敬酒不碰杯。还有一点要注意：在西餐宴会干杯时，人们只是祝酒不劝酒，只敬酒而不真正碰杯的。使用玻璃杯时，尤其不能碰杯。

不能离开座位去敬酒。在西式宴会上，是不允许随便走下自己的座位，越过他人之身，与相距较远者祝酒干杯，尤其是交叉干杯，更不允许。

酒度适量。不管是在哪一种场合饮酒，都要有自知之明，并要好自为之，保持风度，遵守礼仪。

涉外宴请细节马虎不得

宴请外国友人时，很多人在宴席上都会感觉拘谨而放不开，这是因为对外国餐桌礼仪缺乏一定的了解。为了让外国友人能有一个好的感受，我们当然有必要去了解宴请外国人需要注意到礼仪，但也不必过度紧张。

很多外国人喜欢吃中国菜，作为东道主，我们在点菜的时候只要不触及外国人的重大禁忌，安排掌握好合适的菜肴就可以了。

首先，你要确定宴请的菜单。按照一般规律，可有用以宴请外宾的菜肴基本上可以分作下列四类：

其一，是具有中国特色的菜肴。中华饮食，誉满全球，通常具备中华民族特色的菜肴，往往最受外国友人的欢迎。

其二，是具有本地风味的菜肴。在饮食方面讲究的是"南甜，北咸，东辣，西酸"。各地的菜肴，风味不同。上海的"小绍兴三黄鸡"，天津的"狗不理包子"，西安的"老孙家羊肉泡馍"，成都的"龙抄手"、"赖汤元"，开封的"灌汤包子"，云南的"过桥米线"，西双版纳的"菠萝饭"，都在国内久负盛名。可用以款待外国友人。

其三，是自己比较拿手的菜肴。餐馆有餐馆的"特色菜"，各家有各家的"看家菜"。主人还须细说其有关的典故，并且郑重其事向客人们进行推荐。

其四，是外宾本人喜欢的菜肴。在宴请外宾时，在有条件的时候，在以中国菜为主的同时，上一些对方所钟意的家乡菜。

不宜宴请外国人的菜肴主要有下列几类：

1.是触犯个人禁忌的菜肴。要在宴请外宾之前有所了解。在宴请多名外宾时，对每个人的个人禁忌都要有所了解。

2.是触犯民族禁忌的菜肴。比如说，美国人不吃羊肉和大蒜，俄罗斯人不吃海参、海蜇、墨鱼、木耳，英国人不吃狗肉和动物的头、爪，法国人不吃无鳞鱼，德国人不吃核桃，日本人不吃皮蛋。

3.是触犯宗教禁忌的菜肴。据了解，在所有的饮食禁忌之中，宗教方面的饮食禁忌最为严格，而且绝对不容许有丝毫违犯。

若是请西方人吃西餐，那么我们就应该了解一下西餐的餐具摆放礼仪。

在桌子上摆放刀叉，一般最多不能超过三副。三道菜以上的套餐，必须在摆放的刀叉用完后随上菜再放置新的刀叉。

刀叉是从外侧向里侧按顺序使用(也就是说事先按使用顺序由外向里依次摆放)。进餐时，一般都是左右手互相配合，即一刀一叉成双成对使用的。有些例外，喝汤时，则只是把勺子放在右边——用右手持勺。食用生牡蛎一般也是用右手拿牡蛎叉食用。

刀叉有不同规格，按照用途不同而决定其尺寸的大小也有区别。吃肉时，不管是否要用刀切，都要使用大号的刀。吃沙拉、甜食或一些开胃小菜时，要用中号刀、叉或勺一般随刀的大小而变。喝汤时，要用大号勺，而喝咖啡和吃冰激凌时，则用小号为宜。

菜、舀汤或选取其他食物。吃西餐时，每个人都有自己的餐具，如果是合餐，每个人都可从大盘里取用的话，那么一定有备用的公用叉或勺供大家使用。

使用叉需注意：不能用叉子扎着食物进口，而应把食物铲起入口。美国人食用肉类有时先用刀把肉切成块状，然后用叉子送进口中；而欧洲人一般是边切边吃，而且是铲起来送入口中。如食用某道菜不需要用刀，也可用右手握叉，例如意大利人在吃面条时，只使用一把叉，不需要其他餐具，那么用右手来握叉倒是简易方便的。没有大块的肉要切的话，例如素食盘，只是不用切的蔬菜和副食，那么，按理也要用右手握叉来进餐。

❀ 进入外国人的办公室或住所的礼节

进入外国人的办公室或住所，请记住，一定要事先约好，并准时抵达，不可太早，更不可迟到。如果主人并未出门迎候，那么敲门或按门铃，等待主人的回应，在得到对方允许以后，方可进入。假如无人回应，那么不要不停叫门，可稍等片刻以后，再次按响门铃。有两点我们必须谨记，第一必须事先预约，假如事出有因，无约定又必须前往，那么也要尽量避免再休息时间或深夜造访，且在见到对方以后，要立即致歉："对不起，打扰您了"，并将打扰原因如实说明。第二，任何时候、任何情况，未经允许都不要进入别人家。

在得到主人的允许以后，进入室内，即便你说要洽谈的事情只是寥寥数语，也不要站在门外谈话，这不礼貌，但进入室内以后你可不必坐下，将事情交代完以后也不必逗留。当如果洽谈所需的时间较长，在主人的礼让之下，即可入座，一般这时，主人可能会拿出一些小点心或饮料招待你，不要太过拘谨，应象征性地品尝一下，饮料最好全部喝掉。当然，如果实在不习惯，也不必太勉强自己。

未经主人许可，不要参观主人的卧室，即便你与对方较为熟悉，也不要随意去触碰除花草、书籍以外的其他私人物品和室内陈设。这是很不礼貌的行为。

要对主人的家人表达问候，如果有小孩子在场，应该主动去与小孩子握手、拥抱，表达你对他的好感。如果主人家中养有宠物，不要表现出害怕、讨厌的样子，更不可以去轰赶、咒骂它。

在离开时，别忘了像主人及其家人道别，感谢他们的盛情接待。